茅台酒收藏大典

何申波　主编

文物出版社

图书在版编目（CIP）数据

茅台酒收藏大典2021/ 何申波主编． --

北京 ：文物出版社，2021.11（2023.8重印）

ISBN 978-7-5010-7236-1

Ⅰ．①茅… Ⅱ．①何… Ⅲ．①茅台酒－收藏－贵州

Ⅳ．①G262.9

中国版本图书馆CIP数据核字(2021)第199255号

茅台酒收藏大典

主　　编:	何申波
撰　　稿:	王　莉　　宋书玉　　余洪山　　李伯潭　　刘文平　　张正强　　张锦宗
	朱利伟　　苗少明　　斯舰东　　刘　钢　　江岷金　　刘剑锋　　陈　杰
	孟宏峰　　李秋水　　吴新建　　李迪平
责任编辑:	李　睿
责任印制:	张　丽
责任校对:	陈　婧
装帧设计:	雅昌设计中心·北京· 赵雷勇　李　颖
出版发行:	文物出版社
地　　址:	北京市东城区东直门内北小街2号楼
邮　　编:	100007
网　　址:	http://www.wenwu.com
邮　　箱:	web@wenwu.com
经　　销:	新华书店
印　　刷:	北京雅昌艺术印刷有限公司
开　　本:	889×1194　1/12
印　　张:	43.5
版　　次:	2021年11月第1版
印　　次:	2023年8月第2次印刷
书　　号:	ISBN 978-7-5010-7236-1
定　　价:	1399.00元

序

中国轻工业联合会原会长　步正发

摆在我们面前的是一本非常厚重的书，之所以说厚重，不仅因为书的确够厚重，也因为国酒茅台辉煌成就的分量够厚重，还有蕴藏其中有关茅台酒历史文化的厚重感。这是茅台荣获巴拿马万国博览会金奖 100 周年的隆重献礼。

既然是茅台酒的收藏大典，实物图片也就成为这本书最大的特点，文字则言简意赅。这本大典名副其实，内容丰富庞大，图文经典，有很高的史料价值，涉及整个茅台酒的制作、包装、价格、销售等流程方面，对藏家来说具有强大的实用性。

同时，毫不夸张地说，阅读本书也是一次近现代茅台酒发展历史过程的视觉之旅，可以清晰完整地了解茅台自身的发展历史，也可以从中大致描画出包括经济、社会、外交的表面变化和背后观念变迁等深刻内涵的时代背影。

值得一提的是，其中关于纪念版和私人定制版的内容，最能直观地带来文化享受。九龙墨宝、百款诗文墨宝大全套、中国国画大家珍藏版、十大青铜酒器、十二生肖铜首等产品本身就是厚重文化的视觉冲击。尤其是名人私家定制产品，从外包装就可以直观地反映定制者的情怀、品位等个人信息，比如马万祺先生的爱国情结便跃然瓶上。

茅台酒作为国酒，始终以它优秀的品质、现代的管理技术和理念，站在了白酒行业的最前列。得到了历届党和国家领导人的肯定，为我们国家民族产业的振兴，为满足消费者的需要做出了巨大的贡献，改革开放以来，茅台酒的快速持续发展，使茅台酒品牌获得了飞跃式的提升。

茅台酒是中国白酒业的奇迹，也是中国民族品牌的骄傲。1951 年，茅台组建国有企业，当年产量仅 0.34 吨；2003 年，产量突破万吨，实现了毛泽东、周恩来等老一辈革命家希望茅台酒扩产万吨的夙愿；2008 年，茅台酒产量突破 2 万吨；2011 年，茅台酒产量突破 3 万吨。2014 年，茅台销售收入达到 408 亿元，利润 223 亿元，上缴税金 158 亿元，企业总资产达 842 亿元，以白酒行业 7.2% 的白酒产量，贡献了整个行业利润的 31%，整个行业税收的 31%，茅台集团利润占贵州省国资委监管企业的 91%，占贵州省公共财产预算收入的 12%。茅台从一个作坊式传统酿酒企业，成长为国内唯一集酱香白酒、浓香白酒、啤酒、葡萄酒、保健酒为一体乃至横跨金融、物业等行业的大型酒业集团。正向着千亿集团的目标奋勇进发，努力打造受人尊敬的世界级企业和享誉全球的"国酒"茅台。

茅台集团是从一个过去计划经济时期"批条子"的典型国企走向高度市场化的企业，是一个成功转型的典型。通过产品多样化、拓展市场区域，带动全国白酒行业刮起了"酱香旋风"。在销售上首创"文化酒""健康酒"等概念，引发行业销售理念转变。茅台集团对整个行业的推动作用功不可没，起到了很好的"领头羊"作用。

2009 年 5 月，我就任中国轻工业联合会会长后，考察调研中国酿酒企业，第一站就选择了"国酒"茅台。当时，国际金融危机还处于持续震荡时期，我希望茅台酒要在稳定国内市场的同时，努力面对国际市场竞争，提高国际化竞争水平，加快茅台酒的国际化步伐，把茅台酒打造成为老百姓最欢迎、最值得信赖的品牌。现在看来，茅台酒这几年国内外市场都逆势而上，业绩年年再攀新高，应该说是不负众望，体现了茅台人敢于拼搏、奋发有为的精神面貌。

支持"国酒"茅台就是支持中国的民族品牌。茅台是国家的骄傲，是行业的骄傲，希望行业能有更多的像茅台这样的品牌，我们应该好好地爱护民族品牌，共同把民族品牌推向世界。我很高兴在《茅台酒收藏大典》出版的时候，能够再赘言数语，为它的推广贡献绵薄之力。

收藏是一种高雅的爱好。1861 年，伦敦艺术工会主席乔治·高德曾说："让一个工人了解艺术作品，可以使他变得举止高贵，富有自尊心，这对于维护社会的稳定，具有非同小可的作用。此外，还可以使他成为一个更好的工人，充满愉悦，超脱于自身的地位，达到灵魂净化和升华。"如此，收藏茅台酒在享受美酒的使用价值之外，还有意想不到的社会价值。

2015 年黄梅时节于京华

序

中国酒业协会理事长　宋书玉

中国是人类酿酒最早的发源地，中国白酒是世界上独一无二的开放式多菌种自然发酵酿造的美酒，道法自然，天酿美酒，更是天人合一的完美融合。因而，中国白酒兼具物质和精神的双重属性，是中国传统文化的重要标签。

纵观世界各国的酿酒史，唯中国白酒历史最悠久。可以说，中国白酒发展史就是文化传承的活化石，在中华文明赓续至今的历史中扮演着不可替代的作用。中国众多的名酒不但给人以美的享受，而且给人以美的启示与力的鼓舞。而茅台酒更是其中的佼佼者，翻开茅台酒的历史就如同翻开了中国白酒酿造史中精彩的一章，从中感受到中华民族酒文化的永恒魅力。

作为中国大曲酱香型白酒的鼻祖，茅台酒已有 800 多年的历史，见证了新中国几乎所有重大历史事件的风云际会。茅台酒具有晶亮透明、微有黄色、酱香突出、醇香馥郁、幽雅细腻的特点，酒体醇厚丰满，让人回味悠长，茅台酒是酿造者以神奇的智慧、提高粱之精，取小麦之魂，采天地之灵气，捕捉特殊环境里不可替代的微生物，将历经岁月积淀而形成的独特传统酿造技艺、酿造方法与其赤水河流域的农业生产相结合，将自然的密码通过对节令的遵从传递到每一滴茅台酒中。

本书既是一本彰显茅台品牌百年光辉历程的"宝典"，也是一本使用价值极强的"宝书"。对茅台酒的历史渊源、酿造工艺、风味特征、品鉴方式、商标演变、包装变迁、价格演变、社会责任等进行了详细描述与全面的介绍，记录着茅台酒发展史的沧桑与辉煌。《茅台酒收藏大典》图文并茂、笔酣墨饱、可读性强，是了解茅台酒百年历史、价值和文化内涵的重要史料，阅读本书不仅是一次近现代茅台酒发展历史过程的视觉之旅，更是对神秘东方文化的品味。

《茅台酒收藏大典》的出版，让收藏家通过书中的专业知识能够全方位、多角度地对茅台进行深入的了解和学习，从而提高辨别、鉴赏能力，将为推动茅台酒收藏和引领白酒收藏业健康发展发挥重要作用。

宋书玉

2021 年 10 月 20 日

传承民族经典　弘扬国酒文化

中国酒业协会名誉理事长　王延才

本"老王"年届花甲，与酒结缘近 40 年，自认为已是行业的一名老兵，今日应邀为《茅台酒收藏大典》作序，备感荣幸。

白酒作为中国特有的一种蒸馏酒，与白兰地（Brandy）、威士忌（Whisky）、伏特加（Vodka）、金酒（Gin）、朗姆酒（Rum）并称为世界六大蒸馏酒。中国的贵州茅台与法国的科涅克白兰地、英国的苏格兰威士忌又被誉为世界著名三大蒸馏酒。

茅台酒起于秦汉、熟于唐宋、精于明清、尊于当代，见证了新中国几乎所有重大历史事件的风云际会。1915 年从贵州大山深处的一个边陲小镇远涉重洋，凭借其卓越的品质与风格，勇夺巴拿马万国博览会金奖，成为茅台酒走向世界、塑造百年辉煌的起点，同时也为中国传统白酒产业走向世界奠定了坚实的基础。

作为中国大曲酱香型酒的鼻祖，茅台酒是酿造者以神奇的智慧，提高粱之精，取小麦之魂，采天地之灵气，捕捉特殊环境里不可替代的微生物，发酵、升华而耸起的酒文化丰碑。茅台酒是风格完美的酱香型大曲酒之典型，故"酱香型"又称"茅香型"。茅台酒质晶亮透明、微有黄色，口味幽雅细腻、醇馥幽郁，酒体丰满醇厚，回味悠长。

品味茅台酒，也是品味神秘的东方文化。茅台人将自然的密码通过对节令的遵从而传递到每一滴茅台酒中，独特的地域和特殊的原料是自然天成之作，复杂的工艺和独有的口感是人类智慧结晶，折射出充满中和之美的东方美学的中国风韵。翻开茅台酒的历史就如同翻开了中国白酒酿造史中精彩的一章，从中感受到中华民族酒文化的永恒魅力。

本书用通俗易懂的语言和翔实完整的产品图片，记录了茅台酒发展史的沧桑与辉煌，彰显了独具魅力的文化软实力，体现了"国酒"茅台在民族复兴与大国崛起中的贡献。

茅台酒的收藏已经成为收藏界一道亮丽的风景线。细细品味此书，书中自有良师益友、书中自有文化瑰宝、书中自有液体黄金！本书作为茅台弘扬酒文化的代表之作，是目前相关专著中品种收录最全、文字内容最丰富、视觉冲击最震撼的茅台史记。书中翔实地记录了新中国成立前的华茅、王茅、赖茅三家烧坊，新中国成立初期未注册成功的工农牌商标，建厂初期的金轮牌、飞仙牌、葵花牌茅台酒，以及现在的飞天、五星牌茅台酒。可以说，对于企业，本书是一部简要的发展史；对于收藏家，本书是难得的投资指南；对于消费者，本书是良师益友般的工具书。

写于茅台酒荣获巴拿马万国博览会金奖 100 周年之际。

序

中国食品工业协会原会长　石秀诗

时值茅台酒荣获巴拿马万国博览会金奖 100 周年之际，《茅台酒收藏大典》一书正式出版发行，可喜可贺！

中国白酒源远流长，国人收藏白酒的习俗也长盛不衰，近年更是掀起了一股白酒收藏热。众所周知，贵州茅台酒是中国具有自主知识产权和独特文化魅力的民族品牌，是中国民族工业和中华老字号的杰出代表，是世界知名的酒类品牌，是中国唯一集绿色食品、有机食品和国家地理标志产品，中国首批非物质文化遗产于一身的白酒品牌。茅台酒收藏不仅是液态投资，更是收藏一种历史、一种文化。

《茅台酒收藏大典》既是一部彰显茅台品牌近百年光辉历程的"宝典"，也是一本实用价值极强的"宝书"。《大典》对茅台酒的历史渊源、酿造工艺、风味特征、品鉴方式、商标演变、包装变化、社会责任等都做了详细介绍，充分彰显了茅台酒独有的历史底蕴和独特的酿造工艺；书中琳琅满目的茅台产品，更是了解茅台酒历史、价值和文化内涵的重要史料。《大典》图文并茂，内容翔实，可读性强，权威性高，充分展示了茅台民族精品的品牌形象、产品形象和茅台品牌、茅台集团的发展历程。它的出版，将为推动茅台酒收藏和引领白酒收藏业健康发展发挥重要作用。

茅台集团不仅是贵州省的支柱企业，也是中国食品工业的领军企业之一。改革开放三十多年来，茅台集团与我国食品产业一起获得了快速发展，各项指标强劲增长，产品品种更加丰富，品牌建设成果凸显，发展后劲不断增强。更加令人欣喜的是，既符合时代潮流又反映时代精神的茅台酒文化不断创新发展，让茅台酒更加贴近大众的生活和体验，引起消费者的广泛共鸣，进一步提高了茅台酒的知名度和美誉度。

只有坚持从历史走向未来，从延续民族文化血脉中开拓前进，我们才能做好今天的事业。新世纪之初，我曾在贵州省工作近六年，离开贵州后，又兼任过中国食品工业协会会长，多年的工作经历，使我既难忘贵州，更情系茅台。这次借《茅台酒收藏大典》出版发行之机，我衷心祝愿多彩的贵州早日奔向小康，祝茅台集团百尺竿头，更进一步。愿阅读《茅台酒收藏大典》的每一位读者，都能从中感悟一个美酒的世界，分享茅台酒酿造工艺这一中华文化遗产的独特文化价值。

石秀诗

2015. 6. 12

茅台是值得收藏家拥有的国酒

中国收藏家协会理事长　罗伯健

近年来，中国名酒收藏与交易渐渐升温，名酒被看作是现今收藏投资的新亮点，被越来越多的人所关注。酒在具备收藏价值、历史价值、文化价值的同时，还有饮用价值，这也是酒收藏有别于其他物品收藏的一个最大优势所在。从收藏投资的变现性来说，因为酒有实用性，其即时的变现性要超过任何一类藏品。目前国内各地此起彼伏的名酒拍卖会、日益增多的名酒收藏家间的交流转让，以及越来越多的机构加入到中国名酒收藏投资行列的现状，均为名酒收藏投资变现提供了愈加直接和便利的途径。

在同一类收藏品中，什么样藏品最具收藏价值？拿近现代书画来说，目前收藏价值最高的是如齐白石、徐悲鸿等这些大师的作品，他们在市场的认可程度超出了其他书画家几十倍、上百倍。所以，在同类藏品中顶尖品是收藏价值最高的。收藏名酒亦如是，要收藏中国名酒，茅台是无可厚非的首选。

国酒茅台，茅台国酒。在中国，茅台人人皆知；在国外，作为世界三大蒸馏名酒之一，茅台享誉全球。

判断一件收藏品的价值，不能仅看这件收藏品多么热门，价格攀升得多快，而要看它本身到底蕴含着多少历史文化价值，这才是支撑收藏品价值的基石。

1915年，茅台酒在巴拿马万国博览会上获大奖，留下了"智掷酒瓶振国威"的经典佳话，茅台从此成为世界名酒。1935年，中央红军长征过茅台，茅台人捧出茅台酒为红军洗尘疗伤，茅台酒从此与中国革命结下了不解的红色情缘。正是因为具有如此丰富厚重的历史文化积累，茅台被誉为中国国酒是当之无愧的，其收藏价值是其他品牌酒不能比拟的。

饮用价值是酒最重要的的价值之一，所以酒的品质是决定其收藏价值的一个关键所在。茅台的独特工艺和品质风味是其他名酒品牌无法替代的，正如我国著名白酒专家沈怡方先生所言："酱香型酒是很好的酒种，含有许多对人体有益的、待认识的成分，这些已日趋被世界和消费者认可。在大曲酱香里头，国酒茅台最好，这是毫无疑问的。品质，没有人能赶上茅台。"

收藏是一种高层次的专业性、学术性、实践性很强的科学鉴赏研究活动，需要具备相应的专业知识。《茅台酒收藏大典》图文并茂、文图互补，从茅台酒的酒标、酒瓶、包装、封口方式变迁、酿造工艺，以及茅台的历史发展和文化传承等方面进行清晰、全面的介绍。这些专业知识的集合，让收藏家能够全方位、多角度地对茅台进行深入的了解和学习，从而提高辨别、鉴赏能力，对于今后的收藏实践大有裨益。

茅台是举世公认的好酒，是值得收藏家拥有的国酒。

《茅台酒收藏大典》一书的出版，是收藏界的大事，是收藏家的喜事。

目 录

第一章 贵州茅台酒概览

茅台镇酿酒简史 018

茅台酒烧房 020

贵州茅台酒历史文化 025

贵州茅台酒厂历史沿革 028

贵州茅台酒酿造工艺 031

贵州茅台酒风味特征与品评品鉴 035

贵州茅台酒商标的演变 038

贵州茅台酒包装的变迁 042

贵州茅台酒价格演变 050

大品牌承担大责任 053

第二章 建厂初期及起步发展期（1951—1956 年）

1954 年"金轮牌"外销贵州茅台酒（土陶瓶）............058

1955 年"金轮牌"内销贵州茅台酒（土陶瓶）............059

1956 年"金轮牌"内销贵州茅台酒（土陶瓶）............060

第三章 曲折发展期（1957—1976 年）

1957 年"金轮牌"内销贵州茅台酒（土陶瓶）............062

1957 年"金轮牌"外销贵州茅台酒（白瓷瓶）............064

1958 年"金轮牌"内销贵州茅台酒（土陶瓶）............066

1958 年"金轮牌"外销贵州茅台酒（白瓷瓶）............069

1958 年"金轮牌"贵州茅台酒（白瓷瓶）............071

1958 年"金轮牌"外销贵州茅台酒（白瓷瓶）50g............072

1959 年"金轮牌"内销贵州茅台酒（土陶瓶）............073

1959 年"金轮牌"内销贵州茅台酒（白瓷瓶）............074

1959 年"金轮牌"贵州茅台酒（白瓷瓶）............075

1959 年"飞天牌"外销贵州茅台酒（白瓷瓶）............076

1960 年"金轮牌"内销贵州茅台酒（土陶瓶）............078

1961 年"金轮牌"内销贵州茅台酒（土陶瓶）............079

1961 年"飞天牌"外销贵州茅台酒（白瓷瓶）250g............080

1962 年"金轮牌"内销贵州茅台酒（土陶瓶）............081

1963 年"飞天牌"外销贵州茅台酒（白瓷瓶）............082

1964 年"飞天牌"外销贵州茅台酒（白瓷瓶）............083

1965 年"金轮牌"内销贵州茅台酒（土陶瓶）............084

1966 年"金轮牌"内销贵州茅台酒（土陶瓶）............085

1966 年"金轮牌"内销贵州茅台酒（白瓷瓶）............086

1966 年"金轮牌"内销贵州茅台酒（乳玻瓶）............087

1966 年"飞天牌"外销贵州茅台酒（白瓷瓶）............088

1967 年"金轮牌"内销贵州茅台酒（陶瓷瓶）............089

1967 年"金轮牌"内销贵州茅台酒（白瓷瓶）............090

1967 年"飞天牌"外销贵州茅台酒（白瓷瓶）............091

20 世纪 60 年代末"飞天牌"外销贵州茅台酒（陈年）............092

1967 年（约）"金轮牌"内销贵州茅台酒（陶瓷瓶）............094

1968 年"金轮牌"内销贵州茅台酒（陶瓷瓶）............095

1968 年"金轮牌"内销贵州茅台酒（白瓷瓶）............096

1968 年"飞天牌"外销贵州茅台酒（乳玻瓶）............097

1969 年"金轮牌"内销贵州茅台酒（陶瓷瓶）............098

1969 年"金轮牌"内销贵州茅台酒（乳波瓶 500g 白瓷瓶 250g）............099

1969 年"飞天牌"外销贵州茅台酒（乳玻瓶）............100

20 世纪 60 年代末"飞天牌"外销贵州茅台酒（乳玻瓶）250g............101

1970 年"金轮牌"内销贵州茅台酒（白瓷瓶）............102

1970 年"金轮牌"内销贵州茅台酒（乳玻瓶）............103

1970 年"飞天牌"外销贵州茅台酒（乳玻瓶）............105

1971 年"金轮牌"内销贵州茅台酒（陶瓷瓶）............106

1971 年"金轮牌"内销贵州茅台酒（乳玻瓶）............108

1971 年（约）"葵花牌"外销贵州茅台酒............109

1972 年"金轮牌"内销贵州茅台酒............111

1972 年"飞天牌""葵花牌"外销贵州茅台酒 250g............112

1972 年"金轮牌"内销贵州茅台酒（陶瓷瓶）............113

1973 年"金轮牌"内销贵州茅台酒............114

1973 年"葵花牌"外销贵州茅台酒............115

1974 年"金轮牌"内销贵州茅台酒............116

1974 年"葵花牌"外销贵州茅台酒............117

1974 年"葵花牌"外销贵州茅台酒 250g............119

1975 年"金轮牌"内销贵州茅台酒............120

1975 年"飞天牌"外销贵州茅台酒 0.54L............121

20 世纪 70 年代"葵花牌""飞天牌"贵州茅台酒 0.14L............122

1976 年"金轮牌"内销贵州茅台酒............123

1976 年"飞天牌"外销贵州茅台酒 0.54L............124

第四章 转折发展期（1977—1984 年）

1977 年"金轮牌"内销贵州茅台酒............126

20 世纪 70 年代后期"飞天牌"外销贵州茅台酒 0.54L............127

1978 年"葵花牌"内销贵州茅台酒............128

1978 年"葵花牌"内销贵州茅台酒 250g............129

1978 年"金轮牌"内销贵州茅台酒............130

1979 年"金轮牌"内销贵州茅台酒............131

1980 年"金轮牌"内销贵州茅台酒............................132

1981 年"金轮牌"内销贵州茅台酒............................133

20 世纪 80 年代初内销"葵花牌"贵州茅台酒 250g............................134

20 世纪 80 年代初期"飞天牌"外销贵州茅台酒 0.54L............................135

1982 年"金轮牌"内销贵州茅台酒............................136

1983 年"五星牌"特需贵州茅台酒(黄釉瓷瓶)............................137

1984 年"五星牌"特需贵州茅台酒(黄釉瓷瓶)............................138

1984 年"飞天牌"特需贵州茅台酒(黄釉瓷瓶)0.54L 0.27L............................139

1983—1984 年"五星牌"内销贵州茅台酒............................140

1985—1986 年"五星牌"贵州茅台酒(黑酱)............................141

1984 年"五星牌""飞天牌"贵州茅台酒 250g 0.27L............................142

1983—1984 年"飞天牌"外销贵州茅台酒 0.54L............................143

20 世纪 80 年代中期南斯拉夫中华人民共和国大使馆旧藏
"飞天牌"贵州茅台酒 0.54L............................144

20 世纪 80 年代"飞天牌"外销贵州茅台酒 0.14L............................145

附:贵州大曲酒和茅台酒易地试验厂"试制品"............................146

第五章 加速发展期(1985—1997 年)

1985 年"五星牌"内销贵州茅台酒............................148

1985 年"飞天牌"外销贵州茅台酒(塑盖)............................149

1986 年"五星牌"内销贵州茅台酒............................150

1986 年"飞天牌"外销贵州茅台酒(金属盖)............................151

1986 年"五星牌"内销贵州茅台酒(金属盖)............................152

1987 年"五星牌"内销贵州茅台酒............................153

1987 年"五星牌"内销贵州茅台酒(大背标)............................154

1987 年"飞天牌"外销贵州茅台酒............................155

1987—1989 年"飞天牌"外销贵州茅台酒............................156

1988 年"五星牌"内销贵州茅台酒(54%)............................158

1988 年"五星牌"内销贵州茅台酒(53%)............................159

1989 年"五星牌"内销贵州茅台酒............................160

1989 年"飞天牌"外销贵州茅台酒............................161

20 世纪 70 年代末至 1989 年"飞天牌"外销贵州茅台酒 0.27L............................162

1990 年"飞天牌"贵州茅台酒............................164

1990 年"五星牌"贵州茅台酒............................165

1990 年"五星牌"贵州茅台酒("飞天版"背标)............................166

1991 年"飞天牌"贵州茅台酒............................167

1991 年"五星牌"贵州茅台酒............................168

1992 年"飞天牌"贵州茅台酒............................169

1992 年"五星牌"贵州茅台酒............................170

1993 年"飞天牌"贵州茅台酒............................171

1993 年"五星牌"贵州茅台酒............................172

1994 年"飞天牌"贵州茅台酒............................173

1994 年"五星牌"贵州茅台酒............................174

1995 年"飞天牌"贵州茅台酒............................175

1995 年"五星牌"贵州茅台酒............................176

1996 年"飞天牌"和"五星牌"贵州茅台酒(金属盖)............................177

1996 年"飞天牌"和"五星牌"贵州茅台酒(塑料盖)............................178

1997 年"飞天牌"和"五星牌"贵州茅台酒............................179

1989—2009 年"飞天牌"贵州茅台酒(部分)200ml............................180

第六章 高速发展期(1998—2023 年)

1998 年"飞天牌"和"五星牌"贵州茅台酒............................182

1999 年"飞天牌"和"五星牌"贵州茅台酒............................184

2000 年"飞天牌"和"五星牌"贵州茅台酒............................185

2001 年"飞天牌"和"五星牌"贵州茅台酒............................186

2002 年"飞天牌"和"五星牌"贵州茅台酒............................187

2003 年"飞天牌"和"五星牌"贵州茅台酒............................188

2004 年"飞天牌"和"五星牌"贵州茅台酒............................189

2005 年"飞天牌"和"五星牌"贵州茅台酒............................190

2006 年"飞天牌"和"五星牌"贵州茅台酒............................191

2007 年"飞天牌"和"五星牌"贵州茅台酒............................192

2008 年"飞天牌"和"五星牌"贵州茅台酒............................193

2009 年"飞天牌"和"五星牌"贵州茅台酒............................194

2010 年"飞天牌"和"五星牌"贵州茅台酒............................195

2011—2012 年"飞天牌"和"五星牌"贵州茅台酒............................196

2013—2015 年"飞天牌"贵州茅台酒............................197

2016—2018 年 "飞天牌"贵州茅台酒............................198

2019—2023 年 "飞天牌"贵州茅台酒............................199

"礼品套装"贵州茅台酒(四套装)............................200

"礼品套装"贵州茅台酒(二套装)............................200

国家标准样品贵州茅台酒............................200

贵州茅台酒礼盒 225ml............................200

第七章 贵州茅台酒珍品 陈年

1986 年"一七〇四年"贵州茅台酒............................202

1986 年"一七〇四年"贵州茅台酒(一七〇四压陈年)............................203

1986 年"陈年"贵州茅台酒............................204

1987 年"珍品"贵州茅台酒(珍品压陈年)............................205

1987—1988 年"珍品"贵州茅台酒(方印)............................206

1987—1988 年"珍品"贵州茅台酒(开口方印)............................207

1989 年"珍品"贵州茅台酒(曲印)............................208

1990 年"珍品"贵州茅台酒(大曲印)............................208

1991 年"珍品"贵州茅台酒(曲印)............................210

1992 年"珍品"贵州茅台酒............................211

1993 年"珍品"贵州茅台酒............................212

1994 年"珍品"贵州茅台酒............................213

1995 年"珍品"贵州茅台酒............................214

1996 年"珍品"贵州茅台酒(金属盖)............................215

1996 年"珍品"贵州茅台酒(塑料盖)............................216

1997 年"珍品"贵州茅台酒............................217

1998 年"珍品"贵州茅台酒..218

1999 年"珍品"贵州茅台酒..219

2000 年"珍品"贵州茅台酒..220

2001 年"珍品"贵州茅台酒..221

2002 年"珍品"贵州茅台酒..222

2003 年"珍品"贵州茅台酒..223

2004 年"珍品"贵州茅台酒..224

2005 年"珍品"贵州茅台酒..225

2006 年"珍品"贵州茅台酒..226

2007 年"珍品"贵州茅台酒..226

2008 年"珍品"贵州茅台酒..227

2010 年"珍品"贵州茅台酒..228

2011 年"珍品"贵州茅台酒..228

2021 年"彩釉珍品"贵州茅台酒.......................................228

20 世纪 80 年代中期"陈年"贵州茅台酒........................229

20 世纪 80 年代后期"陈年"贵州茅台酒........................230

20 世纪 90 年代前期"陈年"贵州茅台酒........................231

1997 年"陈年"贵州茅台酒..231

1992 年汉帝茅台酒..232

1998 年"80 年"贵州茅台酒..233

2002 年"80 年"贵州茅台酒..234

2011 年"80 年"贵州茅台酒..235

2013 年"80 年"贵州茅台酒..236

2017 年"80 年"贵州茅台酒..237

2020 年"80 年"贵州茅台酒..238

1997 年"50 年"贵州茅台酒..239

1998 年"50 年"贵州茅台酒..240

1999 年"50 年"贵州茅台酒..241

2000 年"50 年"贵州茅台酒..242

2001 年"50 年"贵州茅台酒..242

2002—2006 年"50 年"贵州茅台酒................................242

2008—2017 年"50 年"贵州茅台酒................................244

2019—2023 年"50 年"贵州茅台酒................................245

1997—1998 年"30 年"贵州茅台酒................................246

1999—2001 年"30 年"贵州茅台酒................................247

2002—2006 年"30 年"贵州茅台酒................................248

2007—2019 年"30 年"贵州茅台酒................................249

2019—2023 年"30 年"贵州茅台酒................................250

1999—2001 年"15 年"贵州茅台酒................................251

2002—2008 年"15 年"贵州茅台酒................................252

2017—2019 年"15 年"贵州茅台酒................................252

2019—2023 年"15 年"贵州茅台酒................................254

第八章　贵州茅台纪念酒

贵州茅台酒（香港回归纪念）..256

贵州茅台酒（香港回归祖国五周年纪念）......................256

贵州茅台酒（香港回归祖国十周年纪念）......................256

贵州茅台酒（纪念香港回归典藏）..................................256

贵州茅台酒（庆祝香港回归祖国十周年 中央政府驻港联络办订制）......257

贵州茅台酒（庆祝香港回归祖国十五周年 中央政府驻港联络办订制）.257

贵州茅台酒（庆祝香港回归祖国十五周年 紫荆山庄）..............257

贵州茅台酒（庆祝香港回归祖国二十周年 中央政府驻港联络办订制）257

贵州茅台酒（庆祝香港回归祖国二十周年"鸡年"）375ml........257

贵州茅台酒（庆祝香港回归祖国二十周年 国酒茅台之友协会）........257

贵州茅台酒（港区省级政协委员联谊会庆祝香港回归 20 周年纪念）......258

贵州茅台酒（庆祝澳门回归祖国）..................................258

贵州茅台酒（庆祝中国人民解放军驻澳门部队进驻澳门十周年）........258

贵州茅台酒（纪念澳门回归祖国十周年）......................258

贵州茅台酒（澳门回归十五周年暨茅台文化协会成立纪念）........258

贵州茅台酒（澳门回归 16 周年纪念）500ml 1.6L 4.5L........259

贵州茅台酒（澳门回归 18 周年纪念）5L........................260

贵州茅台酒（国庆 50 周年盛典茅台纪念）....................261

贵州茅台酒（荣获国际金奖八十六周年暨茅台辉煌五十年纪念）........261

贵州茅台酒（庆贺北京申奥成功）..................................262

贵州茅台酒（庆贺中国加入世贸组织）..........................262

贵州茅台酒（庆贺中国足球梦圆世界杯）......................262

贵州茅台酒（原全国人大会议中心成立十五周年特制陈酿）560ml......263

贵州茅台酒（神舟载人飞船发射纪念）..........................263

贵州茅台酒（奥运纪念）750ml..263

贵州茅台酒（一带一路纪念）..263

贵州茅台酒（荣获 1915 年巴拿马万国博览会金奖 90 周年纪念酒）.......264

贵州茅台酒（荣获 1915 年巴拿马万国博览会 金奖纪念酒）........264

贵州茅台酒（纪念改革开放三十年）..............................264

贵州茅台酒（中国国家博物馆见证百年复兴）..............264

贵州茅台酒（国酒茅台敬贺共和国六十华诞）600ml........265

贵州茅台酒（建国 60 周年纪念酒"金丝楠木"装）600ml........265

贵州茅台酒（庆祝建国 60 周年纪念）600ml..................266

贵州茅台酒（人民大会堂 50 周年珍藏）750ml..............266

贵州茅台酒（1949—2019）700ml..................................266

贵州茅台酒（《和平使者》世博会纪念）........................267

贵州茅台酒（《友谊使者》世博会纪念特制陈酿）........267

贵州茅台酒（《醉美中华》世博会纪念）........................270

贵州茅台酒（盛世中国）..272

贵州茅台酒（世博喜酒）..272

贵州茅台酒（世博纪念酒）..272

贵州茅台酒（世博会 50 年陈酿珍藏）..........................272

贵州茅台酒（国营 60 周年纪念）50ml..........................273

贵州茅台酒（历史见证 光辉历程）..............................273

贵州茅台酒（建厂 60 周年）..273

贵州茅台酒（茅台辉煌 70 周年纪念 红白）700ml........273

贵州茅台酒（世界园艺博览会纪念）......274
贵州茅台酒（上海合作组织成员国元首理事会会议特制陈酿）999ml...275
贵州茅台酒（中国—东盟博览会）750ml......276
贵州茅台酒（中国［贵州］国际酒类博览会纪念）......278
贵州茅台酒（博鳌亚洲论坛成立十五周年白酒纪念酒）......279
贵州茅台酒（博鳌亚洲论坛十周年）......279
贵州茅台酒（金砖国家领导人第三次会晤纪念珍藏）......279
贵州茅台酒（中国体育代表团纪念酒 金 银 铜）......280
贵州茅台酒（辛亥革命100周年纪念 总统府）2.5L......280
贵州茅台酒（中华人民共和国外交部建部60周年纪念）......281
贵州茅台酒（热烈庆祝党的十八大胜利召开）......281
贵州茅台酒（京西宾馆建馆五十周年纪念）......281
贵州茅台酒（紫荆山庄落成志庆）......281
贵州茅台酒（中国海军首艘航空母舰纪念酒）750ml......282
贵州茅台酒（隆重庆祝中国人民解放军建军八十周年）......282
贵州茅台酒（纪念中国核潜艇建成服役40周年）......282
贵州茅台酒（纪念《见证中国核潜艇》出版发行5周年）......283
贵州茅台酒（神舟七号载人航天飞行专用）......283
贵州茅台酒（庆祝"天宫一号"发射纪念）......283
贵州茅台酒（庆祝首次载人交会对接任务成功发射）......283
贵州茅台酒（庆祝长征二号F火箭发射神舟十号载人飞船纪念）......284
贵州茅台酒（天宫一号·神舟飞船交会对接任务专用）......284
贵州茅台酒（纪念中国载人航天飞行15周年）......284
贵州茅台酒（热烈祝贺首架翔凤飞机试飞成功）......284
贵州茅台酒（上海宝钢生产协力公司20周年庆典）......285
贵州茅台酒（海南建省20周年庆典）......285
贵州茅台酒（内蒙古自治区60周年大庆）......285
贵州茅台酒（西藏和平解放六十周年）......285
贵州茅台酒（庆祝〇六一基地成立四十周年）......285
贵州茅台酒（首届中国国际进口博览会）......286
贵州茅台酒（中国民生银行成立十周年特制）......286
贵州茅台酒（中国银行成立100周年纪念）......286
贵州茅台酒（中国国际友好城市联合会成立20周年纪念）......286
贵州茅台酒（纪念中国人民对外友好协会成立60周年）......286
贵州茅台酒（国防大学第38期联合战役参谋培训班纪念）......286
贵州茅台酒（大千生态上市纪念）......287
贵州茅台酒（遵义茅台机场通航纪念）50ml 500ml......287
贵州茅台酒（华商书院十周年）......287
贵州茅台酒（合一山居2018序章纪念）......287
贵州茅台酒（蓝岳集团20周年庆）......287
贵州茅台酒（通州建市十周年特制）......288
贵州茅台酒（通州建市十周年纪念）......288
贵州茅台酒（苏通大桥通车庆典特制）......288
贵州茅台酒（遵义会议 四渡赤水）100ml......289
贵州茅台酒（四渡赤水）100ml......289

贵州茅台酒（遵义会议纪念）125ml 500ml......289
贵州茅台酒（生态文明贵阳国际论坛）......290
贵州茅台酒（第十一届贵州旅游产业发展大会纪念）......290
贵州茅台酒（FAST落成启用纪念）......290
贵州茅台酒（首席白酒品酒师年会纪念品）50ml......290
贵州茅台酒（首席白酒品酒师）375ml 500ml......290
贵州茅台酒（第六届中国梦盛典暨南方周末创刊三十周年庆）......291
贵州茅台酒（中国超级跑车锦标赛）......291
贵州茅台酒（天臣集团15周年庆典）......291
贵州茅台酒（易捷成立十周年纪念）......291
贵州茅台酒（《中国企业家》创刊25周年特供）......291
贵州茅台酒（北京国际电影节纪念）......291
贵州茅台酒（天目湖酒文化博物馆开馆纪念）......292
贵州茅台酒（新宙邦创立20周年纪念）......292
贵州茅台酒（德力西电气庆典珍藏酒）......292
贵州茅台酒（《长江图》第66届柏林电影节最佳艺术贡献银熊奖纪念）292
贵州茅台酒（中国德力西30周年庆典）......292
贵州茅台酒（西泠印社拍卖有限公司十周年庆典）......293
贵州茅台酒（中国人民大学商学院EMBA1601班纪念）......293
贵州茅台酒（奥凯航空纪念）......293
贵州茅台酒（习酒加入茅台20周年）......293
贵州茅台酒（哈尔滨醉难德酒业10周年）......293
贵州茅台酒（昆山赛佳尔绿化工程有限公司成立纪念）......293
贵州茅台酒（太平洋建设集团20载）......294
贵州茅台酒（阳光保险十周年）......294
贵州茅台酒（立信会计事务所九十华诞）......294
贵州茅台酒（立信会计事务所90周年）......294
贵州茅台酒（立信会计事务所江苏分所十周年纪念）......294
贵州茅台酒（中国酒业名酒收藏委员会成立大会纪念）......295
贵州茅台酒（中国第二届酒文化收藏博览会纪念）......295
贵州茅台酒（中国收藏家协会成立二十周年纪念）......295
贵州茅台酒（首届中国国际酒器艺术品交流展纪念）......295
贵州茅台酒（2014重庆秋季糖酒会纪念）......295
贵州茅台酒（2014成都糖酒会纪念）......295
贵州茅台酒（2017上海国际酒交会）......296
贵州茅台酒（中国酒业协会30周年）333ml......296
贵州茅台酒（河南省酒业协会成立35周年）......296
贵州茅台酒（中华酒器首赴海外办展纪念）......296
贵州茅台酒（茅台－卡慕合作十周年纪念版）375ml......296
贵州茅台酒（浙江省茅台联谊十周年庆）......296
贵州茅台酒（保惠集团成立15周年纪念酒）......297
贵州茅台酒（德州市旭日副食品公司成立二十周年）......297
贵州茅台酒（上海智赢健康科技公司成立一周年）......297
贵州茅台酒（从江明达水泥六周年庆）......297
贵州茅台酒（国香馆两周年庆典纪念）......297

贵州茅台酒（祥源控股 25 周年）...297

贵州茅台酒（华致酒行连锁管理股份有限公司上市纪念）.........298

贵州茅台酒（骏荣集团十周年纪念）...298

贵州茅台酒（普定明成混凝土有限公司 10 周年）.....................298

贵州茅台酒（山东新星集团 30 周年纪念）.................................298

贵州茅台酒（星宇置业 7 周年）...298

贵州茅台酒（友发钢管集团成立 20 周年）.................................299

贵州茅台酒（宝驿集团十周年）...299

贵州茅台酒（云州资本成立三周年）...299

贵州茅台酒（抚州市登山协会十周年纪念）.............................300

贵州茅台酒（广东康华医疗股份有限公司尊享 上市 10 周年庆）.....300

贵州茅台酒（大唐地产 30 周年）...300

贵州茅台酒（贵州久泰邦达能源开发有限公司三周年纪念）.....300

贵州茅台酒（翠微股份 20 周年）...301

贵州茅台酒（中加旅游年尊享纪念酒）.....................................301

贵州茅台酒（庆祝联想集团成立 35 周年）.................................301

贵州茅台酒（国新十周年纪念）...301

贵州茅台酒（枫格语林开盘纪念）...301

贵州茅台酒（尊冠百年）...302

贵州茅台酒（百年金奖纪念）...307

贵州茅台酒（纪念中国人民抗日战争暨世界反法西斯战争胜利 70 周年）..307

贵州茅台酒（巴拿马万国博览会百年纪念）.............................307

贵州茅台酒（纪念巴拿马金奖 100 年珍藏版 5、15、30、50 年）..........307

贵州茅台酒（纪念国酒茅台产量突破万吨）.............................308

贵州茅台酒（茅台日纪念）500ml 2.5L.....................................308

贵州茅台酒（茅台日纪念）700ml 2.5L.....................................309

贵州茅台酒（美国旧金山茅台纪念 金 银）375ml.....................309

贵州茅台酒（寻梦飞天故里 致敬丝路文明 为赠敦煌研究院敬制）30L...310

贵州茅台酒（为百年庆典珍藏 双龙汇）25L.............................311

贵州茅台酒（为茅台酒荣获巴拿马国际金奖 100 周年纪念）30L...........312

贵州茅台酒（伟大领袖毛泽东诞辰 120 周年）.........................313

贵州茅台酒（开国领袖毛泽东诞辰 120 周年）.........................313

贵州茅台酒（人民领袖毛泽东诞辰 120 周年）.........................313

贵州茅台酒（纪念毛泽东诞辰 120 周年）.................................313

贵州茅台酒（纪念毛泽东诞辰 121 周年）.................................313

贵州茅台酒（伟大领袖毛泽东）...313

贵州茅台酒（纪念敬爱的爷爷诞辰 120 周年）.........................313

贵州茅台酒（纪念许世友将军诞辰 100 周年）.........................314

贵州茅台酒（纪念一代名将许世友 珍藏）.............................314

贵州茅台酒（敬献一代名将许世友 珍藏）.............................314

贵州茅台酒（孔子诞辰 2561 年纪念）.......................................314

贵州茅台酒（陈毅元帅诞辰 110 周年纪念）.............................314

贵州茅台酒（纪念 LRH 诞辰 100 周年封坛酒）.......................314

贵州茅台酒（一代伟人周恩来）...315

贵州茅台酒（红色茅台 国酒之父）...315

贵州茅台酒（第七届全国人大常委会委员长万里九五大寿）...................315

贵州茅台酒（敬贺万里同志华诞一百周年）.............................315

贵州茅台酒（庆贺中国核潜艇第一任总设计师彭士禄院士 93 寿辰）.....316

贵州茅台酒（纪念贵州茅台酒蝉联 1979 年国家名酒称号）.....316

贵州茅台酒（纪念贵州茅台酒荣获 1963 年国家名酒称号）.....316

贵州茅台酒（中国航天六十周年纪念）.....................................316

贵州茅台酒（著名外科专家秦保明教授 89 岁寿辰纪念）.........317

贵州茅台酒（秦保明教授 翁世艾教授 钻石婚纪念）.............317

贵州茅台酒（酒界泰斗秦含章先生 109 岁、110 岁寿辰）.......317

贵州茅台酒（香港友好协进会 30 周年纪念）.............................317

贵州茅台酒（第一届全球茅粉节）...318

贵州茅台酒（第二届全球茅粉节）...318

贵州茅台酒（茅五会纪念）2.25L...319

贵州茅台酒（澳门科技大学建校 15 周年纪念）4.5L...............319

贵州茅台酒（侯德昌从艺 60 周年纪念）5L...............................319

贵州茅台酒（范曾大师八十寿辰纪念 从艺六十年《神翁驯虎图》）........320

贵州茅台酒（范曾大师八十寿辰纪念 从艺六十年《神翁驯虎图》80 ）..320

贵州茅台酒（范曾大师八十寿辰纪念从艺六十年《沧海行·八仙过海》）..320

贵州茅台酒（范曾大师八十寿辰纪念 从艺六十年《神翁驯虎图》40L）321

贵州茅台酒（黄永玉 90 寿辰定制）500ml 90 斤 322

贵州茅台酒（成龙甲子寿辰定制）6 斤 60 斤 323

贵州茅台酒（1952-1989 年 五届全国评酒会获奖原酒）2.5L............324

第九章 贵州茅台酒文创及个性化酒

第一节 文创产品

贵州茅台酒（九龙墨宝）"80 年"999ml.................................328

贵州茅台酒（九龙墨宝）"30 年"999ml.................................330

贵州茅台酒（九龙墨宝）"15 年"999ml.................................331

贵州茅台酒（诗文墨宝）单支 双支...332

贵州茅台酒（中国龙）...333

贵州茅台酒（中国国画大家）...334

贵州茅台酒（十大青铜酒器）...336

贵州茅台酒（中国酒韵）...338

贵州茅台酒（中国酒韵系列·十大人物）.................................340

贵州茅台酒（中国酒韵系列·十大花鸟）.................................342

贵州茅台酒（中国酒韵系列·十大山水）.................................343

贵州茅台酒（中国酒韵系列·十大爱情）.................................344

贵州茅台酒（中国酒韵系列·什锦名花）.................................345

贵州茅台酒（甲午马年）...346

贵州茅台酒（十二生肖之羊首）1.2L...346

贵州茅台酒（乙未羊年）...347

贵州茅台酒（邮政羊年）...347

贵州茅台酒（丙申猴年）...348

贵州茅台酒（邮政猴年）...348

贵州茅台酒（猴年献瑞）15L...349

贵州茅台酒（丁西鸡年）......350

贵州茅台酒（戊戌狗年）......351

贵州茅台酒（己亥猪年）......352

贵州茅台酒（庚子鼠年）......352

贵州茅台酒（辛丑牛年）......354

贵州茅台酒（壬寅虎年）......355

贵州茅台酒（癸卯兔年）......356

贵州茅台酒（十二生肖金版）......356

贵州茅台酒（十二生肖珍藏版、铜版）......357

贵州茅台酒（原国宴专用）......358

贵州茅台酒（匠心）......358

贵州茅台酒（精品）......358

贵州茅台酒（高尔夫会员酒）......359

贵州茅台酒（高尔夫趣味酒）90ml......359

贵州茅台酒（高尔夫礼品酒）......359

贵州茅台酒（燕京八景·陈酿）......360

贵州茅台酒（元青花）7.5L......361

贵州茅台酒（盛世典藏）50ml......362

贵州茅台酒（为奥运会国家游泳中心特制 水立方）......362

贵州茅台酒（鸟巢特制陈酿）......362

贵州茅台酒（中国体育代表团）......362

贵州茅台酒（庆功酒）......362

贵州茅台酒（百年巨匠——齐白石）......363

贵州茅台酒（百年巨匠——黄宾虹）......364

贵州茅台酒（百年巨匠——张大千）......364

贵州茅台酒（新世纪珍藏品）......365

贵州茅台酒（新世纪）......365

贵州茅台酒（盛世国藏）......365

贵州茅台酒（世纪经典）......365

贵州茅台酒（贵宾特制国礼鉴藏）......366

贵州茅台酒（贵宾特制）......366

贵州茅台酒（贵宾）......366

贵州茅台酒（申城老外滩）......367

贵州茅台酒（圆梦中国）999ml......367

贵州茅台酒（多彩贵州·111）125ml 200ml 500ml......368

贵州茅台酒（金桂叶）2.5L......369

贵州茅台酒（浮雕木漆盒）......369

贵州茅台酒（金色 白色）50ml......369

贵州茅台酒（东方神韵）43%vol 1L......369

贵州茅台酒（春夏秋冬）......370

贵州茅台酒（梅兰竹菊）......370

贵州茅台酒（丝绸之路）1.5L 5L......371

贵州茅台酒（中国名山）15L......372

贵州茅台酒（一代天骄）......373

贵州茅台酒"15年"375ml......373

贵州茅台酒"30年"375ml......373

贵州茅台酒（走进非洲）375ml 750ml......374

贵州茅台酒（走进澳洲）375ml 750ml......374

贵州茅台酒（走进智利·圣地亚哥）375ml 750ml......375

贵州茅台酒（走进坦桑尼亚·达累斯萨拉姆）375ml 750ml......375

贵州茅台酒（走进意大利·米兰）375ml 750ml......376

贵州茅台酒（走进俄罗斯·莫斯科）375ml 750ml......376

贵州茅台酒（茅台商城专享）......377

贵州茅台酒（茅台云商尊享）......377

贵州茅台酒（金龙珍品）......377

贵州茅台酒（国酒定制 陈酿）......377

贵州茅台酒（国酒定制 陈酿 红）......377

贵州茅台酒（国酒定制 红）......377

贵州茅台酒（国酒定制 个性尊享）......378

贵州茅台酒（国酒定制 个性尊享 金）......378

贵州茅台酒（国酒定制 蓝）......378

贵州茅台酒（国酒定制 个性尊享 红）......378

贵州茅台酒（国酒定制 个性尊享 酱）......378

贵州茅台酒（国酒定制 个性尊享 黑）......378

贵州茅台酒（绿色尊享）......379

贵州茅台酒（青印）......379

贵州茅台酒（金）......379

贵州茅台酒（咖啡金）......379

贵州茅台酒（蓝茅）......379

贵州茅台酒（百年金奖传奇）......380

贵州茅台酒（百年金奖辉煌）......380

贵州茅台酒（中国龙）......380

贵州茅台酒（玫瑰金）......380

贵州茅台酒（只为卓越不凡的你）......380

贵州茅台酒（红星闪烁）......381

贵州茅台酒（鸽画友谊）......381

贵州茅台酒（粤）......381

贵州茅台酒（豫）......381

贵州茅台酒（香溢五洲）......381

贵州茅台酒（二十四节气）500ml 100ml......382

贵州茅台酒（癸卯端午）200ml......383

贵州茅台酒（淳鉴）......384

贵州茅台酒（水碧山青）......384

贵州茅台酒（厚德致远）......384

贵州茅台酒（荷玺）......384

贵州茅台酒（盈典佳酿）......384

贵州茅台酒（匠序）......385

贵州茅台酒（典藏）......385

贵州茅台酒（陈年典藏）......385

贵州茅台酒（i茅台 小可爱）......386

贵州茅台酒（专卖店）500ml 750ml..........386
贵州茅台酒（专卖店双支礼盒）..........386
贵州茅台酒（千年吉祥珍品）..........386
贵州茅台酒 400ml..........387
贵州茅台酒（豪华金色）..........387
贵州茅台酒（豪华绛色）..........387
贵州茅台酒（贵州特需商品）..........387
贵州茅台酒（礼宾）..........387
贵州茅台酒（珍藏）475ml..........387
贵州茅台酒 750ml 880ml 900ml 1L..........388
贵州茅台酒 43%vol 1L..........389
贵州茅台酒 1.3L..........389
贵州茅台酒 1680ml..........389
贵州茅台酒 680ml..........389
贵州茅台酒 1.5L 3L 6L..........390
贵州茅台酒（巴拿马黑坛）1L 1.5L 5L..........391
贵州茅台酒（国之四礼 金爵 红鼎 酱樽 墨玺）500ml 1.25L 2.5L 5L.....392
贵州茅台酒（国酒第一坛）2.5L..........394
贵州茅台酒（国酒第一坛 陈酿）2.5L 5L..........394
贵州茅台酒（38%vol、39%vol）..........395
贵州茅台酒（43%vol、喜宴 红白 龙凤呈祥）..........395
贵州茅台酒 33%vol（礼盒 1L 音乐盒）..........397
贵州茅台酒 33%vol（福星、寿星、财星）..........398

第二节　企事业单位及特殊定制

贵州茅台酒（原人民大会堂）..........399
贵州茅台酒（陈酿）..........400
贵州茅台酒（金属盖）..........401
贵州茅台酒（原全国人大会议中心）..........402
贵州茅台酒（茅台陈酿）..........402
贵州茅台酒（原中共中央党校专用）..........402
贵州茅台酒（原全国政协宴会）..........403
贵州茅台酒（QGZXYH）..........403
贵州茅台酒（ZXYJ）..........404
贵州茅台酒（原中国外交部驻外使馆专用）..........404
贵州茅台酒（原中华人民共和国外交部）..........404
贵州茅台酒（原外交使团特供）..........404
贵州茅台酒（外交使团）..........404
贵州茅台酒（北京外交人员免税商店）..........404
贵州茅台酒（和平鸽）..........405
贵州茅台酒（原外交部驻香港特派员公署专用酒）..........405
贵州茅台酒（原中央人民政府驻澳门特别行政区联络办公室专用）.......405
贵州茅台酒（原中央政府驻澳门联络办专用）..........405
贵州茅台酒（原外交部驻澳门特别行政区特派员公署专用）..........406
贵州茅台酒（澳门特别行政区区花）..........406

贵州茅台酒（原澳门特别行政区专用酒）..........406
贵州茅台酒（原新华社专用）..........406
贵州茅台酒（原中国新闻出版）..........407
贵州茅台酒（原中华人民共和国商务部专用）..........407
贵州茅台酒（原工商专用）..........407
贵州茅台酒（原海南省人民政府接待专用）..........407
贵州茅台酒（原浙江省委省政府接待专用）..........408
贵州茅台酒（原浙江省委省政府接待酒）..........408
贵州茅台酒（原浙江省委省政府接待专享）..........408
贵州茅台酒（京西宾馆）..........408
贵州茅台酒（原青岛市政务接待专用酒）..........409
贵州茅台酒（原中央军委办公厅专用）..........409
贵州茅台酒（★★★★★）..........409
贵州茅台酒（原八一特供陈酿）..........409
贵州茅台酒（八一陈酿）..........409
贵州茅台酒（FW 陈酿）..........409
贵州茅台酒（VA）..........410
贵州茅台酒（CN）..........410
贵州茅台酒（原专供中国人民解放军总医院）..........410
贵州茅台酒（原专供总装备部）..........410
贵州茅台酒（总装备部远望楼）..........410
贵州茅台酒（原专供中国海军）..........410
贵州茅台酒（原专供海军北海舰队）..........411
贵州茅台酒（中国海军核潜艇部队）..........411
贵州茅台酒（原四三一厂专供）..........411
贵州茅台酒（○六一基地庆典专用）..........411
贵州茅台酒（原专供中国空军）..........412
贵州茅台酒（原专供沈阳军区）..........413
贵州茅台酒（原专供北京军区）..........413
贵州茅台酒（原专供济南军区）..........413
贵州茅台酒（原专供南京军区）..........413
贵州茅台酒（原专供广州军区）..........413
贵州茅台酒（原成都军区专供）..........414
贵州茅台酒（原专供西北部队）..........414
贵州茅台酒（原西北部队）43%vol..........414
贵州茅台酒（原沈阳军区）43%vol..........414
贵州茅台酒（原中国人民解放军驻香港部队专用）..........414
贵州茅台酒（原中国人民解放军驻澳门部队专用）..........414
贵州茅台酒（原国务院管理局北戴河服务局暑期会议特供）..........415
贵州茅台酒（原北戴河服务局暑期会议特供）..........415
贵州茅台酒（原北戴河暑期特供）..........415
贵州茅台酒（原北戴河暑期）..........415
贵州茅台酒（暑期）..........415
贵州茅台酒（原八一慰问军队专用）..........416
贵州茅台酒（五岳独尊）..........416

贵州茅台酒（中欧企业家峰会）.............................416
贵州茅台酒（中国—亚欧博览会）.............................416
贵州茅台酒（港区省级政协委员联谊会尊享）.............................417
贵州茅台酒（红）250ml.............................418
贵州茅台酒（国酒茅台之友协会［香港］专用）.............................418
贵州茅台酒（国酒茅台之友协会［香港］尊享）.............................418
贵州茅台酒（澳门巴黎人）.............................419
贵州茅台酒（澳门威尼斯人 马）.............................419
贵州茅台酒（澳门威尼斯人 羊）.............................419
贵州茅台酒（香港义工联盟）.............................420
贵州茅台酒（澳门茅台文化协会尊享）.............................420
贵州茅台酒（澳门城市大学）4.5L.............................420
贵州茅台酒（澳门金龙集团）4.5L.............................420
贵州茅台酒（澳门茅台文化协会尊享）.............................421
贵州茅台酒（中国国家博物馆）.............................421
贵州茅台酒（国酒茅台会所专用）.............................422
贵州茅台酒（国酒茅台文化研究会会员专用）.............................422
贵州茅台酒（国酒茅台文化研究会会员）.............................422
贵州茅台酒（茅台文化研究会会员）.............................422
贵州茅台酒（九庆）.............................422
贵州茅台酒（广东地区专供酒）.............................423
贵州茅台酒（专供河南省商丘市）.............................423
贵州茅台酒（专供大庆）.............................423
贵州茅台酒（专销温州）.............................423
贵州茅台酒（原中国工商银行股份有限公司专供）.............................424
贵州茅台酒（原专供中国工商银行股份有限公司北京市分行）.............................424
贵州茅台酒（原中国农业银行专供）.............................424
贵州茅台酒（原专供中国银行）.............................424
贵州茅台酒（原专供招商银行）.............................425
贵州茅台酒（中国民生银行·投资银行"贵宾特制"）.............................425
贵州茅台酒（中国移动通信）.............................425
贵州茅台酒（中国电信）.............................425
贵州茅台酒（原专供中国中铁）.............................425
贵州茅台酒（原铁路特供）.............................425
贵州茅台酒（东北亚铁路定制）.............................426
贵州茅台酒（原油田专用）.............................426
贵州茅台酒（中国南方电网）.............................426
贵州茅台酒（原专供中国石油天然气集团公司）.............................426
贵州茅台酒（原中国石油化工集团公司专用）.............................427
贵州茅台酒（中国石化易捷专售）.............................427
贵州茅台酒（原特供中华全国总工会中国职工之家）.............................427
贵州茅台酒（中国职工之家）.............................427
贵州茅台酒（原专供首都机场专机楼）.............................427
贵州茅台酒（原专供中粮集团）.............................428
贵州茅台酒（原专供银华基金）.............................428

贵州茅台酒（北京饭店特供）.............................428
贵州茅台酒（为金陵饭店特制"15年"）.............................428
贵州茅台酒（威海白云宾馆）.............................428
贵州茅台酒（专供谷泉会议中心）.............................429
贵州茅台酒（香格里拉酒店集团专用）.............................429
贵州茅台酒（上海秦商大酒店）.............................429
贵州茅台酒（阳光酒店集团专用）.............................429
贵州茅台酒（食养斋定制）.............................429
贵州茅台酒（侨村33号）.............................429
贵州茅台酒（营口港务集团敬赠）1L.............................430
贵州茅台酒（为BGP CNPC特制）43%vol 1L.............................430
贵州茅台酒（为红塔集团特制）43%vol 53%vol 1L.............................430
贵州茅台酒（贵州中烟工业公司专用）.............................430
贵州茅台酒（贵阳卷烟厂专用）.............................431
贵州茅台酒（贵州黄果树烟草集团公司专用）.............................431
贵州茅台酒（专供武汉烟草）.............................431
贵州茅台酒（中烟追溯尊享）.............................431
贵州茅台酒（海航集团）.............................432
贵州茅台酒（恒大集团专用）.............................432
贵州茅台酒（恒大集团尊享）.............................432
贵州茅台酒（恒大集团专用"50年"）.............................432
贵州茅台酒（恒大集团专用"30年"）.............................432
贵州茅台酒（恒大集团专用"15年"）.............................432
贵州茅台酒（富力地产尊享）.............................433
贵州茅台酒（万达集团尊享）.............................433
贵州茅台酒（香港侨福建设集团专用）.............................433
贵州茅台酒（香港侨福建设集团尊享）.............................433
贵州茅台酒（江阳建设集团有限公司）.............................434
贵州茅台酒（达海控股集团更名、南通四建集团荣获第二十四枚鲁班奖定制）.............................434
贵州茅台酒（德赛集团有限公司尊享）.............................434
贵州茅台酒（德胜专用）.............................434
贵州茅台酒（华盛源实业集团）.............................434
贵州茅台酒（吉林市谦茗缘商贸有限公司）.............................434
贵州茅台酒（国金中心定制）.............................435
贵州茅台酒（城云国际）.............................435
贵州茅台酒（碧桂园封坛酒）.............................435
贵州茅台酒（江苏默元房地产开发有限公司）.............................435
贵州茅台酒（吴江青商会）.............................435
贵州茅台酒（贵州新德丰商贸）.............................435
贵州茅台酒（中信金陵 炫彩中国）.............................436
贵州茅台酒（亨通尊享）.............................436
贵州茅台酒（宏光客户尊享）.............................437
贵州茅台酒（江苏五星建设集团）.............................437
贵州茅台酒（仁建国贸定制）.............................437

贵州茅台酒（曙光控股集团尊享）..............437

贵州茅台酒（信阳万家灯火）..............438

贵州茅台酒（哈密惠通）..............438

贵州茅台酒（深商尊享）..............438

贵州茅台酒（俊发集团）..............438

贵州茅台酒（恒逸集团尊享）..............438

贵州茅台酒（世纪海景集团）..............438

贵州茅台酒（仁恒置地尊享）..............439

贵州茅台酒（上海鹏欣［集团］有限公司定制）..............439

贵州茅台酒（翔鸽尊享）..............439

贵州茅台酒（和泓地产）..............439

贵州茅台酒（鑫江集团）..............439

贵州茅台酒（浙江东南网架）..............439

贵州茅台酒（安顺明达物业）..............440

贵州茅台酒（深圳琳珠投资）..............440

贵州茅台酒（深圳东方港湾投资）..............440

贵州茅台酒（大连东方投资）..............440

贵州茅台酒（中国企业家酒）..............440

贵州茅台酒（青岩古镇尊享）375ml..............441

贵州茅台酒（工合）..............441

贵州茅台酒（威佳汽车集团尊享）..............441

贵州茅台酒（宇通集团）..............441

贵州茅台酒（专供第一汽车）..............441

贵州茅台酒（吉利控股集团）200ml 500ml..............442

贵州茅台酒（聚诚集团）..............442

贵州茅台酒（奥瑞金包装股份有限公司）..............442

贵州茅台酒（万德隆商贸）..............442

贵州茅台酒（爱康集团）..............443

贵州茅台酒（中国华力）..............443

贵州茅台酒（特供德力西集团）..............443

贵州茅台酒（中国德力西）..............443

贵州茅台酒（专供鲁能集团）..............444

贵州茅台酒（专供中国IGA）..............444

贵州茅台酒（扬州虹桥书院）..............444

贵州茅台酒（专供枣庄矿业集团）..............444

贵州茅台酒（专供武汉中百）..............444

贵州茅台酒（大西南投资集团有限责任公司）..............444

贵州茅台酒（浙江五洲新春集团股份有限公司）..............445

贵州茅台酒（正顺集团）..............445

贵州茅台酒（广东皇玛控股集团股份有限公司尊享）..............445

贵州茅台酒（上海宏伊企业集团有限公司尊享）..............445

贵州茅台酒（筑城地产）..............445

贵州茅台酒（盛世酱香）..............446

贵州茅台酒（凤梧酒洲独家定制）..............446

贵州茅台酒（咏悦汇尊享）..............446

贵州茅台酒（翠林投资）..............446

贵州茅台酒（中国酒投网2014年珍藏版）..............447

贵州茅台酒（老酒易购文化投资定制）..............447

贵州茅台酒（北京晟强贸易有限公司）..............447

贵州茅台酒（杭州天趣会商贸有限公司鉴藏）5L..............447

贵州茅台酒（正和岛）..............448

贵州茅台酒（海印股份尊享）..............448

贵州茅台酒（复星尊享）..............448

贵州茅台酒（中新南京生态科技岛专用）..............448

贵州茅台酒（天下凤凰）..............448

贵州茅台酒（励骏尊贵会）..............449

贵州茅台酒（中联传动）..............449

贵州茅台酒（和美信息）..............449

贵州茅台酒（河南电视台武林风栏目尊享）..............449

贵州茅台酒（国润信科尊享）..............450

贵州茅台酒（黑骑士球员俱乐部）..............450

贵州茅台酒（爱慕股份有限公司）..............450

贵州茅台酒（威佳汽车尊享）..............450

贵州茅台酒（品宫集团）..............450

贵州茅台酒（宏川智慧）..............450

贵州茅台酒（胖东来商贸定制）..............451

贵州茅台酒（朗姿股份）..............451

贵州茅台酒（海纳机构）..............451

贵州茅台酒（美的尊享）..............451

贵州茅台酒（信邦制药）..............452

贵州茅台酒（益佰制药）..............452

贵州茅台酒（卫华尊享）..............452

贵州茅台酒（先知教育）..............452

贵州茅台酒（宝利洁尊享）..............453

贵州茅台酒（保银投资）..............453

贵州茅台酒（正茂燃气尊享）..............453

贵州茅台酒（众信旅游）..............453

贵州茅台酒（晟喜华视）..............454

贵州茅台酒（立信）..............454

贵州茅台酒（天册律师事务所）..............454

贵州茅台酒（正山堂）..............454

贵州茅台酒（最美高速）200ml 500ml..............454

贵州茅台酒（星美生活）..............454

贵州茅台酒（锦庄定制）..............455

贵州茅台酒（威高）..............455

贵州茅台酒（贵州元成贸易）..............455

贵州茅台酒（贵州足球第一冠）..............455

贵州茅台酒（新华大宗定制）..............455

贵州茅台酒（博鳌亚洲论坛指定用酒）..............455

贵州茅台酒（敬华）..............456

贵州茅台酒（国酒书画院用酒）..................456
贵州茅台酒（中国马业协会）..................456
贵州茅台酒（孔子学院 飞天牌 五星牌）..................456
贵州茅台酒（阿尔巴尼亚共和国财政部部长经济顾问办公室尊享）..................456
贵州茅台酒（中外酒器［北京］协会尊享）..................457
贵州茅台酒（中国收藏家协会体育纪念品收藏委员会）..................457
贵州茅台酒（河南省酒业协会收藏鉴定专业委员会尊享）..................457
贵州茅台酒（揭阳市酒类行业协会、揭阳市酒类收藏协会珍藏）..................457
贵州茅台酒（融信集团）..................458
贵州茅台酒（EMS 中国邮政速递物流）..................458
贵州茅台酒（大禹新媒体）..................458
贵州茅台酒（北方商城网）..................458
贵州茅台酒（乐渔品牌尊享）..................458
贵州茅台酒（电视剧《猴票》专属定制）..................458
贵州茅台酒（曲阜仙源旅游开发有限公司尊享）..................459
贵州茅台酒（泛达牛业尊享）..................459
贵州茅台酒（上海潘市实业发展有限公司尊享）..................459
贵州茅台酒（盈创＜厦门＞投资）..................459
贵州茅台酒（兆方石油）..................459
贵州茅台酒（中国林润集团定制）..................459
贵州茅台酒（贵州燃气集团股份有限公司）..................460
贵州茅台酒（网新集团尊享）..................460
贵州茅台酒（个推）..................460
贵州茅台酒（澳洲潮州同乡会尊享）..................460
贵州茅台酒（唯品会尊享）..................460
贵州茅台酒（东翰尊享）..................460
贵州茅台酒（中国社会艺术协会尊享）..................461
贵州茅台酒（广东省酒类行业协会定制）..................461
贵州茅台酒（江苏联盟化学尊享）2.5L..................461
贵州茅台酒（中国香港酒类收藏协会）..................462
贵州茅台酒（澳门名酒收藏协会）..................462
贵州茅台酒（溧阳市餐饮业商会珍藏）..................462
贵州茅台酒（山东省旅游饭店协会鉴藏）..................462
贵州茅台酒（中保泓安保险代理有限公司）..................462
贵州茅台酒（中国人民大学商学院 EMBA 校友尊享）..................463
贵州茅台酒（缘一南京大学 EMBA）..................463
贵州茅台酒（无锡荣德教育）..................463
贵州茅台酒（清华大学五道口金融学院 EMBA）..................463
贵州茅台酒（北大国发 2016 级 EMBA）..................463
贵州茅台酒（太安私塾）..................463
贵州茅台酒（美国大文行酒业有限公司经销）375ml..................464
贵州茅台酒（美国四季酒业公司）375ml..................464
贵州茅台酒（卡慕）375ml..................464
贵州茅台酒（DFS 独家销售）375ml..................464
贵州茅台酒（卡慕 李白）375ml..................464

贵州茅台酒（卡慕 杜甫）375ml..................464
贵州茅台酒（出口韩国）..................465
贵州茅台酒（美国南洋贸易股份有限公司经销）750ml..................465
贵州茅台酒（美国大文行酒业有限公司经销）1L..................465
贵州茅台酒（美国四季酒业公司）1L..................465
贵州茅台酒（ZZDZ）..................466
贵州茅台酒（DHDZ）..................466
贵州茅台酒（MXDZ）..................466
贵州茅台酒（HLDZ）..................466
贵州茅台酒（★★★★★封坛）..................467
贵州茅台酒（特供陈酿 封坛）..................467
贵州茅台酒（原武警之坛）..................467
贵州茅台酒（原济南军区封缸酒）..................467
贵州茅台酒（驻澳门部队封坛酒）..................467
贵州茅台酒（装备精神）..................468
贵州茅台酒（凤凰新闻客户端封坛酒）..................468
贵州茅台酒（南江集团封坛酒）..................468
贵州茅台酒（阿里巴巴定制封坛酒）..................468
贵州茅台酒（吉利控股集团 封坛）..................468
贵州茅台酒（瑗融 封坛酒）..................468
贵州茅台酒（加拿大汉嘉酒业封坛酒）..................469
贵州茅台酒（汇得科技 封坛酒）..................469
贵州茅台酒（TD 特）375ml..................469
贵州茅台酒（诚盛投资 封坛）..................469
贵州茅台酒（鑫都）..................469
贵州茅台酒（佳友）..................469

第三节　私人定制

贵州茅台酒（季克良先生定制）..................470
贵州茅台酒（季克良先生寿辰）..................470
贵州茅台酒（王石尊享）..................470
贵州茅台酒（张瑞敏尊享）..................470
贵州茅台酒（钟府宴会专用）..................470
贵州茅台酒（钟府宴会尊享）..................470
贵州茅台酒（马万祺）..................471
贵州茅台酒（王西京先生专用酒）1L..................471
贵州茅台酒（坦桑尼亚总理）..................471
贵州茅台酒（坦桑尼亚总统）..................471
贵州茅台酒（常雨今女士出国特制）..................471
贵州茅台酒（郑渊洁尊享）..................472
贵州茅台酒（王立山先生个人收藏）..................472
贵州茅台酒（韩磊尊享）..................472
贵州茅台酒（孙楠）..................472
贵州茅台酒（王继平尊享）..................472
贵州茅台酒（马未都先生皮藏）..................473

贵州茅台酒（陈伟先生尊享）.............473
贵州茅台酒（赵雅萱定制）.............473
贵州茅台酒（刘剑锋 金属盖）.............473
贵州茅台酒（刘健）.............473
贵州茅台酒（彭越收藏纪念）.............473
贵州茅台酒（陈可辛尊享）.............474
贵州茅台酒（张艺谋）.............474
贵州茅台酒（成龙珍藏版）.............474
贵州茅台酒（唐勇先生品鉴用酒）.............474
贵州茅台酒（刘俊锋先生鉴藏）.............474
贵州茅台酒（李景春定制）.............474
贵州茅台酒（习乐平尊享）.............475
贵州茅台酒（刘毓全、牛淑艳夫妇尊享）.............475
贵州茅台酒（鄢奎平）.............475
贵州茅台酒（秦良静留藏）.............475
贵州茅台酒（亚青私藏—冬）.............475
贵州茅台酒（"诗和远方"茅粉群定制）.............475
贵州茅台酒（陈子荣尊享）.............476
贵州茅台酒（斯舰东尊享）2.5L.............476
贵州茅台酒（大千门人江萍鉴赏）.............476
贵州茅台酒（张石奇尊享）.............476
贵州茅台酒（武林风明星冠军王洪祥）.............476
贵州茅台酒（房晓强、徐琴、房绍博珍藏）2.5L.............477
贵州茅台酒（陈府尊享 陈酿）520ml.............477
贵州茅台酒（陈府尊享 特制）520ml.............477
贵州茅台酒（楼府尊享）.............477
贵州茅台酒（赠宁天恒）.............478
贵州茅台酒（戴玉强）.............478
贵州茅台酒（郑锦钟博士珍藏）.............478
贵州茅台酒（束昱辉尊享）.............478
贵州茅台酒（邹铭岩）.............478
贵州茅台酒（宋方金《清明上河图》定制）.............478
贵州茅台酒（香港友邦王牌家族王英定制）.............479
贵州茅台酒（万峰）.............479
贵州茅台酒（贾瑞祥先生定制）.............479
贵州茅台酒（李辛·民享 <小雅·信南山>）.............479
贵州茅台酒（祝父母生辰快乐延年益寿——姚花赠）.............479
贵州茅台酒（福寿康宁——宋东生五十一岁生日纪念）.............479
贵州茅台酒（深圳市林园投资管理有限责任公司余军定制）.............480
贵州茅台酒（郑府尊享）.............480
贵州茅台酒（农历丁酉鸡年鉴藏）.............480
贵州茅台酒（和为贵）.............480
贵州茅台酒（会员专享）1L.............480

贵州茅台酒（国酒第一坛定制）（马云尊享）2.5L.............481
贵州茅台酒（何申波先生尊享）5L.............481
贵州茅台酒（李尚龙《刺》开机大礼）.............482
贵州茅台酒（王波先生）.............482
贵州茅台酒（刘晓东、王卉霖结婚纪念）.............482
贵州茅台酒（俞云清尊享）.............482
贵州茅台酒（王府专用封坛酒）.............482
贵州茅台酒（将军封坛酒）.............483
贵州茅台酒（原杨氏·西藏军区）.............483
贵州茅台酒（杨东明将军封坛酒）.............483
贵州茅台酒（和谐之坛 私人藏酒）.............483
贵州茅台酒（飞翔之坛 私人藏酒）.............483
贵州茅台酒（磊藏·韩磊封坛酒）.............483
贵州茅台酒（鐷之泉封坛酒）.............484
贵州茅台酒（2009 年封藏—2019 年启 封坛酒）.............484
贵州茅台酒（2012 年封坛—2015 年启封 封坛酒）.............484
贵州茅台酒（2012 年—2015 年 封坛酒）.............484
贵州茅台酒（贰零一一年拾贰月封 贰零一陆年拾贰月启）.............484
贵州茅台酒（2011 年 3 月封坛酒）.............484
贵州茅台酒（申氏 封坛酒）.............485
贵州茅台酒（封缸酒）.............485
贵州茅台酒（胡洪明封坛酒）.............485
贵州茅台酒（罗兴红尊享）.............485
贵州茅台酒（ZL 尊享）.............485
贵州茅台酒（珍藏封坛酒）.............485
贵州茅台酒（孙建国封坛）.............486
贵州茅台酒（封坛时间 2010 年 6 月 –2015 年 6 月）.............486
贵州茅台酒（瑷融封坛酒）.............486
贵州茅台酒（2018 年 1 月封坛）.............486
贵州茅台酒（2011 年 5 月 24 日封坛）.............486
贵州茅台酒（封坛酒 <明治>）.............487
贵州茅台酒（封坛时间：2016 年 12 月 26 日 –2019 年 2 月 28 日）.............487
贵州茅台酒（2014 年 4 月 1 日封坛）.............487
贵州茅台酒（封坛酒）.............487
琼浆玉液 盛世酱香
——贵州茅台酒的收藏、鉴别、品鉴、贮存与价值.............488
附：诗咏茅台.............493
　　走进经典.............496
　　长征话茅台.............499
附：贵州茅台北京经销商联谊会首届、第二届"茅粉节"活动.............500
　　贵州茅台北京经销商联谊会公益活动选.............508
后记.............519

第一章 贵州茅台酒概览

高周绳纹大口尊（仁怀市中枢镇出土）

西汉陶甑（仁怀市合马镇出土）

西汉绳纹陶釜（仁怀市合马镇出土）

西汉网纹陶罐（仁怀市合马镇出土）

茅台镇酿酒简史

被誉为"中国第一酒镇"的贵州省仁怀市茅台镇，位于贵州西北部，地处赤水河中游，大娄山脉西段北侧，距"中国酒都"仁怀市中心城区 10 公里，四面环山，一水中流，是驰誉中外的酿酒"宝地"。

茅台古镇历史悠久，源远流长。古代世居濮僚部落，因马桑树遍野，故名"马桑湾"。河之东岸因一股纯净泉水砌有四方形水井，又称"四方井"。历代濮僚人在此茅草地筑台祭祀祖宗，称之为"茅草台""茅台"。元朝县治下分寨、村、坪、部，正式定名为"茅台村"，后改称"茅村"。明代茅台街先后建万寿宫等九座寺庙，因万寿宫前建有罕见的半边桥、观音寺、灵仙寺、禹王宫内珍藏有 3 面东汉铜鼓，故而又有"半边桥""云鼓镇"之称。清乾隆六年（1741 年），赤水河被划为川盐入黔的四大水道之一。四川食盐经赤水河道运入，舟楫直抵茅台起岸，时称"仁岸"。贵州三分之二人口的食盐由此运入，成为川盐入黔四大口岸之一。由于水路畅通，八方商贾云集，"家唯储酒卖，船只载盐多"，茅台成为黔北四大繁华集镇之一。

茅台古镇拥有悠久的酿酒传统和文化。不断被发掘出土的文物证明，远在商周时期，茅台先民就已经开始了早期的酿酒活动。1994 年 4 月，贵州考古研究所在仁怀市城郊东门河云仙洞发掘了被认定为商周洞穴居室遗址一处。该遗址出土的大口尊是贵州省历史上最早的酒器，还出土了杯、瓶、缸、器皿等形制完美的陶器，充分证明仁怀古代人类早在商周时期已有浓厚的饮酒习俗。同时，也显示了当时地方制陶技术的发展水平。

1991 年 10 月，从赤水河畔合马镇西汉土坑墓址出土了 400 多件文物，文物质地有石器、陶器、银器、铜器、铁器，对研究茅台河谷的历史沿革、文化、经济以及唐蒙入夜郎的路线和酒文化提供了十分珍贵的实物资料。从该土坑墓出土的文物来看，除其他生产工具、生活用具、装饰用品、流通货币等，瓮、罐、碗等与酿酒业有着密切联系，其中铺首衔环酒壶等专用酒具证明仁怀境内茅台河谷一带在西汉时期便有规模性的酿酒生产能力。

明朝万历年间，明朝统治者平息播州土司之乱时，茅台一带的农业生产遭受损失，粮食产量下降、酿酒原料欠缺。茅台镇的酒坊采取多轮次造沙发酵出酒，创造出"回沙茅台"，酒的品种和产量增多，极大地繁荣了酒文化。1989 年从茅台镇交通乡袁家湾出土坑藏酒具 9 件，经鉴定为明朝时期酒具。该批酒具中的酒壶从执壶到单提梁壶，从单提梁壶到双提梁壶，从无支架到有支架，从斜腹过渡到鼓腹，具有很高的审美价值。

据司马迁《史记》载：西汉建元六年（前 135 年）鄱阳令唐蒙出使南越，"南越食蒙蜀枸酱，蒙问所从来，曰：'道西北牂牁，牂牁江广数里，出番禺城下。'蒙归至长安，问于蜀贾人，贾人曰：'独蜀出枸酱，多持窃出夜郎。'（时仁怀境属蜀国东南境）"

宋代宋伯仁《酒小史》共列出历代名酒 106 种，其中有"南粤食蒙枸酱"的记载，与《史记》互为印证。由于茅台地区曾经历数次战争之劫，茅台镇数度毁于战火，大量历史资料和文物散失。在茅台村邬氏明代《邬氏族谱》上，标有茅台村酿酒作坊位置，这是茅台镇 400 多年前可考的酒坊记载。据《仁怀县志》，1990 年在茅台镇至县城的小路三百梯道旁发现出土的路碑上，刻有乾隆四十九年（1784 年）茅台偈盛酒号字样；茅台杨柳湾一尊建于嘉庆八年（1803 年）的化字炉所铸的捐款名单中有"大和酒坊"字样。

乾隆六年（1741 年），《贵州通志》记载："按黔省所产之酒，以仁怀茅台村之高粱最佳。"

清道光《遵义府志》引《田居蚕室录》："茅台酒、仁怀城西茅台村制酒，黔省称第一。其料用纯高粱者上，用杂粮者次，制法：煮料和曲即纳地窖中，弥月出窖烤之，其曲用小麦，谓之白水曲，黔人称大曲酒，一曰茅台烧。仁怀地瘠民贫，茅台烧房不下二十家，所费山粮不下二万担。"

咸丰四年（1854 年），吴振棫《黔语》中写道："南酒道远价高，至不易得，寻常沽贳皆烧春也。茅台村隶仁怀县，滨河土人善酿，名茅台春，极清洌⋯⋯"

据《续遵义府志》记载："茅台酒，前志出仁怀县西茅台村，黔省称第一，《近泉居杂录》制法：纯用高粱作沙，煮熟和小麦面三分纳酿地窖中，经月而出蒸熇（烤）之，即熇而复酿，必经数四（回）然后成。初曰生沙，三四轮曰燧沙，六七轮曰大回沙，以此概曰小回沙，终乃得酒可饮，其品之醇气之香，乃百经自俱，非假曲与香料而成，造法不易，他处难于仿制，故独以茅台称也。郑珍君诗酒冠黔人国，乃于未大显张时真赏也。往年携赴巴拿马赛会得金牌奖，固不特黔人珍之矣。"

茅台古镇酿成的酒，谓之"茅台烧"或"茅台春"。由于酒质绝佳，闻名遐迩。世人皆知茅台村出产美酒，他处难以仿制，故只要提及酒就必说茅台村的酒最好，久而久之就茅台地名简称"茅台酒""茅酒"，所以茅台酒是以产地而得名。

咸丰四年（1854 年），茅台镇几十家酒坊皆毁于兵燹，茅台酒生产一度中断。同治元年（1862 年），贵州盐商华联辉在茅台镇购得酒坊旧址，重新开办酒坊，名"成裕酒房"，茅台酒生产才逐渐恢复。光绪五年（1879 年）"荣太和烧房"开办。民国 18 年（1929 年）"恒兴烧房"开办，另外一些酿酒作坊也相继开办，茅台镇的酿酒业得到发展。

西汉铺首衔环酒壶（仁怀市合马镇出土）

清代高嘴盘白酒瓦罐（仁怀市中枢镇征集）

清代短流酒瓦罐（仁怀市中枢镇征集）

19 世纪初期的茅台酒罐

19世纪末期的茅台酒罐

20世纪30年代的茅台酒作坊

20世纪40年代的"华茅"

茅台酒烧房

同治元年（1862年），茅台酒生产再度在战后的废墟上复苏，在以后的发展中主要有三家酿酒作坊，时称为"烧房"。按开设时间是"成义烧房"（1862年建），其次是"荣和烧房"（1879年建）、"恒兴烧房"（1929年建）。

"成义烧房"最先叫"成裕烧房"，始建于同治元年（1862年），创始人华联辉，字柽坞。华氏原籍江西临川，清康熙年间，其远祖以医术游黔，择居遵义团溪，清同治初年，避乱而由遵义迁居省城贵阳。华联辉且读且商，创办永隆裕盐号，又读书应试，中咸丰乙亥科举人。光绪三年（1877年）四川总督丁宝桢聘华联辉为四川盐法道总文案，协助推行"官运商销"新盐法。其弟华国英，也是举人，长期任四川官盐总办。华氏兄弟先后经办盐务，控制川盐运销，在茅台镇开设"永隆裕"盐号，在贵阳开设"永发祥"盐号。据华联辉孙子华问渠回忆：咸丰末年，华联辉之母彭氏在一次闲谈中偶然想起她年轻时路过茅台曾喝过一种好酒，觉得味道很好，嘱华联辉去茅台时带些回来，她还想再尝尝这种酒。华联辉到茅台镇时战事已过，到处是残垣断壁，过去酒坊已被夷为平地。华联辉决定在茅台镇开设酿酒作坊，一是奉慈母之命，二是往来应酬也需好酒。恰好原酿酒作坊旧址土地已收入官产，官府正将其变卖，于是华联辉便购得杨柳湾酒坊旧址，找来昔日酒师，在旧址上建起简易作坊，酿出的酒经其母品尝，她认定年轻时喝过的正是这种酒。于是继续酿造，开始仅作为家庭饮用或馈赠亲友，不对外出售。因酒质优良，亲友们交口称赞，纷纷要求按价让购。其母于1865年逝世后，求酒者更是接踵而来，于是华联辉决定将酒坊扩大，增加产量，定名为"成裕烧房"，稍后更名为"成义烧房"，所产之酒，均交永隆裕盐号经销。

起初，成义酒坊规模不大，只有两个窖，年产1750公斤，酒名叫"回沙茅酒"，产品由在茅台、贵阳的盐号代销。华联辉之子华之鸿接办之初，仍作为附带业务经营。民国4年（1915年），茅台酒在巴拿马万国博览会上获金奖后，才引起华氏重视，年产量扩大到8500—9000公斤。民国33年（1944年），成义烧房遭受火灾大部烧毁，华问渠恢复重建并扩大规模，窖坑增至18个，年产量最高时达21000公斤。

"荣和烧房"原名"荣太和烧房"，设立于光绪五年（1879年），由仁怀县富绅石荣霄、孙全太和"王天和"盐号老板王立夫合股开设。烧房初期由孙全太任掌柜，三家分别按股提取利润。民国4年（1915年），烧房由石荣霄负责经营。后"荣太和烧房"更名为"荣和烧房"。1949年，"荣和烧房"由王丙乾经营，窖坑由2个增加到4个，酒的产量也由1000—1500公斤增加到3500—4000公斤，后来又增加2个大窖，生产能力一度达12000多公斤，但常年产量只有5000公斤左右。

"恒兴烧房"初名"衡昌烧房"，由贵阳人周秉衡于民国 18 年（1929 年）开办。始修建 17 个大窖，经过两年的筹备和基建正式投产，但投产不久，由于酒房缺少资金，被迫解雇 20 多个工人，只留下一个酒师和一个帮工，勉强维持生产，年产量很低。"衡昌烧房"在经济窘迫中拖了 8 年之久。到 1938 年，周秉衡与贵阳商人赖永初合伙组成"大兴实业公司"，集资 8 万元，周乃以酒厂作价入股。大兴实业公司由赖永初任经理，周秉衡任副经理。后周秉衡把"衡昌烧房"卖给赖永初，赖补给周 7000 银圆。赖永初接手后，于 1941 年把"衡昌烧房"更名为"恒兴烧房"，并扩大经营，购进 12 匹骡马作为推磨之用，工人增至 40 余人，最多时达 60 余人。到 1947 年，产量提高到 32500 公斤左右。

其时三家烧房的老板都不住茅台村，"成义"的老板华问渠和"恒兴"的老板赖永初住贵阳市，"荣和"的老板王泽生住仁怀县城。厂务由委派的经理秉承老板旨意掌管人事、财务、生产、销售等事项，酒师专管技术指导。"成义"的经理先后有赵致缄、罗某、薛相臣，酒师有郑永福和他父亲；"荣和"经理先后有龙德安、钱克纯、陈厚德，酒师是王华清；"恒兴"的经理先后有葛志诚、杨端五、韦岭，酒师是郑义兴。

从 1862 年"成裕烧房"创立到 1949 年贵州解放，三家烧房的发展大致经历了四个阶段。

（一）1862 年至 1915 年期间，茅台镇"成裕""荣太和"两家烧房年产量最高时合计也不过 5000 公斤左右。当时，贵州经济十分落后，社会购买力很低，而茅台酒的价格比较昂贵，每公斤卖价 2 钱 4 分银子，比普通高粱酒每公斤 4 分银子高 5—6 倍。那时的茅台酒，一般不用小瓶包装，而是装在能容 30—50 公斤的酒坛里分销。

（二）1915 年获巴拿马博览会金奖到 1937 年抗日战争期间，贵州处于军阀割据统治，连年内战，但茅台酒的生产和销售范围日渐扩大。1915 年茅台酒在国际上获奖后，成为世界名酒，声誉远播，销量大增，刺激了各家烧房扩大生产，在 1930 年贵州全省实业展览会和 1935 年西南各省物资展览会上，茅台酒又获"特等奖"，进一步扩大了影响和销售范围。"成义"与"荣和"对酒的生产非常重视，积极扩大规模。"成义"有 12 个窖坑，年产量增加到 15000 公斤左右；"荣和"的窖坑从 2 个增加到 4 个，年产量 5000 公斤以上。"衡昌烧房"，年产约 5000 公斤，三家烧房产量共 25000 余公斤。酒的价格，由每公斤 1.4—1.6 银圆涨至 2 银圆，"衡昌"的酒每公斤 1—1.2 银圆左右。1915 年后，茅台酒的包装也有所改进。民国初年采用紫陶罐盛酒，500 克装，商标用木刻板印红底黑字，注明某烧房回沙茅酒，并将"货真价实，童叟无欺"8 个字印在烧房字样两边。瓶口用猪尿包皮封口。民国 15

新中国成立前荣和烧房盖标

新中国成立前荣和烧房正标

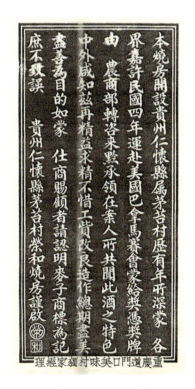

新中国成立前荣和烧房背标

20世纪40年代恒兴烧坊"赖茅"

赖茅商标

上三图为早期酿酒工具

年（1926年），军阀周西成执掌黔政，大量订购茅台酒，作为交际礼品，"成义""荣和"两家烧房改用圆柱形小口釉陶瓶装酒，造型较前美观，且便于装运。商标改用道林纸石印，白底蓝字，一套为三张，分别贴在正面、背面和瓶口。正面两边印麦穗，中间是"回沙茅酒"四字，背面说明茅台酒是用杨柳湾的天然泉水和精湛工艺酿造而成。"荣和烧房"的商标上特别注明茅台酒在巴拿马万国博览会上荣获金奖的经过，"成义烧房"商标上还加上郑珍"酒冠黔人国"的诗句。

（三）1937年至1945年抗日战争期间，贵州成了战时大后方，全国工商业纷纷迁往西南。贵阳、重庆工商业呈现一片繁荣景象。茅台酒的需求量猛增，促使三家烧房继续扩大生产。"成义烧房"于1944年火灾后重建，将原12个窖增加到18个，年产量达21000公斤左右。"荣和烧房"增加两个大窖，年产量达7000多公斤。"恒兴烧房"有17个窖，年产量达32500公斤，超过"成义""荣和"两家总产量。三家烧房年产量计60000公斤左右。

（四）1945年至1949年抗日战争胜利后到贵州解放期间，1946年赖永初把"恒兴烧房"的茅台酒商标改为"赖茅"，以此加强"恒兴烧房"在消费者心中的形象。在上海印制20万—30万套商标，显得比"成义烧房""荣和烧房"更加富丽堂皇。针对"成义烧房"百年老窖的商标，"赖茅"特别在商标上注明是"用最新的科学方法酿制"。"成义烧房"则大登广告，宣传"华茅"的传统特点，并且把酒的售价始终保持在赖茅之上，表示华茅质量比赖茅高。赖茅提价，华茅也提价，市场曾一度出现茅台酒竞相提价的现象。当时，人们也把"荣和烧房"产的酒叫"王茅"，于是市场上人们就以烧房老板姓氏来称呼区别三家生产的茅台酒，即华茅、王茅、赖茅。1949年贵州解放前夕，三家烧房共有窖坑41个，其中"成义烧房"18个，"荣和烧房"6个，"恒兴烧房"17个，共计年产茅台酒60000公斤左右。

由于茅台酒销路好、利润高，许多商家纷纷仿制茅台酒，如贵阳就有所谓的"金茅""丁茅"等等，但均未成功。

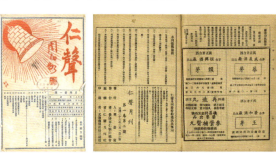 

1947年《仁声》月刊登载三家酒厂广告并介绍茅台酒

附：茅台酒获巴拿马万国博览会金奖纪实

1915 年，美国政府为庆祝巴拿马运河通航，在美国旧金山举办了集世界各国之精品参展的巴拿马太平洋万国博览会。在 20 世纪初举行的这次世界级最大的国际博览会上，茅台酒荣获全奖，享誉世界。

为庆贺巴拿马运河通航和展示国力，1912 年初美国国会即准备在运河竣工之日召开国际性的博览会以示庆祝。同时，又因美国旧金山于 1906 年发生了大地震，美国政府为重振旧金山市民信心和重塑美国的国际形象，决定在旧金山召开"庆祝巴拿马运河开航太平洋万国博览会"。博览会的主题是：交流人类知识，促进世界文明进步。1912 年 3 月，中国政府收到美国总统塔夫托发来的参加博览会的邀请书。其后，美国政府又特派专员来华"劝导中国官商赴赛"。当时，中华民国成立才 4 年，由临时大总统袁世凯批示工商部筹划，并于 1913 年 6 月，成立了"筹备巴拿马赛会事务局"，由工商部、农林部、教育部、交通部、财政部配合组织筹备工作，各省也相继成立了"赴赛展品协会"，负责征集产品。

贵州在应征收集展品时，茅台"成裕烧房"、"荣和烧房"的茅台酒样分别送展。中国农工部未加分别，以"茅台造酒公司"的名义，统称"茅台酒"送出参展。

1915 年 2 月 20 日，博览会正式开幕。虽号称万国，实际上参展国只有 41 个。但展品的生产厂和选送样品单位仍超过 20 万家。开幕当天，参观者即达 21.6 万人。中国赴会官员约 40 余人。3 月 9 日，中国政府馆正式开幕。3 月 25 日，美国副总统马沙代表美国总统威尔逊到会祝贺，前任总统西奥多·罗斯福等政要也亲临祝贺。5 月，所有展品进入审查评选。9 月 23 日，前美国总统西奥多·罗斯福参观中国政府馆。12 月 4 日，巴拿马赛会闭幕。

博览会上，经展览会评酒专家品评，茅台酒以其特有的品质、风格，被一致推选为世界名酒，获得全奖。中国贵州茅台酒与法国科涅克白兰地、英国苏格兰威士忌并称为世界三大蒸馏名酒。

在那积弱积贫的年代，茅台酒让中华国民前所未有地扬眉吐气，后来媒体把茅台酒称之为"东方魔水"，当时《申报》等报刊在痛斥中国军阀政府参展团"靡费七十五万国币之代价徒取国耻"的同时，无不对茅台酒大加褒扬。

1916 年 6 月，在"巴拿马通航加利弗尼亚国际博览会"上，茅台酒再次荣获金奖，并被评为世界名酒。

民国赵恺、杨恩元纂《续遵义府志》："茅台酒，前志出仁怀县西茅台村，黔省称第一……往年携赴巴拿马赛会得金牌奖，固不特黔人珍之矣。"

英国《简明大不列颠百科全书》载："中国茅台镇酿酒历史悠久，18 世纪中叶就有酒坊 20 家，20 世纪初茅台春和茅台烧春已列入于世界名酒之林，1915 年在巴拿马万国博览会上获得金质奖……名酒美誉历久不衰。"

登载有巴拿马万国博览会消息的 1915 年《申报》

美国旧金山市政大楼

1915 年巴拿马金奖奖牌

1915年巴拿马金奖奖状

1915年获巴拿马金奖的茅酒

中国酒文化城展示的同期的茅酒罐

　　茅台酒在美国巴拿马万国博览会上夺得金奖后，名声与身价陡增。但也引来了"成裕"、"荣和"两家烧酒作坊因奖牌之争打起了官司。当初，送酒参展，国内农工部未加区别，一概以"茅台造酒公司"名义送出，统称"茅台酒"。获奖后金牌归谁，两家都倾全力相争。1918年，贵州省公署对这场打了3年有余的官司进行调查，于民国10年（1921年）由贵州省公署下文调处，省长刘显世签文："仁怀县知事覃光銮，呈一件巴拿马赛会茅酒系荣和成裕两户选项呈，获奖一份，难以分给，请核事由。呈悉此案出品该具，当日征集呈省时原系一造酒公司名义故，奖凭奖牌仅有一份，据呈各节虽属实情，但当日既未分别两户，且此项奖亦无从再领，应由该知事发交县商会事务所领收陈列，毋庸发给造酒之户，以免争执，而留纪念至荣和成裕，两户俱系曾经得奖之人，嗣后该两户售货仿单商标均可模印奖品以增荣誉，不必专以收执为贵也，仰既转饬遵照此令。"才结束了这场获奖讼案。（见图）

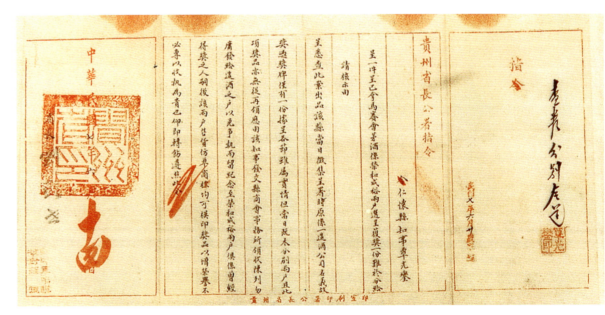

贵州省省公署裁决书

贵州茅台酒历史文化

在世界酿酒史上，白酒酿制工艺是中国人的重要贡献。茅台酒的酿制工艺，又与其他中国白酒完全不同，其过程充满着神秘的文化色彩。

远在商、周时期，赤水河畔茅台一带的先民，就已经开始了早期的酿酒活动。茅台酒始于秦汉，熟于唐宋，精于明清，盛于当代。

据《史记·西南夷列传》记载，公元前135年，鄱阳令唐蒙出使南越，品尝到了茅台一带产的"枸酱"美酒，然后将其带回中原，献给汉武帝。汉武帝饮后赞曰"甘美之"。

唐、宋时期，茅台出现了以粮食制曲和酿造谷物酒的工艺，开始酿造蒸馏酒。

元、明之际，茅台已出现了"回沙"工艺，正规酿酒作坊在杨柳湾一带陆续兴建。曹丁在《茅台酒考》中写道："至迟到明代，茅台酒的回沙工艺已形成。"

清代，茅台回沙酱香酒逐渐定型。康熙年间，"茅春""茅台烧春""回沙茅台"等已成为中国西南市场的佼佼者。咸丰年间吴振械所著《黔语》称："茅台村隶仁怀县，滨河，土人善酿。"在《田居蚕食录》中，也有着"仁怀城西茅台村制酒，黔省第一"的明确记载。

据《遵义府志》，到嘉庆、道光年间，"茅台烧房不下二十家"，每年酿酒"所费山粮不下二万石"。清代众多诗人为茅台谱写了脍炙人口的诗篇，如清代学者郑珍在著名的《茅台村》诗中写道："远游临郡裔，古聚缀坡陀。酒冠黔人国，盐登赤虺河。迎秋巴雨暗，对岸蜀山多。上水无舟到，羁愁两日过。"清代诗人陈熙晋在《茅台村》诗中写道："村舍人声沸，茅台一宿过。家唯储酒卖，船只载盐多。蠹蠹青杠树，潺潺赤水河。明朝具舟楫，孤梦已烟波。"清代诗人张国华《茅台竹枝词》一诗写道："于今酒好在茅台，滇黔川湖客到来。贩去千里市上卖，谁不称奇亦罕哉。"清代诗人卢郁芷《仁怀风景竹枝词》诗中写道："茅台香酿酽如油，三五呼朋买小舟。醉倒绿波人不觉，老渔唤醒月斜钩。"其后，"荣和""成义"等著名大型烧房相继出现。

1915年，茅台酒参加在美国旧金山举办的巴拿马万国博览会。当时用深褐色陶罐盛装的茅台酒显得有些土气，不为评委们所重视。中国代表急中生智，将一瓶茅台酒掷于地下，顿时，酒香四溢，举座皆惊，茅台酒因此凭借卓越的品质征服了世界，勇夺金质奖章，在世博会的历

源远流长

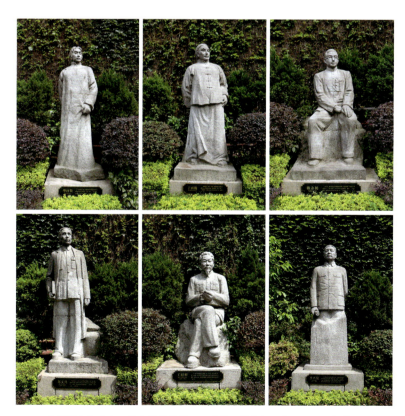

中国酒文化城中，伫立着华问渠、王丙乾、赖永初、郑义兴、王绍彬、李兴发的雕像，他们对茅台酒乃至中国白酒行业的发展影响深远。

史上留下了"智掷酒瓶振国威"的经典传奇。《巴拿马万国博览会会刊》《旧金山报》等报刊对中国馆的盛况作了报道，特别对包括茅台酒等荣获金奖的中国酒做了专门评价。巴拿马万国博览会成就了茅台这个民族品牌、国家品牌、世界品牌。

1935年3月16-17日，中央红军长征进入仁怀，并于茅台第三次成功地渡过赤水河。1935年3月16日《红星报》有这样的记录："红军进到仁怀县城时，仁怀的劳苦群众派了代表五十余人，其中一半是工人，抬了肥猪三只，茅台酒一大坛，送到总政治部慰劳红军……总政治部派代表答谢了他们的慰劳，并详细说明红军的主张，随即把肥猪、烧酒，连同打土豪得来的东西，分发给当地群众，并抚恤被国民党轰炸的人民。欢声雷动，盛极一时。"在茅台，红军将士用茅台酒疗伤养病，士气大振。为了保护闻名遐迩的茅台酒生产作坊不受损失，红军总政治部派人分别在茅台镇上生产茅台酒最多的"成义""荣和""恒兴"三家酒坊门口贴上布告："民族工商业应鼓励发展，属于我军保护范围。私营企业酿制的茅台老酒，酒好质佳，一举夺得国际巴拿马大赛金奖，为国人争光，我军只能在酒厂公买公卖，对酒灶、酒窖、酒坛、酒甑、酒瓶等一切设备，均应加以保护，不得损坏，望我军全体将士切切遵照。"从通告中可以看出红军对民族工业、对知名产品的高度重视。茅台酒与中国工农红军的传奇，给史诗般的中国革命历程，留下了美好、温暖而深刻的记忆。这支有着坚定信念的队伍从茅台出发，再上征途。

1949年10月1日晚7时，中华人民共和国开国庆典宴会在北京饭店举行。开国第一宴所用的主酒，周恩来指定用茅台酒。在此后的岁月里，茅台酒在中国的政治、经济、军事、外交、文化活动中，发挥了独特的作用。

1951年，"国营茅台酒厂"成立。茅台这个悠久的民族品牌从此奏响了奋进和崛起的号角，茅台酒厂这个传统的民族企业开启了壮丽征程，茅台发展迎来了新的历史纪元。

从为万里长征中为中央红军疗伤解乏，到1949年成为开国宴酒；从"两台"辉映日内瓦会议，到融化中美、中日外交坚冰；从粉碎"四人帮"的欢庆酒，到对越自卫反击作战前线将士的壮行酒；从中英谈判时邓小平、撒切尔夫人的碰杯酒，到香港、澳门回归时的祝贺酒；从中国加入WTO、申奥成功时的喜庆酒，到2004年"胡连会"的和谐酒；从"神舟"飞船遨游太空的庆功酒，到2010年上海世博会的唯一指定白酒；从2013年6月中美元首加州峰会上，习近平主席和奥巴马总统的祝福酒，到2014年5月亚信峰会晚宴用酒和国礼酒……茅台酒亲历了新中国几乎所有重大历史事件，见证了新中国在世界舞台上的崛起和腾飞，见证了中华民族的伟大复兴。2017年以来，茅台酒在多个国家和地区建立营销渠道，深耕"一带一路"市场，扬帆远航，走进非洲、走进澳洲、走进智利，在经济全球化背景下，

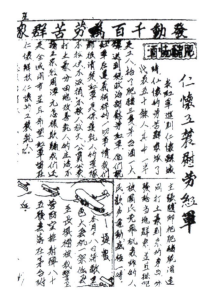

1935年4月5日，中国工农红军总政治部机关报《红星报》刊载的文章《仁怀工农慰劳红军》。

中国酒文化城雕塑——红军长征过茅台

红军四渡赤水纪念塔

茅台文化在不同语境、不同文化背景下获得了认同与传播。

回首 20 世纪以来的中国历史，在无数风云际会的重大场合，茅台酒是见证和谐、分享喜悦与庆祝成功的特殊使者；在许多文化交流的重要活动中，茅台酒是传递友情、融洽气氛、具有说服力的特别载体。茅台在星光璀璨的中国民族工业品牌中，演绎了一个最闪亮的奇迹，是具价值的优秀民族品牌之一，被誉为香飘四海的国家名片。

作为一个具有悠久历史的传统企业，茅台始终坚持"文化扬企"战略。早在 20 世纪 80 年代，茅台就确立了"爱我茅台，为国争光"的企业精神。1999 年，茅台在行业内率先提出了"文化酒""健康酒"的概念，引发了白酒行业从卖酒到卖文化的转变，引导了消费者对绿色、有机、健康酒的追求。长期以来，茅台始终致力于融合传统企业文化和现代管理文化，塑造了一整套传统与现代交融的企业文化体系。

茅台酒文化悠远厚重，是中华民族的优秀文化之一，具有独特性、先进性、唯一性和民族性。

茅台酒是中国具有自主知识产权的民族品牌，是中华老字号的杰出代表，也是世界知名的酒类品牌。茅台酒本身已经远远超越了普遍意义上的"物质产品"的含义，成为一种文化结晶，一

巨型茅台酒瓶

种对国家和民族具有象征意义的精神产品。2018 年，茅台集团提出建设"文化茅台"的初步设想，2019 年"文化茅台"战略全面启动。2021 年，茅台不仅将"美学"作为企业发展的哲学内核，更以"美学思维"、"美学表达"、"美时代"展现出茅台独有的文化内涵和形象。

酒魂之源-茅台

茅台酒厂全景图

贵州茅台酒厂历史沿革

1951 年 6 月 25 日，贵州省人民政府决定采用赎买政策接管"成义烧房"，组建国营酒厂。1951 年秋，仁怀县人民政府请示省、地酒类专卖事业局同意，责成仁怀县税务局兼专卖事业局局长王善斋负责，由本县知名人士周梦生作中间证人，分别于 1951 年 11 月 5 日和 8 日两次立约，购买了"成义烧房"的全部产权（一次是烧房房产立约，一次是辅助房产和工用具立约），成立了"贵州省专卖事业公司仁怀茅台酒厂"（简称：茅台酒厂），隶属省专卖事业公司，由仁怀县人民政府代管。

1952 年 11 月 1 日，仁怀县财经委员会接上级通知，将没收的"荣和烧房"作价划拨给茅台酒厂。12 月 9 日，贵州财经委员会通知遵义专区财经委员会，接管了"恒兴酒厂"的财产，由仁怀县财委转茅台酒厂。

1953 年春，茅台酒厂正式接管"恒兴酒厂"。是年，厂名变更为"贵州省专卖事业公司仁怀茅台酒厂"，由贵州省专卖事业管理局领导。7 月 29 日，省财经委员会通知，仁怀茅台酒厂划为省直企业，归省工业厅直属领导，省工业厅委托遵义专署代管，厂名改为"贵州省人民政府工业厅茅台酒厂"。

1954 年 5 月，遵义专署批准，其更名为"地方国营茅台酒厂"。7 月，其再次更名为"贵州省人民政府工业厅茅台酒厂"。

1955 年 7 月，划为省管企业，由省工业厅领导，更名为贵州省茅台酒厂。

茅台酒建厂之初，国家多次拨款修复厂房、购置必要的生产设备和原料，陆续请回老酒师，在较短时间内恢复了生产。1959 年至 1961 年间，由于国家遭受三年经济困难，酒厂原料供应困难，生产跌入低谷。1964 年至 1966 年间，茅台酒厂试点委员会完成了茅台酒两个生产周期的科学实验，认识了茅台酒的生产规律，完善了传统的操作技术，提高了茅台酒的质量。

1966 年开始的十年"文化大革命"，导致酒厂管理陷入困境，但广大职工依然坚守岗位，没有停产。1976 年粉碎"四人帮"之后，茅台酒厂认真贯彻执行党的方针政策，依靠全体职工克服重重困难，于 1977 年完成了国家下达的生产计划，但依然亏损。

1978 年 12 月，党的十一届三中全会后，茅台酒厂开始走上稳步发展的道路，当年茅台酒突破千吨大关，一举扭转了 16 年的亏损，摘掉了长期亏损帽子。改革开放以后，茅台酒厂推进内部体制改革，建立完善竞争与激励机制，逐步让企业管理走入规范化、科学化与现代化的轨道。

1986 年 7 月，贵州茅台酒厂更名为中国贵州茅台酒厂。

建厂初期的酒厂印章

1954 年政务院副总理、财经委主任陈云签发的茅台酒厂酿造执照

中国贵州茅台酒厂（集团）有限责任公司 LOGO

标志在形态上为圆形，利用红蓝两色对比、反白成一抽象的鹰形，象征企业似雄鹰展翅腾飞，同时也隐喻出茅台酒英文缩写字母"M"，以鹰象征企业恢宏气势，展示强大深厚的企业生命力和鲜明厚重的企业形象。同时，标志两边共八根流动的线条缠绕着"M"缓缓上升，预示着茅台势必不断发展，不断壮大。

标志的标准色为红、蓝、白，分别象征了茅台酒的酱香、醇甜、窖底。红色作为民族传统色，暗示企业的开拓精神和激昂奋勇的热情，同时也隐含着茅台酒的独特醇香，并巧妙地融入五星，寓意着茅台酒厂及茅台的地位和国际荣誉，标志展示了茅台酒厂如飞腾之雄鹰飞向辉煌。茅台缩写注入蓝色的海洋，象征茅台屹立于世界。整个标志既有东方色彩，又有现代感，色彩鲜明突出，设计大方豪迈。简洁的书法字体，可见茅台酒源远的历史和深厚的文化内涵。

1997年1月，中国贵州茅台酒厂改制为中国贵州茅台酒厂（集团）有限责任公司。

1999年11月20日，中国贵州茅台酒厂（集团）有限责任公司更名为中国贵州茅台酒厂有限责任公司，成立贵州茅台酒股份有限公司，完成了工厂制向公司制转变、公司制向股份制转变、传统计划经济体制向市场经济体制转变的"三大历史转变"。

2001年7月31日，贵州茅台酒股份有限公司"贵州茅台"股票成功发行，为公司实现规模化效益奠定了坚实基础。

2003年，茅台酒生产首次达到并超过1万吨，实现了毛主席、周总理等老一辈无产阶级革命家的夙愿。2006年，茅台酒传统酿造技艺获《国家级非物质文化遗产》证书。2008年，茅台酒传统酿造技艺被以国家名义向联合国教科文组织推荐申报《人类非物质文化遗产代表名录》。

2008年茅台酒产量达2万吨，2011年茅台酒产量突破3万吨，2015年茅台酒产量近4万吨，2019年茅台酒产量约5万吨，用16年的时间实现了产能1万吨到5万吨的飞跃。上市后的"贵州茅台"股票一直表现强劲，是沪深两市绩优股，总市值长期在白酒行业上市公司中排名第一。

一九五九年三月三十日《经济导报》第十三版的图文介绍

第一章　贵州茅台酒概览

美酒河——赤水河

回顾茅台的发展历史，1951年在三家私人酿酒烧房基础上建立地方国营茅台酒厂，是茅台飞速发展的里程碑。国营六十多年来，从年产量不足百吨的作坊式酿酒企业开始发展，成长为国内白酒行业的领军企业，创写了堪称中华民族工业骄傲的发展奇迹。

2015年以来，茅台酒厂进入一个新的时代，坚持茅台酒和系列酒"双轮驱动"，业务更加多元化，利用茅台的品牌影响力，助推子公司产品研发与市场营销，发力电商、互联网以及金融领域，茅台集团的单一品牌销售收入已经实现了世界第一。2016年，茅台作为中国白酒领军企业，跻身最具竞争力世界酒类企业行列，不断改写全球酒业格局。自2018年以来，茅台市值已经多次突破万亿。

如今，茅台已成长为世界知名酒类品牌之一，是世界三大蒸馏名酒之一、被誉为"香飘世界的中国名片"。公司已发展成为以酒类生产经营为主、涉足多产业领域的大型企业集团。茅台酒成为全国白酒行业中集绿色食品、有机食品和原产地域产品于一身的驰名品牌，其独特的酿造工艺被列为中国首批非物质文化遗产。茅台集团成为全国白酒行业中唯一获得国家一级企业、国家企业管理最高奖"金马奖"和两次荣获全国质量奖的企业。

茅台酒还先后十多次荣获国际大奖，连续五次蝉联中国国家名酒称号。十多年间，茅台在美国《商业周刊》和《福布斯》杂志、英国《金融时报》等一系列国际媒体推出的各种高规格的排行榜中，与众多世界知名企业比肩而立，多次入选全球品牌价值百强企业等权威排行，排位甚至超过很多全球老牌的食品企业，彰显了国家品牌力量，展现了国家精品风采。

20世纪50年代时的茅台酒厂

20世纪60年代时的茅台酒厂

现代化的茅台酒生产车间

贵州茅台酒酿造工艺

贵州茅台酒酿造工艺是一种独特的酿酒工艺。与其他白酒工艺相比，除顺应茅台当地环境、气候、原料外，又有其独特巧妙的工艺内涵。茅台酒的酿造工艺主要分为制曲、制酒、贮存、勾兑四个环节。茅台酒的生产周期为一年，端午踩曲、重阳投料，酿造期间需九次蒸煮，八次发酵，七次取酒，经分型贮放，勾兑贮放，然后包装出厂。

制曲是根本。制曲是培养有益微生物发酵的过程，端午制曲是最佳季节，其曲以小麦为原料。其生产工艺流程如下：

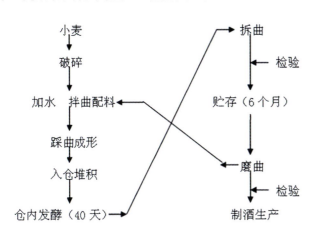

茅台酒大曲具有以下几方面特点：一是生料、开放式制作。生料制作是茅台酒大曲培养和产品质量的关键所在，小麦自身所带的菌及环境微生物在制作时共同作用，由此而部分形成茅台酒制酒生产的产香、产酒功能菌和茅台酒香气、香味的前驱物质。二是堆积升温、自然培养、季节性强。茅台酒大曲的生产季节性强，伏天踩曲。茅台夏季气温高、湿度大、空气中的微生物种类、数量多又活跃，有利于微生物的生长繁殖，对于高温大曲极为有利。茅台酒大曲培养的条件是自然的过程，特别是培养过程中温度的变化也纯属自然控制。曲房采取活页木窗和小青瓦顶自然通风，曲块堆积时采用横三竖三的形式交错堆积，这种堆积形式易排潮也易保温。以曲块间加稻草调节温、湿度，以四周及顶部加盖稻草保湿、保温。在大曲培养期间品温达到60℃以上时，进行第一次翻仓，一周后再进行第二次翻仓，以降低品温并使曲块发酵均匀。三是高温制曲、培养周期长。高温制曲是茅台酒生产的重要工序。与其他大曲相比茅台酒大曲的发酵时间长、发酵温度高。曲块要经过40天仓期的培养，其间品温可高达60℃以上。高温曲中有大量的耐高温细菌，几乎没有酵母菌。曲中耐高温细菌能产生大量的香味前驱物质，使酱香得以提高。茅台酒每个轮次生产都要加曲翻拌，用曲量大，全年累计用量占原料用量的50%以上，是茅台酒酱香的重要来源。曲块成熟拆曲后将曲块转入干曲仓后，还要存放半年以上，才能投入生产使用。通过存放使曲块自然干燥，酶活力降低，曲块香味增加。四是成曲糖化力低。在制曲生产过程中因曲醅的品温不同，自然形成了黄曲、白曲、黑曲。白曲品温

较低，是发酵不彻底时形成的，但其糖化率相对较高；黑曲品温过高，是曲块烧坏而形成，糖化率低并有糊苦味；黄曲最香，质量最好，所占比例最高，达80%以上。茅台酒的高温大曲有别于中温大曲，中温大曲糖化力高，约700—1000葡萄糖mg /35℃ .h.g，而茅台高温大曲的糖化力低，约100—300葡萄糖mg /35℃ .h.g，但蛋白质分解率相对较高。

制酒是关键。制酒生产工艺是茅台酒传统工艺最重要的部分。全年重阳节前后分两次投料，多轮次高温堆积开放式发酵到一定程度再适时入窖内发酵，蒸馏时高温流酒。茅台酒生产工艺流程如下：

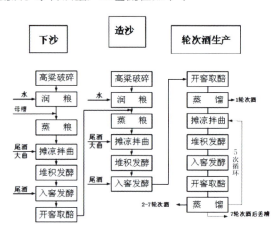

一是严格的季节性生产。重阳下沙，一年一个生产周期。即每年重阳（农历九月初九）开始投料，一年为一个生产大周期。茅台地区夏季炎热，酒醅温度高，如果淀粉含量高，收堆、下窖升温过猛，生酸幅度过大，对酿酒极为不利。重阳下沙既避开了夏季高温期，又避开了夏季赤水河洪水期，这时期赤水河"潦水尽而寒潭清，烟山凝而暮山碧"，河水清澈见底，水质极佳，科学检测其水质无色透明，无异味，微甜爽口，含多种对人体有益的成分，酸碱适度（pH值为7.2—7.8），钙镁离子含量均符合要求，硬度为7.8—8.46。特别是赤水河上游无任何工厂，水质未受污染，不但符合饮用卫生标准，更是酿酒的宝贵自然水源。茅台酒投料期间的润粮一次性投足水分，以后各轮次俱不再加水。二是两次投料。每年农历九月初九重阳佳节，第一次投料，占原料的50%，称为下沙，蒸粮、入窖发酵一个月后出窖，再投入其余的50%的粮混合蒸粮，称为造沙，全年投料即告完成。有异于其他白酒四季投料。三是生产周期长。下、造沙投料完毕发酵1个月后，出窖烤（蒸）酒，以后每发酵1个月烤酒1次，共烤7次，只加大曲不再投料。同一批原料要经过9次蒸煮、8次加曲、堆积发酵、入窖发酵、7次烤酒才丢糟。加上窖期间隙就是一年一个生产周期。四是高温堆积。茅台酒采用开放式凉堂堆积发酵与封闭式入窖窖内发酵相结合的两种发酵方式，有别于其他白酒摊凉加曲后立即入池发酵的方式。高温堆积发酵工序是茅台酒的独创，是工艺的核心。是糟醅充分利用环境中的微生物进行"二次制曲"的过程。茅台酒高温大曲的曲糖化力低，并且几乎没有酵母菌。在堆积过程中，糖化酶的含量逐步增大，酵母菌数量明显增多，

达到每克数千万至上亿个。而且参与发酵的微生物体系与大曲发酵的微生物体系有较大的差异，尤其是产酒酵母都是在堆积过程中富集的。堆积发酵的质量直接影响酒的质量。堆积发酵好，酒的质量好；堆积发酵不好，酒的质量不好。通过高温堆积，微生物在消长过程中相互利用，以达到代谢产物具备酱香突出、幽雅细腻、酒体醇和、回味悠长的目的。五是高温接酒。其他白酒要求蒸馏接酒温度为25℃，而茅台酒的接酒温度要求在40℃以上，有利于排除低沸点、刺激性的物质，有利于保留高沸点物质，有利于提高酱香型酒的质量。六是以酒养窖，以酒养糟。制酒生产除在投料润粮时加水外全年不再加水。下窖时在窖底、窖壁、酒醅内和做窖底、窖面时喷洒酒尾，用以调节糟醅的水分。另外尾酒更主要的作用是在窖内再次发酵增香，供给己酸菌、甲烷菌、产酯酵母菌等微生物的碳源及香味物质的前驱物质。七是合理的酒精浓度。茅台酒的各轮次摘取酒度按不同轮次有不同的严格规定，茅台酒的成品酒浓度是53%vol（低度酒经降度处理除外）。关于酒精浓度有个经典实验数据，即用53.94毫升酒精加上49.83毫升水，充分混合后，混合液的体积不是103.77毫升，而是100毫升，这时酒精分子和水分子缔合得最紧密，而许多只溶于酒精不溶于水的高级酯类、醇类物质此时能达到酒与水的最佳缔合而融为一体。八是出酒率低、大曲用量多、辅料用量少。茅台酒出酒率为5：1，即5公斤粮食生产1公斤53%vol左右的酒，这在所有白酒生产中是最低的，其他香型白酒仅2公斤多粮食就可生产1公斤酒。生产茅台酒大曲用量为1：0.9。即1公斤高粱要耗用0.9公斤大曲，是所有蒸馏酒中用曲量最大的。大曲不仅是酿酒的糖化发酵剂，同时也是酿酒原料，其曲香又是茅台酒酱香的重要来源。茅台酒辅料用量少，仅占原料量的5%。辅料少因此带来的对人体健康不利的甲醇等成分含量就少，其含量远远低于国家标准控制要求。

勾兑是核心。勾兑是茅台酒生产工艺中最重要的一环，长期贮存是保证茅台酒质量的至关重要的生产工序之一。对茅台酒最终风格的形成和稳定酒质起着极为显著的作用。贮存、勾兑工艺流程如下：

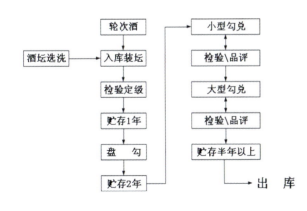

一是分型贮存、原酒贮存期长。茅台1—7轮次酒入库后，都装在有"呼吸"的陶瓷坛里贮存以后，经感观评定分香型、等级后，按酱香、窖底、醇甜三种典型体和不同等级、不同

轮次，装坛分型贮存。轮次酒必须经过三年以上的贮存方可进行勾兑。经最后大型勾兑检验合格后，还要存放半年才能包装出厂，把前后的工序时间加起来，茅台酒从生产到出厂最短也要经过五年时间。刚烤出来的轮次酒，具有刺激感，经过长期贮存后，口味变得醇和、柔顺，酱香也更加突出。贮存越久，茅台酒的酒体越柔顺，香气越幽雅。

二是勾兑工艺。勾兑工艺是一门专业性很强的技术，也是一门神奇的艺术。勾兑者不仅需要丰富的经验和精湛的技艺，更需要灵敏感观味觉方面的个人天赋。茅台酒是以不同轮次、不同典型体、不同酒龄的酒、原酒勾兑而成。茅台酒原酒种类多，有 1 至 7 个轮次酒，每 1 个轮次酒又分为酱香、醇甜、窖底三种典型体，每一种典型体又分为 3 个等级，另外勾兑时还要使用口味独特的调味酒和不同年份的老酒。在所有的酒中，茅台酒勾兑使用的单体酒种类最多，要勾兑出一杯色、香、味均符合标准的茅台酒，要用不同年份不同轮次的多种单体酒调配，勾兑时绝不准添加其他任何外来物质，包括香味物质和水，这是世界独一无二的。茅台酒原酒酒精度低，生产时摘酒为 52%—57%vol，成品酒勾兑时以酒勾酒不加浆，有别于其他蒸馏酒原酒酒精度高达 70%vol 以上，勾兑时再加浆的工艺。茅台酒的勾兑是勾兑师们凭着敏感的感觉器官，以精湛的技艺勾调而成，可以说是技术和艺术的完美统一。国家轻工研究所对茅台酒进行过长期跟踪检测，认为茅台酒色谱骨架很稳定。说明茅台酒批次质量长期保持稳定。茅台酒以多种单体酒勾兑而不添加其他任何物质勾调，且保持产品质量长期稳定，需要高超的勾兑技艺。

1963 年、1979 年两届全国评酒会评委、中国酿酒大师龚文昌先生遗稿。里面记载从 1979 年起到 1983 年（手稿只记到 1983 年），轻工部每半年组织全国评酒委员会、顶级专家对历年评选的 10 种国家名酒进行质量跟踪和品评，茅台酒每年得分都是第一。

贵州茅台酒风味特征与品评品鉴

一、茅台酒的香气特征

幽雅细腻是茅台酒香气的核心特征，包括多层次、持久稳定以及幽雅宜人等，因此茅台酒的香是多层次的体验过程。通过对茅台酒风味展开深入的剖析，将茅台酒香气主要分为水果香、花香、青草香、甜香、焙烤香(坚果香)、酸香、干植物香、空杯香等9大类。

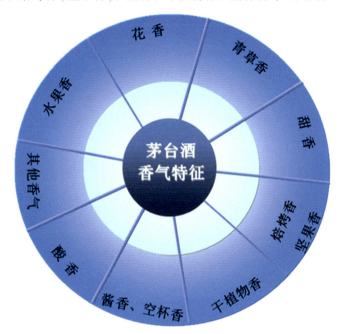

茅台酒风味轮简图

其中，水果香以异戊酸乙酯等短链脂肪酸乙酯类化合物为代表；花香以苯乙酸乙酯、大马酮、苯乙酮等化合物为代表；青草香以糠醛、短链醇类化合物为代表；甜香以壬内酯、苯甲酸乙酯以及一些酮类化合物为代表；焙烤香、坚果香以四甲基吡嗪、三甲基吡嗪、异戊醇、苯甲醛等化合物为代表；干植物香以愈创木酚等化合物为代表；酸香以乙酸、丙酸及乳酸等有机酸类化合物为代表；酱香、空杯香是复杂的复合香气，但其具体表征成分还在研究过程中，已知茅台酒中丰富的高级脂肪酸及其乙酯类化合物是空杯香稳定持久、后味长的重要表征成分。

茅台酒中的成分特点可以总结为以下规律：

1. 有机酸含量高，其中尤以乙酸和乳酸含量较高；

2. 酯类以乙酸乙酯、乳酸乙酯等短链脂肪酸酯为主；

3. 芳香族化合物含量较高，其中苯乙酸乙酯、大马酮等都呈现宜人的花香，表现出幽雅细腻的特别风味，愈创木酚等呈现烟熏气息的化合物则与老味的感官特征相关联；

4. 杂环化合物种类众多，丰富的吡嗪类、呋喃类化合物呈现焙烤香、坚果香，是茅台酒重要的风味呈香物质；

5. 高沸点脂肪酸及其相应酯类化合物种类丰富，这些物质沸点高、难挥发，虽然没有明显香气特征，但却与香气稳定及后味醇厚悠长极其相关。

二、茅台酒存放过程中香气特征的变化

茅台酒越陈越香，这是茅台酒独特工艺造就的，茅台酒在贮存过程中感官特征更加柔和、醇厚、丰满，这是由于经过在陶坛中长期贮存，酒体中的乙醇、水和微量成分在时间的流逝中不断地变化与平衡，形成了独具魅力的风味特征。

1. 颜色。茅台酒的颜色是基酒在陶坛贮存过程中，酒中的成分利用陶坛的透气性通过物理和化学反应形成联酮类等微黄色物质而使酒呈现微黄色，随着贮存时间的延长，酒体的颜色也会逐步加深。

2. 柔和醇厚的酒体。茅台酒在贮存过程中感官特征更加柔和、醇厚、丰满，是什么原因带来的区别呢？是酒体中的成分在贮存过程中会发生缓慢的物理和化学变化，使酒中的醇、酸、醛、酯等风味成分达到新的平衡。茅台酒香气主要分为水果香、花香、青草香、甜香、焙烤香(坚果香)、酸香、干植物香、空杯香及其他香气等9大类，随着贮存时间的延长，酒体中各香气维度比例均有所变化。

在陈酿过程中，酒体中体现茅台酒醇厚丰满特征的香气比例逐渐增加；以壬内酯和苯甲酸乙酯为代表物质的甜香特征呈现增加趋势；以乙酸、丁酸、戊酸、己酸等物质为代表的酸香特征呈现增加趋势；以乙醇、苯甲醛、2,5-二甲基-3-丁基吡嗪等物质为代表的坚果香呈现增加趋势；以愈创木酚、α-乙烯基苯乙醛等物质为代表的干植物香呈现增加趋势；以糠醛、1-丁醇、2-壬酮等物质为代表的青草香特征呈现增加趋势；以棕榈酸乙酯等长链饱和酸乙酯类化合物为代表体现柔和的口感呈现增加趋势。以酯类为主的水果香特征在酒体中总含量呈现较弱的降低趋势，但风味贡献大的水果香特征成分比例相对稳定。以苯乙酸乙酯、苯乙醇及大马酮等萜烯

类化合物为代表的花香特征性化合物比例呈现下降趋势。

由此可见，随着贮存时间的增长，酒体中的风味化合物在不断地变化平衡，那些赋予酒体醇厚、丰满特征的风味化合物含量呈现上升趋势，带给人更加柔和、醇厚、丰满的感官特征。

除此之外，经过长期贮存，酒体中的乙醇和水分子充分缔合，使游离的乙醇分子受到束缚，降低了酒对感官的刺激作用，这也在一定程度上增加了酒体的柔和醇厚感。

3.研究表明，白酒中含有一定种类的微量金属元素，如钾、钠、钙、镁、铁、铜等，它们的含量也是随着贮存时间的增长而增加。在微量金属元素中，钾与白酒口感质量的关系最为突出，钾能够使酒体老熟、柔和细腻，这一结论与国外其他蒸馏酒研究结果一致。同时，白酒中的一些微量元素可以促进白酒中微量成分的氧化作用，从而促进酒体的老熟，带来柔和醇厚的感受。

三、茅台酒品评品鉴

品评是利用人的感觉器官，即视觉、嗅觉、味觉等按照各类白酒

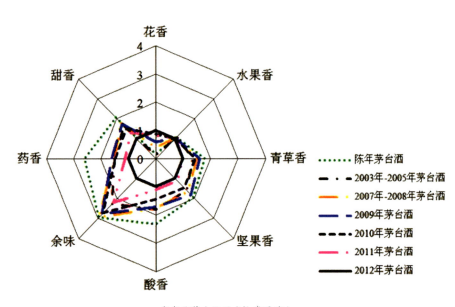

各年份茅台酒风味轮廓图对比

的质量标准来鉴别白酒质量优劣的一门检测技术。品评要求品评人员具有专业技能和丰富的经验，具有较强专业性，是产品质量控制的有效而简单的方法之一。对于消费者来说，对于酒的欣赏、鉴定可以称为品鉴，是一项优雅而富有艺术性，同时可以获得愉悦的活动。

品评环境要求安静、明亮、通风、无异味，环境的温度一般要求在15—26℃，这时人体感受舒适，才能做出客观的评价；酒温以20—25℃为宜，此温度范围下既保证香气挥发充分，同时口感柔和而醇厚；品酒杯是品酒过程中必不可少的工具，品酒杯应是郁金香的形状，这样可以使酒的气味更集中，品鉴者也更容易闻到这些气味。品酒杯的容量以40—50 ml为宜，过小的容器不利于香气的聚集，而过大的容器不适合酒精度数较高的酒的品评，另外，装酒的容器需要透明、干净，便于品鉴者欣赏酒液的色泽和质感。一般酒液加至酒杯的三分之二处，五指轻握杯体下方是正确的握杯方式，这样可以避免掌温对酒液温度的影响，而影响闻香。

品评和品鉴具有同样的流程，即用眼观、用鼻闻、用口尝，然后综合视觉、嗅觉、味觉和触觉的感受，对所品鉴的酒进行评价、欣赏并从中获得享受。

步骤一：眼观。眼观是对茅台酒的视觉感受，自然光是最适合观察酒色的光源，通过观察了解酒的颜色、透明度和挂杯情况，形成对酒的第一印象。颜色是白酒酿造、贮存过程中天然赋予的特征之一，酱香型白酒颜色通常会呈微黄色，我们对于白酒颜色描述的词汇有无色、微黄色、淡黄色、浅黄色、淡金色、琥珀金色等，颜色是评价酒的指标之一，但仅通过颜色评价酒质是有局限性的，这必须建立在酿造工艺、环境及贮存条件等因素一致的前提下。

茅台酒颜色的来源与国外蒸馏酒有很大的区别，国外蒸馏酒如威士忌、白兰地等其琥珀色主要来源于贮存所用的橡木桶，是原酒在橡木桶陈酿过程中，橡木桶中的成分与酒液融合，形成琥珀色等颜色。而茅台酒是基酒在陶坛贮存过程中，酒中的成分利用陶坛的透气性通过物理和化学反应形成联酮类等微黄色物质而使酒呈现微黄色。

"泽"是酒液透明度或者说是澄清度的体现，通常对于酒液透明度的描述词有清亮透明、晶亮透明、清澈透明等，都是表现酒液的光泽度。

有人说"好酒会哭，因为会流泪"，这说的就是酒的挂杯现象，所谓挂杯，即摇杯后，酒液沿杯壁流下所形成的酒痕，这是由于分布在酒杯壁周边的酒液会产生一种张力，使酒液不会很快地落下，因此挂杯是乙醇和水的交战，酒的挂杯情况可以反映酒的质感，酒中自然酿造和贮存形成的丰富的风味物质对挂杯形成的速度、滑落的快慢、

酒痕的大小都有影响，挂杯的不同表现情况反映着酒体的黏度和酒中成分的丰富度。这里需要强调的是这是酿造和贮存形成的物质赋予的，不能通过外添加实现，对于茅台酒来说，年份越长的酒越醇厚，酒杯壁上所挂的酒膜更厚，形成液滴流下的速度更慢，其挂杯现象也就越优雅。

步骤二：鼻闻。鼻闻以嗅觉感受为主，主要是体会酒香，是品酒过程中最引人入胜的步骤之一。"闻香识酒"，酒香代表了酒的个性特质。先将酒倒入品酒杯后，轻轻晃动酒杯，让酒香释放，然后静置片刻（大致需要1—2分钟），待酒中香气充满杯体并稳定后，轻轻拿起酒杯，酒杯离鼻子1—2 cm处轻嗅其香气，在闻香过程中要注意只能对酒吸气而不能对酒呼气，这时，体会到的是酒的前香，然后轻轻摇动酒杯，再进一步深嗅酒的香气，你便会感受到酒的体香。

那么，茅台酒的香气特征是什么呢？首先，幽雅细腻是茅台酒香气的核心特征，其次，表现在多层次的复合香气，第三表现在其香气持久稳定，其四就是茅台酒的空杯香幽雅宜人。茅台酒的香是多层次的体验过程，前香以酱香最为突出，是微生物代谢的特有香气，是茅台酒香气的重要组成部分。在此，特别要指出的是酱香与酱油的香气是完全不同的两种香，茅台酒的酱香是一种舒适的复合香，来源于茅台酒的传统工艺。体香充分体现了茅台酒香的多层次性，我们静下心来慢慢嗅闻，可以感受到水果香、植物香、粮香、醇香、花香及酸香，他们共同赋予幽雅细腻的香气特征。完成了闻香的流程，我们可以先休息片刻，回味一下刚才的闻香感受，然后再对闻香过程重复一遍，进一步体会茅台酒香的美妙，你是不是会有更深的发现呢？

品鉴茅台酒的空杯香是体会茅台酒特色的重要环节。空杯香是酱香、曲香、花香等的复合香气，香气持久，可以进一步地体会茅台酒的幽雅细腻。用1 cm×5 cm见方的闻香条（闻香条要求无味、吸水性好、可用滤纸裁制而成）蘸取适量酒液，放置片刻，细闻，将闻香条放置10分钟左右，继续闻其香，感受空杯香。这个方法也为我们感受茅台酒香带来了另一个角度，帮助我们多维度地感受茅台酒香。

刚才介绍了茅台酒的香气层次，是它们共同赋予的茅台酒香

气的幽雅，那么，什么是幽雅呢？我们注意到这里的幽雅是幽静的幽而非优越的优，蕴含着幽静而雅致的意味和香气是一个很高的境界，好的酱香型白酒除了能够表达舒适宜人、丰满协调的酱香之外，还有一系列能表现出幽雅细腻特征的香气来烘托。

步骤三：品味。品味主要是口腔的体验，要体会酒体的醇厚及丰满程度。酒液的入口量要控制在0.5—2 ml，以酒液布满舌面的量为标准，在同时品评多个酒样时，要尽量保证入口量的一致，入口后轻轻张合嘴巴，使酒液布满舌面，感受酒液在舌面的运动过程，体会醇厚的感觉。同时，调动你的每一个味觉受体感觉酒的滋味，茅台酒入口后，舌两侧有酸感，会体会到坚果香、曲香、花香和陈香（老味），咽喉处会有曲香。酒液在口腔中体验完成后，感受茅台酒的后味，即酒液下咽的过程，这主要是咽喉的感受，酒液沿着喉咙下滑，体会丝滑和醇厚的感觉，酒越陈，丝滑和醇厚感越强，同时会体会到舒适宜人的曲香。

待酒液完全咽下后，自然地闭合嘴巴，从鼻腔呼气，就可以感受到茅台酒的回味悠长，这是从咽喉到鼻腔再到口腔的体验过程。休息一下，再来品尝第二次，进一步体验茅台酒的美好滋味，之后再次嗅闻茅台酒的香气，会发现它们始终如一，这就是茅台酒香气的持久稳定。

步骤四：综合起来看风格。当对茅台酒进行了眼观、鼻闻、口尝的体验后，我们会根据各种感官感受去判断酒体的平衡性与和谐性，对茅台酒有一个综合的评价，这就是综合起来看风格，茅台酒的典型风格是：无色（或微黄）透明、无悬浮物、无沉淀、酱香突出、幽雅细腻、酒体醇厚、回味悠长、空杯留香持久。其实我们可以用五个字来总结茅台酒的卓越品质，那就是"雅（幽雅）""细（细腻）""厚（醇厚）""长（悠长）""久（持久）"。

"干烤鱼翅"配贵州茅台酒

未注册成功的工农图案贵州茅台酒标

1954年的茅台酒商标注册证

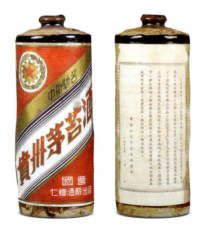

1953年的茅台酒瓶

贵州茅台酒商标的演变

1915年茅台酒在巴拿马万国博览会上获奖，声名远播，销量大增，刺激了茅台镇各家烧坊扩大生产。"华茅"成义烧坊和"王茅"荣和烧坊分别使用了简单的商标，成义烧坊加上了"酒冠黔人国"的诗句，荣和烧坊注明了巴拿马获奖的经过。最显正规的是恒兴烧坊的"赖茅"，在香港设计、上海印刷了20万—30万套商标。

茅台酒厂建厂之初曾申请"工农牌"注册商标未获准，原因是福建怡隆酒厂呈报在先，但申报的图样可用。

1953年，由于东南亚市场出现了香港伪造的茅台酒，影响了贵州茅台酒的销售，贵州省工业厅通知茅台酒厂尽快注册商标。由于"工农牌"商标不能用，国家工商局建议了若干商标名称供选择，即"金轮""星华""时轮""前进""梁麦""红星""金轮五星"等品牌。

1954年5月1日，地方国营茅台酒厂生产的"贵州茅台酒"商标正式注册，商标名称"金轮牌"，注册证号19666，专用年限20年。"金轮牌"，在很多时候也称为"车轮牌"。

1954年11月，茅台酒厂向国家工商局报告，更名为"地方国营茅台酒厂"，并完成换领商标手续。（后来茅台酒厂又更换过几次厂名，但由于在工商局备案的关系，内销茅台酒标上面的"地方国营茅台酒厂"一直使用到1986年）

1954年2月，由贵州省人民印刷厂印制"贵州茅苔酒"商标20万套。4月19日，茅台酒厂还专为"贵州茅苔酒"商标中的"苔"字去掉草字头特向贵州省人民政府工业厅申报备查。

为什么改"苔"为"台"呢？茅台村、茅台镇、茅台酒的写法，历来的文献大多都以"台"字为主，"茅苔"的叫法属于误写和个别学者的见解，并没有得到公认。现在见到的1953年、1954年的酒标中的"苔"字，在1955年版的酒标中就改正了。

1956年1月，由中国食品进出口公司湖北省公司、中国专卖事业公司贵州省仁怀县公司、贵州茅台酒厂三家联合发了中英文授权书。内容为：茅台酒厂对茅台酒商标"车轮"（金轮）牌在香港、澳门地区，以及新加坡、马来西亚及东南亚地区分别进行注册，并委托代理人在注册地区代理茅台酒业务。

最后选定香港德信行为合法代理人。1956年4月，贵州省工业厅通知，茅台酒厂国外商标已由该公司交人民印刷厂印刷10万套。此款商标只能在国外使用，销国内者仍使用不带外文的商标。

1956 年 6 月 18 日，茅台酒厂致省工业厅报告：

外销商标作如下修改：更正错别字，"贵"字少一画，更正为繁体"貴"字；"厂"字原为草写，更为繁体"廠"字；说明书上"贵州茅台酒为中国八大名酒之一"去掉"之一"；"曾于公元一九一五年在巴拿马赛会上评为世界名酒第二位"去掉"第二位"。

这个报告并没有立即得到批复。外销少一画的"贵"字在外销"葵花牌"才得到更改，说明书（背标）直到 1975 年的"飞天牌"重新更换正背标内容时才得以改变。而内销的茅台酒正标中的"贵"字也存在"少一画"的问题，直到 1966 年才得到更改。

1954 年底，中国文字改革委员会提出《汉字简化方案》草案，并公布于《人民日报》上。1955 年 7 月，国务院成立汉字简化方案审定委员会，1956 年 1 月 1 日全国报刊实行横排，使用简化字。

1956 年 10 月 15 日，茅台酒厂向上级报告，商标由繁体改为简体。于是，1958 年后期内销茅台酒的正标采用简体字，1959 年内销背标也开始使用简体字。外销茅台酒直到 1975 年才全面改为简化字。

1957 年，茅台酒包装改换成功，香港五丰行赵经理就此向香港报界发表讲话，香港商报以"春节宴会用国酒，新装茅台更迷人"为题，香港华商报以"茅台新装，华贵优雅，春节宴会，甚受欢迎"为题，刊登了赵经理的讲话。

1958 年，为适应国际市场需要，茅台酒厂决定采用敦煌壁画中"飞天献酒"的图案，将外销茅台酒商标更改为"飞天牌"。同年 8 月，茅台酒厂与香港五丰行在上海签署协议，委托其办理茅台酒出口专用商标"飞天牌"的境外注册事宜。当年，香港五丰行在香港地区，以及新加坡、马来西亚注册了该商标，名称为"飞仙牌"。这个商标（国内称"飞天牌"）属于中国粮油进出口公司、广东食品进出口公司、广西粮油食品进出口公司所有，后由贵州省粮油进出口公司所有，贵州省内的如董酒、习水等企业也用来当作出口商标使用了一段时间。

1966 年 5 月，"文化大革命"开始。7 月 20 日，茅台酒厂向国家工商局申请变更"金轮牌"贵州茅台酒商标的图形和部分文字。9 月 23 日贵州省工业厅发函，通知酒厂修改说明书（即背标）文字，内容如下：

"茅台酒是全国名酒，产于贵州省仁怀县茅台镇，已有二百余年的悠久历史，新中国成立后，在中国共产党的领导下，开展三大革命运动，不断地总结传统经验，改进技术，提高质量。具有醇和浓郁、特殊芳香、味长回甜之独特风格。贵州省茅台酒厂启　年月日"

1966 年茅台酒的商标注册申请书

20 世纪 50 年代"金轮牌"茅台酒商标

20 世纪 50 年代末"飞天牌"茅台酒商标

1970年，以老专家、曾被毛主席接见过的劳模王绍彬为首，大家对新上市的"葵花牌"茅台酒展开讨论。

未被采用的"大叶葵花"的设计稿

1966年贵州省工业厅关于修改茅台酒内销包装等文字说明的批复

这就是被后来的茅台酒收藏者们称之为"三大革命"茅台酒的由来。该背标一直使用到1982年。

1966年9月6日，贵州省遵义糖业烟酒分公司向部分省市的烟酒公司、酿酒厂发出《关于废除旧商标的倡议》，倡议书称："我们倡议将一切带封建迷信'四旧'方面的商标彻底改革……茅台酒的商标有12个角的齿轮应坚决取消，改为红五角星。"9月16日，贵州省工业厅转发了国务院关于商标、图案和商品造型改革问题的通知。于是全国的酒厂都行动起来，五粮液改为"长江大桥牌"；泸州老窖改为"工农牌"；汾酒改为"四新牌"；习水大曲改成"红卫牌"等等。

茅台酒厂也请来贵阳市工艺美术研究设计室设计了一款"葵花"商标。1967年，茅台酒厂成立"革委会"，决定将有"四旧"嫌疑的出口的"飞天牌"商标更换为"葵花牌"，但没有采用贵阳美术设计师设计的被俗称"大叶葵花"，而选择了后来使用的一款由山东粮油进出口公司拥有的"小叶葵花"商标。

内销"金轮牌"因注册原因未改，但多数场合均称为"五星牌"。直到1982年茅台酒厂全版注册了"五星牌"贵州茅台酒商标。"五星"成为茅台酒的另一个别称。

1973年，中国粮油进出口总公司宣布"葵花牌"商标停用。

1975年，茅台酒厂停用了"葵花牌"商标，使用了重新设计的新"飞天牌"商标。

1976年，中国粮油进出口总公司贵州分公司正式通知茅台酒厂，"葵花牌"商标改为"飞天牌"商标。

1978年，经有关部门同意，将剩余的25.8万张"葵花牌"商标（正标）用在当年的内销贵州茅台酒上，酒瓶背面依然是"三大革命"背标。这个酒被收藏爱好者们称为"三大革命葵花"。

1979年12月19日，茅台酒厂接到仁怀县工商局关于恢复全国商标统一注册管理的通知后，呈报了内销茅台酒背标的排印报告：

字体用仿宋或隶体；每行15个字，共11行；茅台酒标题比正文大一号字；印刷先拿出原样，审定后付印。背标全文：

"茅台酒是中国名酒，产于贵州省仁怀县茅台镇，历史悠久，工艺独特，早已驰名中外，为广大消费者所热爱。一九一五年巴拿马万国博览会荣获奖章、奖状。

新中国成立后，茅台酒保持并发扬了优良的传统工艺，技术精益求精，质量稳定提高，具有酱香突出、幽雅细腻、酒体醇厚、回味悠长等特点。历届全国评酒会均被评为国家名酒，荣获国家金质奖章。年月日"

1982年12月30日，贵州茅台酒厂全版注册了"五星牌"贵州茅台酒商标。

商标右下角落款为"地方国营茅台酒厂出品"。

这就是被茅台酒收藏者们称之为"地方国营"的茅台酒。这款酒从 1983 年 1 月开始，到 1986 年 12 月底结束，历时 4 年，但该背标的文字内容在"五星牌"贵州茅台酒的背标上一直沿用到 2004 年。

1986 年 8 月 31 日，国家工商总局批复贵州省工商局同意将"贵州茅台酒厂"更名为"中国贵州茅台酒厂"。1986 年 12 月底，茅台酒厂启用了"五星牌"新商标。首次在内销普通茅台酒上使用了螺旋式金属铝盖，规格为了和国际接轨也由以前的 1 市斤装改成了容量 500ml，酒精度 54 度，1988 年改为 53 度。

1986 年 9 月 2 日，茅台酒厂再次注册了新版"五星牌"贵州茅台酒商标，并分别于 1989 年和 1996 年两次续展。

建厂初期茅台酒的商标一直由上海生产，70 年代后期改为遵义生产，后来由茅台酒厂自己建立的商标生产车间生产。

2001 年开始，在出厂的茅台酒正标显著位置标明出厂年份。

贵州茅台酒使用"贵州茅台牌"主商标，在主商标上分"五星"和"飞天"两种标识。有人以为飞天茅台的酒质好于五星茅台，其实这是一种误区。同一批次的酒在包装车间，可能是上午包"五星"，下午包"飞天"，或同一时段内一个班组包"五星"，另一个班组包"飞天"，所以两种标的茅台酒仅是包装的区别，二者酒质是完全一样的。

2014 年 3 月 15 日，中国贵州茅台酒厂（集团）有限责任公司发表声明："赖茅"（注册号：4570381；第 33 类）商标为本公司注册商标、受法律保护、侵权必究。

20 世纪 70 年代"葵花牌"茅台酒商标

20 世纪 80 年代"飞天牌"茅台酒商标

20 世纪 80 年代"五星牌"茅台酒商标

20 世纪 50 年代茅台酒瓶、商标设计稿

《贵州日报》刊登的贵州省工商局发布的茅台酒注册商标通告

新中国成立初期的茅台酒
贮酒罐底部（陈季贵摄）

早期的储酒库房

20世纪50年代工人们在挑选茅台酒瓶

20世纪60年代的包装车间

20世纪70年代的包装车间

贵州茅台酒包装的变迁

一、 酒瓶、瓶盖和封口

酒瓶

茅台酒瓶在1956年以前，主要沿用仁怀当地生产的土陶瓷瓶。先由二合瓶子厂生产，又由中华瓶子厂生产。造型大致两种：一种为葫芦形，形似酒坛；一种为二节或三节的圆筒瓶形。这两种瓶子装酒，普遍反映是渗漏大。

1957年，茅台酒厂在仁怀市大鹿村中华嘴建立的酒瓶车间投产，并从江西景德镇请来两位八级技师指导生产。但是，酒瓶渗漏现象依然存在，其间还生产过白瓷瓶，但制作成本较高。直到1966年决定采用乳白玻璃瓶，渗漏问题才得以解决。

1966年3月，厂长刘同清参加轻工部召开的出口酒工作会议，决定将茅台酒陶瓷瓶改为螺旋口的乳白玻璃瓶（由贵阳王武砖瓦厂进行改进），用塑料旋盖。7月，接贵州省轻工业厅通知，内外销陶瓷瓶一律改用乳白玻璃瓶，瓶盖改用红色塑料螺旋盖。

1966年，贵州清镇玻璃厂通过技术攻关试制乳白玻璃瓶获得成功，解决了渗漏和外观不美的问题，也解决了避光的问题，从而逐步结束了茅台酒包装用土陶瓷瓶的历史。开始是外销用乳白玻璃瓶，内销用陶瓷瓶，后来全部改用乳白玻璃瓶。随着生产规模扩大，用瓶量增加，茅台酒包装用瓶也不断变换更适应的生产厂家。后来发现广西桂林生产的乳白玻璃瓶比清镇玻璃瓶好，便同时使用广西桂林瓶，清镇玻璃厂也派人去桂林取经。

1985年为与市场接轨，茅台酒灌装计量由重量制改为容量制，即由500克/瓶改为500ml/瓶。要求瓶子生产厂家也对此进行改造。

1986年包装车间分别对贵阳硅酸盐厂生产的茅台酒瓶和习水生产的茅台酒瓶作对比试验，合格率分别为91.77%和93.04%。

1987年9月，首次使用贵阳美工玻璃瓶，使用合格率为89%。1988年11月，对湖北松滋玻璃厂生产的茅台酒瓶试用，使用合格率为90.76%。1990年，首次使用景宏玻璃厂生产的茅台酒瓶。1992年，清镇玻璃瓶因质量问题被停止使用。

1996年2月25日，工厂首次使用日本产500ml茅台酒瓶用于珍品茅台酒包装，瓶自重400克左右，共计40万个，使用合格率达99.995%。

同年，8月19日，茅台酒主导产品500ml"飞天牌""五星牌"贵州茅台酒，采用邹开良考察购进意大利 GOALA 公司生产的新型防伪防漏防再次灌装瓶盖，螺纹丝瓶同时停用，从根本上解决了茅台酒易漏酒跑气、瓶盖难开的问题。

2000 年 2 月，工厂首次使用贵阳黔闽玻璃厂生产的茅台酒瓶，使用合格率达 99.2%。

瓶盖和封口

茅台酒瓶口的包装封口也经历了一个漫长过程。

1949 年以前一直用油纸包木塞封瓶口，外再用水泡软后的猪尿泡皮扎口，猪尿泡皮水分干燥后自然收缩就封紧了瓶口，猪尿泡不够改用猪小肠。为满足需要，茅台酒厂致函习水、遵义、桐梓、金沙、古蔺、赤水等县市食品公司，收购猪小肠和猪尿泡。

使用的软木塞，由广州进出口公司从国外购进。使用前木塞要先用水浸泡后煮沸，再小火煮 4 小时，取出放入木桶，清水浸泡 15 天，每天换水一次，至水不染色为准，取出晒干备用。包装时，瓶洗净装上酒，把木塞按入与瓶口齐，猪尿泡用热水洗净，再用碱水浸洗，然后清水冲洗，趁湿包着瓶口，用青麻丝扎紧，放置几天，尿泡收缩后再贴商标装入木箱。

1959 年后，内销茅台酒仍是扎猪尿泡，外销茅台酒改进为软木塞子套玻璃纸、外套胶套，然后贴商标，包上皮纸。1968 年之后改为塑料内塞代替软木塞。

1968 年，茅台酒包装由木塞封口逐步改为塑料内外盖封口。1973 年起，采用塑料制内塞和螺旋外盖，塑料外盖有圆形和多角形。茅台内外盖一直由遵义生产，后改为仁怀第二中学生产。塑料胶套先由北京生产，后由泸州生产。

1979 年，中国粮油进出口公司致函茅台酒厂，提出关于酒瓶盖难开和塑料瓶盖外国人认为档次低和有化学作用等问题，应尽早着手研究使用铝盖。

1983 年 12 月，省粮油进出口公司下文通知：同意从 1984 年 1 月起，茅台酒外销包装瓶盖全部采用扭断式防盗铝盖，取消原来的丝带和小标签。1985 年，外销酒改为铝制防盗式扭断盖。1987 年 1 月，茅台酒内外销酒包装由过去的塑料盖全部正式改用为铝制防盗扭断盖。

1996 年 8 月，"飞天牌""五星牌"茅台酒引进的意大利防盗式扭断盖正式投入使用。1998 年 11 月，首次使用珠海龙狮瓶盖厂生产的无害塑料瓶盖，1999 年 5 月，正式大量启用至今。珠海经济特区龙狮瓶盖有限公司成立于 1992 年，龙狮瓶盖有限公司是茅台集团和新加坡百达顿公司合资创立的一家集瓶盖自主设计研发、专业生产、销售于一体的中外合资企业。

20 世纪 80 年代，茅台酒包装使用红星机床厂生产的灌装流水线

1982 年，包装车间安装的第一条简易生产作业线

质监部门在挑选乳白玻璃酒瓶

1977-1980 年使用的薄一些的塑料胶套，白色瓶边口若隐若现

001

1983年关于茅台酒改变瓶盖的文件

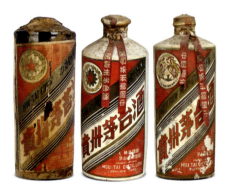

20世纪50年代各种瓶体茅台酒

20世纪60年代各种瓶体茅台酒

二、外包装

包装纸和包装盒

茅台酒自20世纪50年代起，就采用白棉纸对茅台酒进行包装并在部分外销茅台棉纸上加盖生产日期。1976年起，开始使用彩色包装盒。

1964年茅台酒包装标准为："成品装于642ml外壁黄褐色、内壁白色瓷瓶中，瓶口塞软木塞，外用红色胶帽封固，瓶身贴'麦穗红五星'商标及中文说明，外包以白棉纸。"

这种白棉纸也称皮纸，产自仁怀当地。包酒时大多为顺时针方向，包好后再放入带隔断的木箱或纸箱中。1966—1975年的出口装茅台酒所包裹的白棉纸外面还印有繁体的"中国贵州茅台酒"字样以及加盖的蓝色日期。

当时有消费者反映茅台酒高档，包装低档。厂领导研究决定用彩盒代替皮纸包瓶，纸箱代替木箱。设计方案和改进报告送省经贸委、省轻工厅批准。1977年，正式委托上海人民印刷八厂印刷彩盒。在1977年以前，已有试制彩盒上市，反响很好。

1985年3月，为高端市场特制的茅台酒获巴黎美食及旅游委员会颁发的国际商品"金桂叶奖"，由中国驻法大使在巴黎领奖。这是新中国成立后茅台酒第一次获国际金奖。

1986年，茅台酒厂用获"金桂叶奖"的特制茅台，推出豪华型珍品茅台酒，新型包装内配有昆明斑铜酒爵，具有高雅华贵、古色古香的格调，深受国际好评，获第十三届亚洲包装评比大会"亚洲之星"包装奖。

1992年11月，"汉帝茅台酒"的包装在法国"世界之星"国际包装博览会上获金奖，在香港以每瓶5万美元的价格上市。1993年2月16日，贵州省政府在北京召开了"汉帝茅台酒"新闻发布会。

1997年7月22日，首次推出30年茅台酒，后陆续推出50年茅台酒、80年茅台酒，1999年1月，首次推出15年茅台酒。

2001年8月，公司决定对陈年茅台酒包装做出调整：

（一）80年陈年茅台酒包装为玉玺形，用花梨木雕刻，四周以浮雕形式刻上"源远流长"、汉帝骑马图、巴拿马万国博览会金奖牌、宴请图等4幅图，底面为"贵州茅台酒股份有限公司"篆刻，配置80年茅台酒专用杯；瓶体为紫砂陶，使用"开片"工艺，两边雕刻栩栩如生的青龙。

（二）50年陈年茅台酒瓶体为紫砂陶，使用"开片"工艺，雕刻青龙，外加紫砂陶套座。

（三）30年陈年茅台酒瓶体为紫砂陶，加雕青龙。

（四）50、30、15年陈年茅台酒外包装盒均改换成硬材质，并适当扩大尺寸。

开发两套礼品酒：（1）500ml、375ml、200ml、50ml各一瓶套装礼品酒；（2）一瓶500ml、四瓶50ml茅台酒及四个小酒杯套装礼品酒。

2001—2008年底，根据市场需要，公司先后开发和推出：茅台王子酒、茅台迎宾酒、名将、神舟、仁酒、水立方等系列酒，并为人民大会堂、外交部、中国人民解放军各大军区、全国各大著名企业定制特殊包装规格茅台酒，累计各种规格品种达342种。

包装箱

20世纪50年代初，茅台酒包装箱用的是木箱。先是35瓶1箱，后改为30瓶1箱，再改为25瓶1箱的方形木箱。1955年5月，省厅通知，出口茅台酒为30瓶装箱，内销仍按25瓶装箱，后来又改为20瓶1箱。箱底与酒瓶之间以稻草、谷壳为填充物以防运输中的挤、压、震、碰撞等。20世纪60年代初，为了适应国际包装箱惯例，每箱由原来装20瓶改为2打24瓶，木箱两头用10毫米铁皮加固。

1976年，茅台酒包装取消稻草装箱，改外包装木箱为纸箱，箱内填充物由稻草、谷壳改为瓦楞纸，每箱的数量减为一打12瓶。

改木箱包装为纸箱的原因是消费者认为茅台酒高档，包装低档;同时木材紧缺。改成纸箱一是包装外形美观，二是减轻运输重量，三是能节约大量木材。同时厂领导研究决定外销酒用彩盒代替皮纸包瓶，内外销酒均用纸箱代替木箱。设计方案和改进报告送省经贸委、省轻工厅批准。

1977年，委托上海人民印刷八厂印刷彩盒，贵阳纸箱厂生产外箱。纸箱试启用后，在运输中晃动摩擦，印刷字体容易擦花，厂领导和供销科人员专程去上海人印八厂，与技术人员研究，采用了覆膜技术，新包装受到广大消费者欢迎。启用纸箱后，铁路部门认为纸箱不经挤压，运输不安全，不予起运，大批酒积压在火车站。时为供销科负责人的罗庆忠亲自到火车站做工作，讲纸箱的优越性和耐压性，并亲自站在纸箱上示范，铁路部门终于同意运输。

茅台酒厂开创了国内白酒业包装改木箱为纸箱之先河，由此开始，国内白酒、饮料业包装也采用彩盒和纸箱。1979年8月，贵阳纸箱厂对茅台酒内销纸箱做了改进，拿出了试制样品，茅台酒厂罗庆忠、郑光明等参加座谈，认为新改进纸箱一是外观质量好，指示符号清晰，承受压力比原纸箱增加16.5%；二是明确要求新纸箱承受压力不应低于450市斤。此后，贵阳纸箱厂根据此要求进行大量生产，

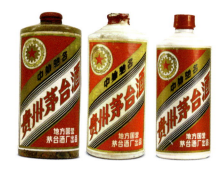

20世纪70年代各种瓶体茅台酒

20世纪80年代各种瓶体茅台酒

20世纪90年代各种瓶体茅台酒

1984年"飞天牌"茅台酒原箱

1999年1月21日（白色防伪标）的"飞天牌"茅台酒

20世纪70年代初期外销日本的"葵花牌"545ml茅台酒

20世纪70年代末期外销"飞天牌"540ml茅台酒

日本大阪江滋贸易株式会社介绍贵州茅台酒

茅台酒厂根据此标准进行质量验收。

1983年5月，包装车间首次使用液压式自动捆箱机，结束了手工捆箱的历史。

2004年12月，新生产区茅台酒2万吨新包装车间投入生产。

2008年包装茅台酒10064吨，系列酒7165吨。

三、产品规格

酒精度

1952年，经中国专卖总公司测量酒精浓度为52.8度。

1953年国家实行专卖管理之后，采用酒精计测量酒精浓度。但由于当时的操作者不太熟悉这些仪表，只用酒精计测量却未校正温度，因此测量结果是55度左右。以此为依据，茅台酒的酒精浓度一直按55度左右的标准出厂。

1957年，在贵州省工业厅的指导下，曾勾兑了53、54、55几种不同浓度的茅台酒样品，经品评认为55度的香味最好，所以就没有改变。1963年6月，在广西南宁外贸座谈会上又对几种度数的茅台酒样品进行尝评对比，多数人还是觉得55度的最好，于是在1964年轻工部备案的茅台酒标准草案第四次修订稿中标注的茅台酒酒精浓度为：在20摄氏度的温度下，酒精含量为54—56度。

但是，出口的茅台酒以及外交用酒的度数并不都是那么高。1958年，应外交部门的要求，茅台酒厂代表在出席全国粮油食品进出口公司在上海召开的"全国酒类出口专业会议"期间承诺，出口的贵州茅台酒酒精浓度降为52—53度。

此后多年，出口茅台的酒精浓度并不十分稳定，20世纪70年代初出口日本的某批次的葵花牌茅台酒，日方检测的酒精含量为55度。

1975年开始，在出口的"飞天牌"贵州茅台酒上首先标明了酒精浓度，采用国际通用的标注53%vol。此后，"飞天牌"贵州茅台酒的标准度数一直是53度。

1987年，内销的"五星牌"贵州茅台酒的酒精浓度由55度过渡到54度，从1988年5月起，也统一为53度。

1986年，为顺应市场需要，茅台酒厂试制成功39度茅台酒。

1991年，贵州茅台酒新开发产品43度通过省级鉴定，同意投产。

1992年，38度贵州茅台酒上市。

1994年12月6日，在全国名优酒复查评比会上，53度、43度、38度贵州茅台酒名列国家名酒第一位。

1997年7月22日，首次包装30年、50年茅台酒，均为53度。同日，33度茅台酒首次包装上市。

1997年8月7日，33度贵州茅台酒在贵阳市通过省级鉴定。

防伪技术的使用

1993 年 4 月 21 日起出厂的贵州茅台酒酒盒上增设条形码，酒盒顶部增加飞天或五星图案的激光防伪标记。

1995 年 2 月 21 日，茅台酒包装启用喷码机将生产日期喷于瓶口封口上。

1996 年 3 月 25 日，茅台酒包装停止使用食品标签，原先贴在彩盒盖内部的食品标签内容印在彩盒二层盖上。

1997 年 12 月 29 日，茅台酒包装首次使用科技含量较高的美国 3M 防伪贴瓶口，并不断更新。

1999 年，公司重新选用加拿大蓝色防伪标。防伪功能加上世界上当时较为先进的镂空技术，保留了 3M 防伪的折光变色技术和隐性图案技术。

2000 年，茅台酒包装启用第三代防伪标（上海天臣防伪标），该防伪标具有隐性图案、镂空技术、动感秘纹、水印反射四种防伪功能，撕开防伪后会看到镂空的"废"字，后改为"作废"。3 月 25 日，茅台酒外销 375ml 的品种包装上首次使用绿色食品标志，其他规格品种不久也先后启用。6 月 13 日，茅台酒包装首次使用不干胶商标。

2003 年，启用上海复旦天臣防伪标，该标由"作废"二字改为红白相间的小方块，以及电码声讯追踪查询系统。

2004 年 5 月 21 日，有机食品标识首次使用。

2005 年 4 月，启用外箱日期喷码。

2008 年，原产地域保护标识首次启用。

2009 年 2 月 23 日，在 1000ml、900ml、500ml、375ml 茅台酒上启用红色防伪胶帽。

2013 年 5 月，贵州茅台酒 RFID 溯源体系正式上线，实现了防伪数字化、食品安全溯源信息化、流通环节透明化、市场管控精细化，有效保护了企业的知识产权、加强了食品安全管理、维护了消费者的合法权益。

容量

1952 年 2 月以前，茅台酒厂出品的茅台酒分瓶装和散装对外出售。散装盛酒用具为猪血处理后糊皮纸的竹篓子，容量为 50 公斤，酒渗漏较大。从 1952 年 2 月起，全部改为土陶瓷瓶装，分 500 克装和 200 克装两种。灌装地点在厂内，贴商标地点分别在遵义、贵阳、重庆 3 处。重庆方面由茅台酒厂派人员贮运包装，专办对外省的供应。1954 年后，包装全部由厂负责。

125 克"中国民航"专用茅台酒

1986 年 9 月 2 日，39 度茅台酒在贵州金桥饭店通过省级鉴定

43 度、39 度、38 度、33 度贵州茅台酒

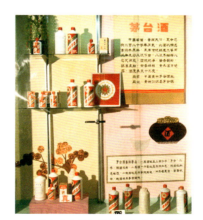

1987 年在天津举行的保护全国名优酒打假活动中贵州茅台酒的展台

茅台酒（2.5L）

20 世纪 50 年代至 80 年代末，茅台酒一直分为内销、外销两种，内销有 500 克、250 克、50 克装等规格；外销有 500 克、250 克、125 克、200ml、500ml 装等规格。500 克是重量单位，当时的包装和销售所注的是 0.5 公斤或 1 市斤。

但是，酒瓶的容积一直是以 "ml" 计算的。例如 1964 年销售的茅台酒，有 0.5 公斤和 0.25 公斤两种规格分别装在 642ml 和 400ml 容量的陶瓷瓶内。

1975 年 1 月，茅台酒厂接上级通知，包装一部分 125 克瓶装的茅台酒供 "中国民航" 飞机上使用。

为了同国际接轨，1986 年 9 月 1 日起，包装茅台酒（含内外销）计量单位逐步从 0.5 公斤、0.25 公斤、0.125 公斤改装为 500ml、375ml、200ml、50ml 等规格。废除 1 市斤装、半市斤装、2.5 两装，容量统一改克为 "ml"，是茅台酒进入国际化的标志。国际市场容量用 "ml" 不用 "克"，工厂将内销、外销都改成 "ml"，由此带动了国内所有白酒都采用 "ml"。由 "克" 改 "ml"，销售价不变，却增加了效益。

近些年来，随着各种包装的礼品、系列、定制的贵州茅台酒的出现，贵州茅台酒的规格几乎涵盖了市场上出现的酒类的各种规格。大致为：50ml、90ml、125ml、140ml、200ml、225ml、250ml、270ml、333ml、375ml、400ml、475ml、500ml、520ml、540ml、560ml、600ml、680ml、700ml、750ml、880ml、900ml、999ml、1L、1.2L、1.25L、1.3L、1.5L、1.6L、1.68L、2.25L、2.5L、3L、4.5L、5L、6L、7.5L、15L、25L、30L、40L 等，还有 6 斤、60 斤、90 斤等规格。

猴年献瑞（15L）

茅台酒（5L）

50ml　125ml　140ml　200ml　225ml　250ml　270ml　375ml　400ml　475ml　500ml　540ml　700ml　750ml　880ml　900ml　1000ml

"黄永玉90寿辰定制"茅台酒（90斤装）

"成龙甲子寿辰定制"茅台酒（60斤装）

53%vol1.6L 贵州茅台酒
（澳门回归祖国16周年）

"十二生肖之羊首"茅台酒 1.2L

"成龙甲子寿辰定制"茅台酒（6斤装）
茅台酒每斤为540ml, 6斤转换毫升为3240ml

53%vol4.5L 贵州茅台酒
（澳门科技大学建校15周年纪念）

90ml   333ml   400ml   560ml   600ml   680ml   700ml   999ml   1300ml   1500ml   1680ml   3000ml   6000ml

价—121

金额单位：元

市场	茅台酒 贵州1斤庄 变动月	日	批发牌价(瓶)	另售牌价(瓶)
77 汕头	1	1	2.68	2.95
69 海口	1	1	2.56	2.88
77 高海	1	1	2.67	2.74
68 北江	1	1	2.53	2.79
66 佛山	1	1	2.56	2.81
77 连江	1	1	2.51	2.76
74 阳江	1	1	2.58	2.84
88 宁川	1	1	2.66	2.93
63 普宁	1	1	2.73	3.00
68 川县	1	1	2.72	2.94
68 花县	1	1	2.52	2.77
74 东莞	1	1	2.56	2.82
76 番禺	1	1	2.41	2.65
84	7	11	2.62	2.81
72 南雄	1	1	2.58	2.84
67 东平	7	1	2.74	3.03
71 开平	1	1	2.62	2.88
71 关美	1	1	2.55	2.80
89 广州	1	1	2.53	2.84

1956年广东物价年报中的茅台酒价格

1963年贵州安顺某店的贵州茅台酒价格

贵州茅台酒价格演变

从建厂开始，茅台酒的销售价格就根据国家物价政策和规定，报请有关主管部门批准下达执行。在具体价格上分为出厂价、调拨价、批发价、零售价（产地）4种。在作价上，根据按质论价的原则，略高于其他名酒。1988年以前，价格长期远远低于价值。

以出厂价为例，1953—1956年，平均每吨2553.02元，每瓶1.28元，零售价2.84元；1957年，调整为每吨3574元，每瓶1.79元，零售价2.97元；1961年，调为每吨5000元，每瓶2.50元，零售价4.07元；1974年，调为每吨10000元，每瓶6.20元，零售价8元。

1961年，为适应不同消费者的需求，陆续开发250克装和125克装两种规格的产品。250克装每吨5000元，每瓶1.25元；1975年，调为每吨14700元，250克装每瓶3.68元；1975年，125克装每吨为23100元，每瓶2.89元。

20世纪80年代，国家对茅台酒的价格作了较大上调。1981年，出厂价每吨16800元，500克装每瓶8.40元。1986年，出厂价为20262.96元，500克装每瓶为9.54元。核定内部供应茅台酒零售价为：白皮纸包装500克每瓶18元，250克装10元；彩盒500克装20元，250克装11.50元，125克装7元。对省外调拨价同年调为每吨34922.81元，每瓶16.44元。当年，对量制单位进行改进，将"克"改为"ml"，如500克改为500ml，每吨2000瓶改为2124瓶。

1987年供应外销的茅台酒，500ml装每瓶9.54元，每瓶返还给酒厂6元用于生产发展基金，另付酒瓶提价补助每瓶0.4元，从1987年1月1日起执行。

1988年3月10日，贵州省政府同意省轻纺工业厅关于茅台酒调价的报告，彩盒500ml计划内每瓶出厂价14元，内供价每瓶30元，其他规格的茅台酒，内销每瓶（500ml）返还生产发展基金9元，每吨返还19116元。同日，省轻纺工业厅向省政府报告，茅台酒计划销售实行议价的报告提出，实行议价后，三七分成，七成为企业用于还贷和发展生产，三成交省财政厅。

1988年7月6日，全国烟酒价格专业会议出台《关于放开名酒价格和适当提高粮食酿酒价格的几项规定》，茅台酒列为放开的13种名酒之一。价格放开后，产地基础零售价为100元。8月内销500ml出厂价每瓶为100.40元，外销500ml出厂价每瓶为120元，外销珍品500ml出厂价为每瓶220元。

1988年11月15日，茅台酒厂关于供销公司茅台酒销售价格向省轻纺工业厅备案（该公司茅台酒经营部仁怀县工商局批准设立）：珍品豪华型500ml，265元/瓶；

珍品豪华 200ml，145 元 / 瓶；外销 500ml，190 元 / 瓶，内销 500ml，170 元 / 瓶。

1989 年 7 月 24 日，为了贯彻落实国家物价局《关于适当下浮全国名白酒价格的通知》精神，对价格进行调整，茅台酒 53% vol500ml 的彩盒装每瓶出厂价 80 元、调拨价 90.48 元、批发价 95.24 元、零售价 106 元。贵州省政府讨论茅台酒价格：内销 500ml 每瓶出厂价 80 元、批发价 95.24 元、当地零售价 106 元、贵阳零售价 109 元；外销 500ml 每瓶出厂价 84 元、批发价 100 元、当地零售价 110 元、贵阳零售价 114 元；珍品 500ml 每瓶出厂价 119.50 元、批发价 142.30 元、当地零售价 158 元、贵州零售价 165 元。以上价格从 1989 年 3 月 14 日执行，茅台酒厂自销部分执行当地零售价。

1990 年 8 月，省轻纺工业厅对部分茅台酒价格批复：外销 375ml 彩盒装每瓶出厂价 50 元、调拨价 56.50 元、零售价 65.20 元；外销 500ml 漆木彩盒蜡染袋装珍品茅台酒，每瓶出厂价 133 元、调拨价 150 元、批发价 157.50 元、零售价 170 元。

1992 年后，随着国家价格体系的进一步改革和市场经济发展的需要，以及茅台酒系列产品生产规模的扩大，自产自销数量的增多，酒厂对产品价格有了一定的灵活处理权，但仍需要逐级报批审核，价格在原有的基础上增加工厂贸易价、工厂协议价和驻外公司贸易价。如内销 500ml 茅台酒，出厂价 66.10 元 / 瓶，调拨价 72 元 / 瓶，工厂批发价 77.70 元 / 瓶，工厂贸易价 85 元 / 瓶，产地零售价 128 元 / 瓶，工厂协议价 155 元 / 瓶，驻外公司贸易价 170 元 / 瓶。

1994 年 11 月，由于原材料和包装材料价格提高，经省轻纺厅同意，茅台酒的公司批发价格进行调整："飞天牌"500ml 每瓶 140 元，"飞天牌"375ml 每瓶 112 元；"飞天牌"200ml 每瓶 64 元，"飞天牌"50ml 每瓶 16.5 元，"五星牌"500ml 每瓶 140 元，木漆珍品每瓶 230 元，纸盒珍品 500ml 每瓶 190 元，纸盒珍品 375ml 每瓶 161 元，43 度 500ml 每瓶 115 元，38 度 500ml 每瓶 105 元。500ml（内外销）厂零售价每瓶 150 元。

1996 年，茅台酒价格体系中少了批发价、调拨价，提高零售价为 500ml、168 元 / 瓶。

1997 年，茅台酒推出了中高档系列酒，成功上市了 30 年、50 年、80 年等陈年茅台酒；并开发了 43 度 1000ml 茅台酒，出厂价为 188 元 / 瓶；33 度 500ml 茅台酒，出厂价 75 元 / 瓶；为迎接香港回归，特制生产 53 度 500ml 茅台酒 1997 瓶，以纪念香港回归祖国，价格 600 元 / 瓶。

1998 年，根据市场需要，对 30 年、50 年、80 年陈年茅台酒价格进行大幅度调整后，又推出 15 年陈年茅台酒。

2001 年，53 度 500ml"飞天牌"茅台酒到岸价由 178 元 / 瓶调整为 218 元 / 瓶。8 月，

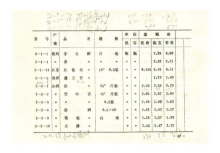

1977 年广西荔浦县糖业烟酒公司商品牌价

1986 年贵州省糖业烟酒公司贵州茅台酒的内供价

1989 年济南市酒类牌价汇编

年份	出厂价格（元）
1951	1.28
1957	1.79
1961	2.5
1974	6.2
1981	8.4
1986	9.54
1987	14
1988	100
1989	80
1991	62.3
1993	66.1
1994	89.74
1996	145
2000	155
2001	173
2003	268
2006	308
2007	358
2008	439
2010	499
2011	619
2012	819
2013	819
2014	819
2015	819
2016	819
2017	819
2018	969
2019	969

茅台酒出厂价格变迁

经茅台集团公司办公会决定，对茅台酒及系列酒产品价格进行调整。调整后补偿贸易、仁怀市糖酒公司及出口价格在原有基础上相应提高价格，（以53度500ml为例，每瓶增加40元）依然保留让价空间。

2003年10月27日，茅台酒价格大幅提升，平均提价幅度为20%。其中普通茅台酒提升幅度为17.54%，15年陈酿茅台酒提升幅度为30%，30年和50年陈酿茅台酒提升幅度分别为20%和10%，53度500ml"飞天牌"茅台酒公司到岸价格由228元/瓶调整为268元/瓶。

2006年2月10日起，根据市场需求，茅台酒出厂价平均上调14.3%，53度500ml"飞天牌"茅台酒公司到岸价格由268元/瓶调整为308元/瓶，15年以上陈年茅台酒上调近20%。

2007年，根据市场需求情况，53度500ml"飞天牌"茅台酒公司到岸价格由308元/瓶调整为358元/瓶。

2008年2月，53度500ml"飞天牌"茅台酒（内有附赠的小酒杯）调整为439元/瓶，53度500ml"五星牌"茅台酒调整为429元/瓶，其他系列品种价格也有相应提高。

2011年，53度500ml"飞天牌"茅台酒出厂价调整为619元/瓶，零售价999元/瓶。

2012年，53度500ml"飞天牌"茅台酒出厂价调整为819元/瓶。

2018年，53度500ml"飞天牌"茅台酒出厂价调整为969元/瓶。

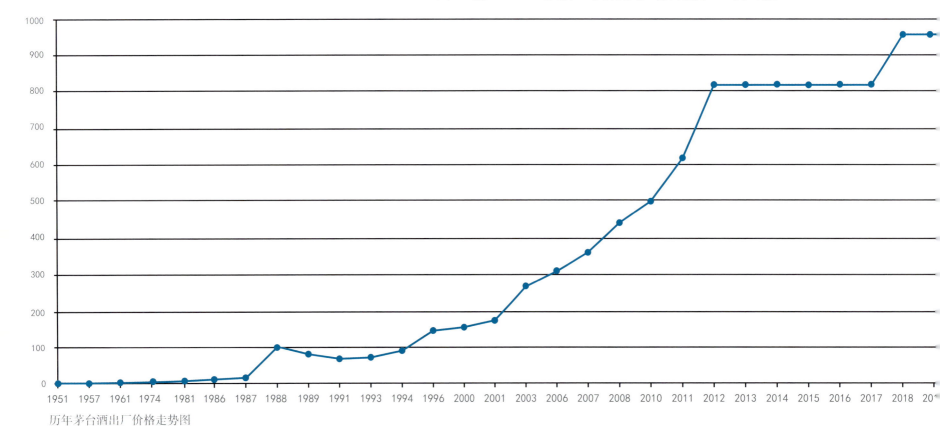

历年茅台酒出厂价格走势图

大品牌承担大责任

　　茅台集团秉承"爱我茅台，为国争光"的企业精神，以强烈的责任感和使命感，始终以发扬传统产业、光大民族品牌作为己任。近20年来，茅台集团累计实现销售收入（含税）3800亿元。近十年来，贵州茅台的多项经济效益指标一直领先于行业，特别是利税、人均创利税等指标一直高居行业榜首，创造了行业20%的利税、13%的税金，贵州酿酒行业95%的税收。

　　茅台集团发展不忘回报社会，积极履行社会责任，倾力支持公益事业，用行动践行使命，以奉献诠释责任，开辟了一条独具茅台特色的企业可持续发展道路，成为全国最有爱心和最具社会责任感的企业之一。

　　长期以来，公司投入巨资，大力支持国家文体教育事业，大力支持国防和军队建设，大力支持地方基础设施建设，大力支持社会主义新农村建设，切实加强环境保护力度，不断加大工业反哺农业，大力参与扶贫济困和拯灾救灾。"十一五"以来，仅就公益事业方面就累计投入12亿元，帮助汶川、玉树、雅安等地震灾区和西南大旱灾区恢复生产、重建家园、新建校舍，设立了"心基金"、慈善基金等。茅台是全国教育公益事业的领跑者，出资1575万元为西部地区150万名农村小学生捐赠《新华字典》；捐资1900多万元援建百所"希望食堂"；捐资3300万元开展"习酒·我的大学"公益活动；自2012年起，茅台携手中国青基会、33家省级青基会，每年捐款1亿元，用以资助当年参加高考，并被全日制普通高等院校录取的品学兼优但家庭困难的2万名大学新生，每人资助5000元。10年来，茅台已累计捐资10亿余元，资助20余万名寒门学子圆梦大学，覆盖了全国31个省（区、市）及新疆生产建设兵团、全国铁路系统。2014年使仁怀市近12万农户户均收入6400元。2015年5月出资3000万元，帮助道真县修"小康路"，成为行业内唯一连续六年发布社会责任报告的企业，树立了良好的企业公民形象。2013年，荣获中国慈善领域最高政府奖"中华慈善奖——最具爱心捐赠企业"奖项。2017年，茅台累计安排扶贫资金2亿元，帮助道真、务川、丹寨、仁怀及周边县市发展经济，减少贫困人口。"十二五"以来，茅台集团共出资90亿元用于捐资助学、扶贫济困、义赈救灾、环境保护、扶农兴农以及支持地方政府改善基础设施建设等。茅台于2021年4月与道真再次签署五年之约，助力道真进一步巩固脱贫攻坚成果，完成"十四五"时期乡村振兴新使命。

　　大品牌有大担当。茅台始终坚持企业可持续发展与承担社会责任有机融合，不断升华中华商业道德，锻造中国民族工业品牌脊梁，不断向伟大企业的目标迈进。

1959年国庆用酒

毛泽东主席遗留的茅台酒

朝鲜最高领导人金日成生前送给毛泽东主席的特级高丽参，浸泡在4公斤的茅台酒中。
在茅台酒厂，珍藏着毛泽东主席和朝鲜民主主义人民共和国首相金日成碰杯的照片。
此酒至今保存在贵州茅台集团中国酒文化城。

1991 年 2 月 8 日李鹏总理视察革命历史名城遵义用酒

1968 年毛泽东主席接见黔军代表用酒
选用的是 1967 年白瓷瓶"飞天牌"茅台酒，直塞式塑料瓶盖，
红飘带，外包白棉纸。
此酒至今保存在贵州茅台集团中国酒文化城。

1994 年 7 月 19 日送中央军委专用酒

1972 年 2 月 21 日上午 11 点 30 分，美国总统尼克松一行乘坐的"空军一号"专机准时降落在北京东郊机场。中外记者早已等候多时，无数镜头都在静候着这一历史时刻的到来。当两只手紧紧地握在一起时，周恩来意味深长地说："你的手伸过了世界上最辽阔的海洋！"

当晚，为欢迎尼克松及夫人一行举办的盛大国宴在灯火通明的人民大会堂宴会厅拉开了帷幕。此时此刻，宴会现场的热烈气氛通过国际通信卫星直接传输到了美国的千家万户。宴会开始，周恩来发表了热情洋溢的祝酒词。紧接着，祝酒是必不可少的一项重要内容，周恩来用茅台酒招待尼克松和基辛格。当服务员将那古雅的水白陶瓷酒瓶打开，一股特殊的芳香悠悠溢出，沁向四周。"这就是驰名中外的茅台酒。"周恩来举起面前的酒杯向尼克松介绍。

的确，这纯净透明、醇香浓郁的茅台酒将尼克松深深地迷住了。时隔多年，尼克松在其回忆录中，仍对这次国宴上喝茅台酒的趣事念念不忘。就在中美两国领导人手举美酒频频碰杯之时，一位美国记者用镜头将周恩来与尼克松干杯时的精彩瞬间捕捉了下来，使"茅台"因这历史性的"干杯"而名扬世界。

双方祝酒后，周恩来举着酒杯向美国官方代表人员逐一敬酒。清脆悦耳的碰杯声回响在宴会厅里。

就在这次宴会结束 7 天之后，中美双方共同签署了举世瞩目的《中美联合公报》，中美之间 22 年之久的坚冰就此打破。尼克松在祝酒词中热情洋溢地说：我们在这里已经一周了，这是改变世界的一周。伴随着碰杯声，中美关系的坚冰开始消融，两国的关系开始走向新纪元！

1972 年美国总统尼克松访华用酒

国务院总理李鹏国礼用酒

国家主席江泽民国礼用酒

1952—1956 年茅台酒厂经济效益情况

项目 年度	茅台酒产量 （吨）	销售收入 （万元）	利润总额 （万元）	上缴税金 （万元）
1952	75	—	0.8	4
1953	72	—	0.4	11
1954	163	—	3.1	14
1955	209	—	5.1	18
1956	274	—	4.8	28

第二章　建厂初期及起步发展期（1951—1956年）

1954年 "金轮牌" 外销贵州茅台酒（土陶瓶）

酒精度：约55% vol

规格：500g

※背标内容※

贵州茅台酒，产于仁怀茅台镇，已有二百余年悠久历史，酿技精良，味美醇香，有助人身健康之优点，行销全国颇受各界人士欢迎，诚为酒中之无上佳品，新中国成立前曾在巴拿马赛会评为世界名酒第二位。专卖后由国家接办经营，不断改善技术，降低成本，提高品质，扩大销路，而向广大群众服务，尤为各地所赞许。现全国各大城市均有出售，诸君惠顾，无任欢迎，特此敬告。

地方国营茅台酒厂谨启

一九五四年 月 日

示图1

鉴藏要点：

1954年5月，地方国营茅台酒厂生产的"贵州茅台酒"商标正式注册，商标名称"金轮"牌，注册证号19666，专用年限20年。此酒瓶肩处贴有一张"CHUAN NAN CO. LTD.SINGAPO"的英文标签，说明此酒为外销新加坡的回流产品，见证了一段鲜为人知的茅台酒发展史，为最早外销茅台酒。

地方国营茅台酒厂在建厂初期，茅台酒在仁怀灌装酒液，在遵义、贵阳、重庆三地贴标销售。由于贵州当时没有对外出口权，此签证明了该酒是1954年经由"贵州茅台重庆川南有限责任公司"外销出口至新加坡，现又回流到国内。

此酒为三节式短盖土陶瓷瓶，正面是"金轮牌"商标，繁体"贵"少一画、"贵州茅苔酒"五个红字带金边，草字头"苔"和两处英文。背标有说明并印有日期。封口盖纸印有繁体"贵州"二字，周围有麦穗图案的封纸，这种封纸一直沿用到1966年。此酒是第一代贴"金轮牌"商标出口的茅台酒，还是第一代印有日期的茅台。

瓶型为最早的矮嘴三节瓶，注意圆形五星麦穗标图案特征，这是最早的金轮商标（商标下方连接麦穗和高粱穗的连接环上下都没有合口，疑为画家笔误。见示图1五星标中蓝色箭头所指处）。背标字体为早期繁体字，日期为印刷体的中文"一九五四年 月 日"。50年代的生产日期均为印刷体的中文，有的是用手工加印的蓝色生产日期。

50年代香港五丰行贵州茅台酒广告

1955 年 "金轮牌" 内销贵州茅台酒（土陶瓶）

酒精度：约 55% vol

规格：500g

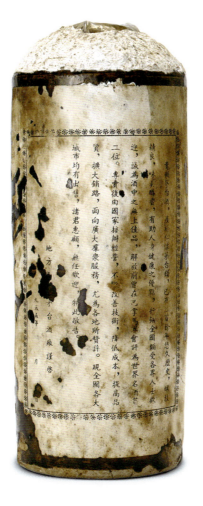

此酒为早期的竹节瓶，瓶身中部有一圈凸起

鉴藏要点：

此酒瓶体特征与 1954 年内销茅台酒基本相同，商标有所变动。1954 年初，茅台酒厂重印商标 20 万套，将 "贵州茅苔酒" 中的 "苔" 字改为 "台"。"贵" 字未变。该标陆续用于以后的包装中。该酒为内销酒，前标右下角厂名落款为 "地方国营茅台酒厰出品"。背标内容与 1954 年版相同，日期改为 "一九五五年"。

五星标同 1954 年版，但有细微变动。示图 2 五星标中箭头所指 1 处上端开口不变，下端合口。2 处两粒麦穗距离拉大，3 处 1959 年以后为两粒谷穗（示图 2）。厂名落款中的 "厰" 字为手写体，厂字下面由近似于 "尚" 和 "支" 的偏旁组成。年份直接印刷在背标上，为 "一九五五年 月 日"。

示图 2

1956 年 "金轮牌"内销贵州茅台酒（土陶瓶）

酒精度：约 55% vol

规格：500g

1956 年邀请原成义、恒兴二厂管理人员坐谈的资料

鉴藏要点：

两节的黄褐色釉土陶瓷瓶，稍晚于三节的土陶瓶。使用 1955 年版繁体字正背标，其他特征同 1955 年版。

50 年代初的家属房，50 年代末改建为储存酒的库房。

50 年代初茅台酒包装的灌瓶操作

50 年代的冷却器——天锅

1957—1976年茅台酒厂经济效益情况

项目 年度	茅台酒产量 （吨）	销售收入 （万元）	利润总额 （万元）	上缴税金 （万元）
1957	283	—	6.3	19
1958	627	—	1.3	21
1959	820	—	4.3	28
1960	912	—	2.6	20
1961	347	—	3	22
1962	363	—	-6.8	36
1963	325	—	-37.7	109
1964	222	265	-84.7	140
1965	247	152	-61.4	69
1966	312	210	-42.3	91
1967	321	141	-15.6	52
1968	338	162	-31.9	70
1969	355	89	-35	40
1970	232	143	-20.1	52
1971	375	167	-22.8	66
1972	550	172	-28.8	65
1973	606	145	-24	47
1974	664.5	229	-1.7	100
1975	700	223	-16.7	106
1976	746	134	-12.3	61

1957 年 "金轮牌" 内销贵州茅台酒（土陶瓶）

酒精度：约 55% vol

规格：500g

贵州茅台酒，产于仁怀茅台镇，已有二百余年之久历史，酿技精良，味美馥香，有助人身健康之优点，行销全国颇受各界人士欢迎，诚为酒中之无上佳品，解放前曾在巴拿马赛会列为世界名酒第二位。专卖后由国家接办经营，不断改善技术，降低成本，提高品质，现全国各大城市均有出售，诸君惠顾，无任欢迎，尤为各地所赞许。现全国各大城市均有出售，诸君惠顾，无任欢迎，特此敬告。

地方国营茅台酒厂谨启

一九五五年　月　日

鉴藏要点：

1956 年 6 月，茅台酒厂向贵州省工业厅打报告，要求更改商标中"贵"字少一画和"厰"字手写体的问题。这个报告没有立即批复。因此1956—1957 年出产的茅台酒，依然使用 1955 年版正背标，只是瓶体比以前稍短、略粗。背标在印刷体"一九五五年"附近手工加印蓝黑色中文日期，因年久销蚀，多数已经看不清。

50 年代人工背曲进仓发酵

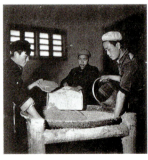

50 年代人们制曲时的人工搅拌

50 年代人工踩曲

1957 年 "金轮牌" 内销贵州茅台酒（土陶瓶）

酒精度：约 55% vol

规格：500g

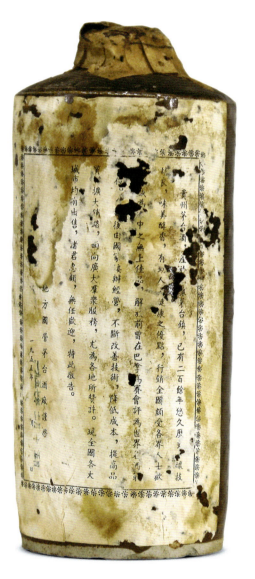

鉴藏要点：

1954 年底，中国文字改革委员会提出《汉字简化方案》，1956 年 1 月 1 日全国报刊实施横排出版，开始使用简化字。1956 年 10 月，茅台酒厂向上级报告，商标文字由繁体改为简体。

此酒前标已经改为简体字，"贵"字上部口字仍少一横，背标仍然使用 1955 年版繁体字，加盖深蓝色中文日期。

金轮商标仍然是 1955 年版。右下角"出品"的"品"字为手写体，下部两个口字相连形成倒"品"。这在 1957 年上半年之前，两个口字是分开的。

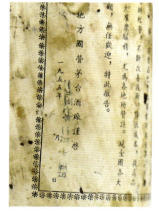

1957 年 "金轮牌"外销贵州茅台酒（白瓷瓶）

酒精度：约 55% vol

规格：500g

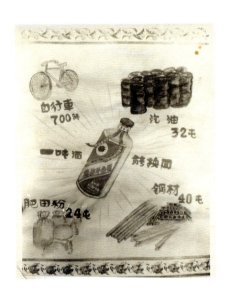

新中国成立初期国民经济刚刚起步，百废待兴，急需大量外汇换回我国经济生产、国家建设所需的紧缺物资。此时茅台酒作为中国独有的特色产品广受国际友人的欢迎，出口1吨茅台酒可以换回汽油32吨、钢材40吨、肥田粉（化肥）24吨、自行车700辆，为国民经济建设做出了巨大的贡献。

1954年，朱德总司令致电贵州省指示要改进茅台酒包装，不要片面强调茅台酒的政治性和增产节约。1954年10月，湖北省进出口公司致函茅台酒厂，建议改进包装，要与被誉为名贵茅台的地位相称。此后改换新包装的事就提上了日程。1957年，茅台酒包装改换成功，香港五丰行赵经理就此向香港报界发表谈话，香港华侨报以"茅台新装，华贵优雅，春节宴会，甚受欢迎"为题，刊登了赵经理的讲话。

20 世纪 50 年代末中国食品出口公司广西省分公司在报纸上刊登的广告（茅台酒在一九一九年巴拿马赛会被评为世界第二名酒）

鉴藏要点：

20 世纪 50 年代后期，为了美观，茅台酒的包装进行了很多新的尝试。从商标到酒瓶、由瓶口到正背标包括文字，以及装箱数量等都在尝试和改变。

这一款酒就是这一时期的过渡型产品，其背标是茅台酒目前所见最特殊的一款。这瓶酒最大的意义在于：其背标的"飞仙献酒"图案，启发了后来将敦煌壁画的飞仙图案用于出口商标，即"飞天牌"商标。

据记载：1957 年，茅台酒厂在仁怀市大鹿村中华嘴建立酒瓶车间投产，并从江西景德镇请来两位八级技师指导生产，其间生产过白瓷瓶。这款酒瓶就是那时期的产物，是最早试制的白瓷酒瓶，当时生产有淡黄色和纯白色两种，淡黄色瓶身较大且瓶嘴较高，瓶底无釉；而纯白色瓶身略小且瓶嘴略矮，瓶底有釉。淡黄色酒瓶在烧制时由于胎质较松，产生了大量的开片，瓶体重量也较轻。胎质较松的原因应当是当时景德镇专家考虑到瓷瓶的美观和重量，多少使用了"浆胎"的结果。酒瓶有开片整体很好看，带来的问题是比较容易渗漏，所以后来倾向于烧制胎质较紧密的瓷瓶了。

此酒的正标沿用了 1954 年版出口"金轮牌"的主要内容，区别在于"贵州茅台酒"中的"台"字去掉了草字头。正标右下角英文贵州的英文"KWAICHOW"中的"A"，在 1958 年第一版的"飞天牌"商标中被更正成了"E"，即"KWEICHOW"，一直沿用到现在。但在 1958 年之前的出口"金轮牌"商标中都是"A"。

这瓶酒最有特色的地方就是背标，以绿色为基调，主要图案是左右两位飞天仙女献酒，此图取材于中国古代壁画，以敦煌壁画为最。两边和下面有若干莲花纹饰，

也在以佛教题材为主的敦煌壁画中常见。背标中部是一幅山水画，被文字覆盖，绘画者是黎葛民，图中有签名"葛民"和印章。背标周围的图案由古代酒具爵的图形组成，每个酒爵中部都有"茅"字、"台"字或者"酒"字，用于防伪。

背标的中英文文字，和 1959 至 1974 年的"飞天牌"与"葵花牌"的背标文字基本相同，不同的是这款背标中将"1915 年巴拿马赛会被评为世界名酒第二位"误写成"1919 年"，当年中国食品出口公司广西省分公司在香港的广告画上也宣传茅台酒在一九一九年巴拿马赛会被评为世界第二名酒。需要说明的是，背标"贵州"的英译文"KWEICHOW"和正标中的"KWAICHOW"写法有不同，背标是"E"，正标是"A"。

这款酒的封口依次是：里面用软木塞封口、顶部有一层红色密封，然后系着红飘带，再外面套着浅黄色封膜，用印有"贵州茅台酒"的纸条匝口。此酒首次使用飘带，两根飘带上"贵州茅台酒"五字呈相对方向书写。此后，红飘带成为外销茅台的经典标配。

这款酒系海外回流，酒的原主人有多年海外游子生涯，非常珍视家中的中国物件，这款酒就是其中之一。和这款酒一起，竟然还保存着当年的装箱单，这是非常珍贵的资料，为研究这款酒提供了第一手材料。从装箱单看，这款酒是由中国食品出口公司广西省分公司驻广州办事处装箱并出口。品名：茅台酒；包装：木箱；数量：24 瓶；装箱人：阮翠玲；时间：1958 年 1 月 22 日。从在广州装箱出口的时间上分析，该酒的生产日期可以确定为 1957 年。

1958 年 "金轮牌" 内销贵州茅台酒（土陶瓶）

酒精度：约 55% vol

规格：500g

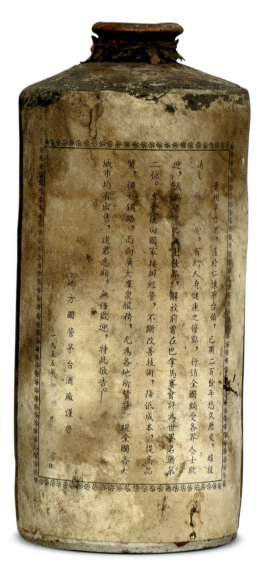

1956 年   1957 年

1956 年的酒瓶比 1957、1958 年的要显得细长一些，直径更小更高一些。

鉴藏要点：

1957、1958 年是贵州茅台酒商标繁体简体换代时期，所以这两年简体繁体都有使用。

此酒正标和 1957 年繁体版无异，正标中的 "贵" 字还是少一画的繁体字，土陶瓶较 1956 年的直径大。这瓶酒在 1955 年版背标上加盖的是 "一九五八年壹月×日" 的蓝色印章。

1958 年 "金轮牌" 内销贵州茅台酒（土陶瓶）

酒精度：约 55% vol

规格：500g

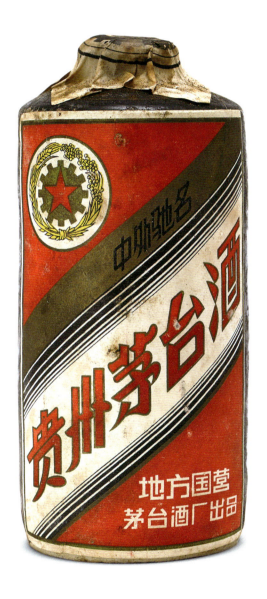
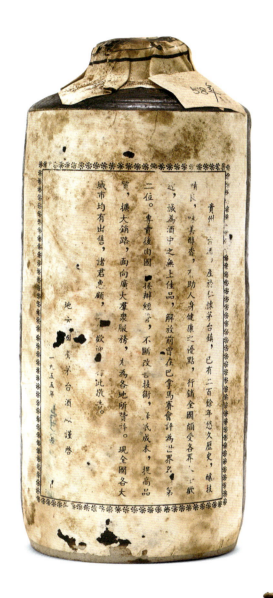

鉴藏要点：

同 1957 年简体版。

1957、1958 年内销土陶瓶茅台酒商标简体繁体都有使用，此酒为简体正标、繁体背标。

附：带编号的土陶瓶瓶底

这种土陶瓶瓶底的编号，多数出现在 20 世纪 50 年代后期的瓶底上。

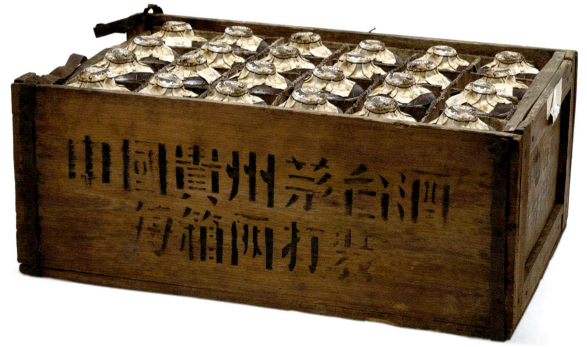

1958 年内销土陶瓶茅台酒为木箱装 24 瓶

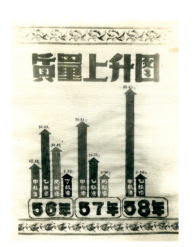

56、57、58 年质量上升图

1958 年 "金轮牌"外销贵州茅台酒（白瓷瓶）

酒精度：约 55% vol

规格：500g

正标金框内除了有"中外驰名"，还有英文"MOU-TAI CHIEW"，正标右下角"地方国营茅台酒厂出品"与英文对照

鉴藏要点：

此酒瓶身上乳白色釉、瓶底平面上釉、底足圈露胎。瓶口仍用木塞、猪尿泡、封口纸封口。前标基本沿用 1954 年版，右下角落款为中英文对照五行字体。标中间斜排"贵州茅台酒"五个大字，"台"字无草字头，"贵"字仍为繁体，背标同 1955 年款，用深蓝色中文日期、横排竖印，注意日期的字体形状和颜色。注意棉纸包浆和瓶体包浆。

瓶体胎泥细腻、比例协调、釉色光泽温和、瓶口上端外翻、瓶底足圈细窄、外侧"倒角"。

1958 年 "金轮牌" 外销贵州茅台酒（白瓷瓶）

酒精度：约 55% vol
规格：500g

"KWEICHOW" 写作 "KWAICHOW"

鉴藏要点：

此酒和当年前期高盖白瓷瓶外销 "金轮牌" 贵州茅台酒的区别是瓶口系有红飘带并且封口猪尿泡皮换成了透明胶帽，胶帽外粘一圈 "中国贵州茅台酒" 字样的封口纸。这款采用红飘带的茅台酒推出后，红飘带便成了茅台酒的重要特征之一。

金轮商标同 1954 年版，"贵" 字繁体，右下角 "地方国营茅台酒厂出品" 为繁体，有中英文对照文字，英文 "KWEICHOW" 写作 "KWAICHOW"。封膜因年代久远呈浅黄色；红色飘带比后期稍宽、稍厚；飘带上的 "中國贵州茅台酒" 字样，呈相对方向书写，瓶底足圈狭窄。

1958 年 "金轮牌" 贵州茅台酒（白瓷瓶）

酒精度：约 55% vol

规格：500g

鉴藏要点：

此酒瓶体为细白瓷，瓶肩开始出现三级环形凸起台阶。据 1980 年 10 月 4 日《贵州日报》徐文仲在《茅台酒瓶的沿革》一文中报道："……1958 年为使装潢美观，（茅台酒瓶）改用与黄色陶制釉瓶形状相同的白色细瓷瓶……" 此种白色瓷瓶外销茅台酒生产时间很短（仅有两年多）。瓶身外裹棉纸已经苍黄，与加印其上的暗红色 "中國贵州茅台酒" 七字相得益彰，凡有 "中国贵州茅台酒" 七字印于瓶身棉纸上的，基本为外销产品，此种棉纸包装一直持续到 70 年代中期，包括外销 "葵花"。

此酒采用塑盖木塞封口，并包裹亮红色封膜，下压飘带，60 年代外销 "飞天" "葵花" 均沿袭了此种样式。商标正标亦与 1958 年出产的外销白瓷瓶茅台酒有很大区别，正标上 "贵" 字为简体，正标右下角只有 "地方国营茅台酒厂出品"，无英文标识，背标竖排繁体介绍与同时期土陶瓶、白瓷瓶茅台酒一致。

1958 年 "金轮牌" 外销贵州茅台酒（白瓷瓶）

酒精度：约 55% vol

规格：50g

当年贵州的杂志把当年新包装的茅台酒当作了封面

鉴藏要点：

此酒容量约 50ml，正标与 1958—1959 年 540ml 装出口五星茅台一致。
繁体 "贵" 字、右下角中英文对照等时代特征明显。白瓷瓶，木塞封口，
上套透明膜，外加 "中國貴州茅台酒" 封签。

1959 年 "金轮牌" 内销贵州茅台酒（土陶瓶）

酒精度：约 55% vol

规格：500g

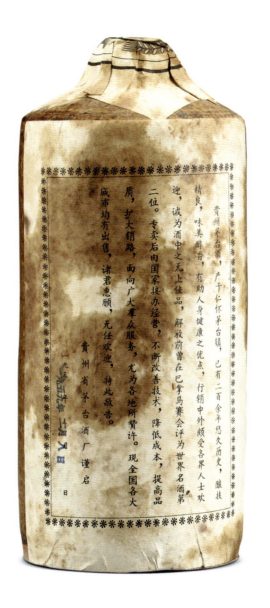

鉴藏要点：

正标、背标全部改为简体字，新使用的背标日期格式为"一九五□年□月□日"，加盖蓝色日期印章"一九五九年土月八日"，外包棉纸。

特征：正标"贵"字仍为少一横的简体贵字。瓶底无足圈、无上釉。日期中文。月份的十一、十二排列为上下结构，即"土"样式，还有"壹""贰""叁"等中文大写月份，此酒即为"土月"。

1959 年 "金轮牌" 内销贵州茅台酒（白瓷瓶）

酒精度：约 55% vol

规格：500g

示图 4

鉴藏要点：

和同年土陶瓶一样，正背标文字全面更换成简体字。日期为"一九五　年　月　日"，加盖蓝色日期印章"一九五九年九月十日"，正标"贵"字虽改为简体，但仍少一画。背标厂名落款由"地方国营茅台酒厂谨启"改为"贵州省茅台酒厂谨启"。日期印刷由"一九五五"改为"一九五　"，方便加盖日期印章。示图4五星标箭头3处改为2粒。

1959 年 "金轮牌" 贵州茅台酒（白瓷瓶）

酒精度：约 55% vol

规格：500g

鉴藏要点：

这瓶 1959 年 9 月 10 日出厂的茅台酒，是为新中国成立十周年国庆宴会特制。包装形式也与当时的内外销茅台酒不同，使用矮颈白瓷瓶，封口用软木塞包红色胶帽，外裹白棉纸，在棉纸上加盖日期。

这瓶保存了五十多年的茅台酒，见证了茅台酒作为国宴用酒的历史。

特征：棉纸为自然老化的褐黄色，瓶口和肩部颜色较重，出厂日期用阿拉伯数字横排竖印，颜色为黑色，20 世纪 60 年代以后均为蓝色。这款国庆十周年庆典用酒，有很高的收藏价值。

1959 年获全国社会主义建设先进集体奖

1959 年 "飞天牌"外销贵州茅台酒（白瓷瓶）

酒精度：约 55% vol

规格：500g

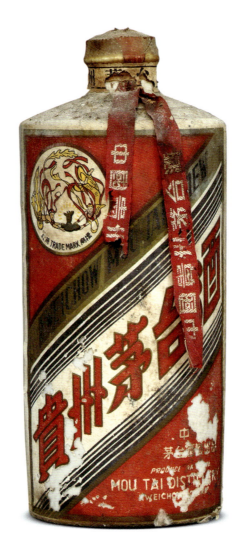

鉴藏要点：

1958 年，为适应国际市场需要，茅台酒厂决定采用敦煌壁画中"飞仙献酒"的图案，将茅台酒外销商标更改为"飞天牌"。酒厂委托香港五丰行办理茅台酒出口专用商标"飞天牌"的境外注册事宜。当年，香港五丰行在香港地区，以及新加坡、马来西亚注册了该商标，名称为"飞仙牌"，国内称"飞天牌"。从此，茅台酒进入了"飞天"时代。

酒瓶采用"过渡时期"用过的"三级环形台阶"白瓷瓶，重新设计的正标整体风格和外销金轮牌相似，只是厂名落款改为中国茅台酒厂出品，"金轮"图案换成了"飞天"图案，繁体"贵"字依然少一画，"厰"字依然草写，中上部金黄斜道上原写有"中外驰名"及英文对照字母，此款全部改为英文字母。

这款酒使用了红色直塞式塑料盖内连软木塞，瓶口也采用了塑料胶套，外挂红飘带和带有"中国贵州茅台酒"字样的封口纸条。

该款酒的正标英文更改了一处写法，即"中国贵州""KWAICHOW CHINA"中的"KWAICHOW"换成了"KWEICHOW"，并沿用至今。

第一代"飞天标"其图案特征：手捧金爵飞天仙女形象栩栩如生，但是早期的构图绘画技术不太高，美感稍差。比如飞天仙女的脸，一个像小伙子，一个像老太太。另外手捧的金爵变形，底盘过大，比例失调。这些都是第一代飞天标的特征。

1959年出口商品专刊《中国食品》上该款茅台酒的广告

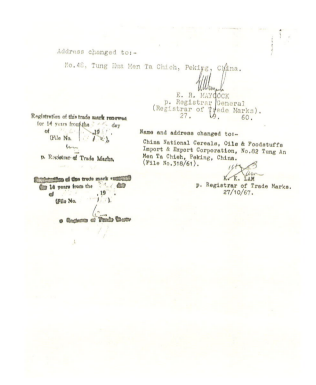

1958年10月16日"飞仙牌"商标在香港注册成功

1960 年 "金轮牌" 内销贵州茅台酒（土陶瓶）

酒精度：约 55% vol

规格：500g

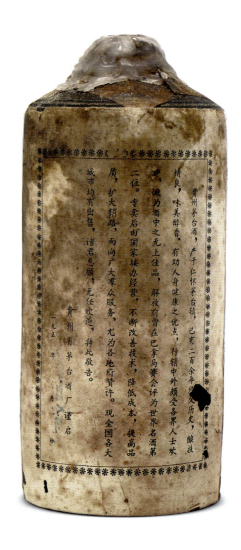

鉴藏要点：

正背标都和 1959 年款一致，加盖深蓝色中文日期。"一九六〇"的"〇"比较大，"八"字右边一捺顶部带一短横笔，如同斜倒的"7"字。

瓶型、商标均与 1959 年相同，背标加盖蓝色日期章："一九六〇年五月八日"。

1961 年 "金轮牌" 内销贵州茅台酒（土陶瓶）

酒精度：约 55% vol

规格：500g

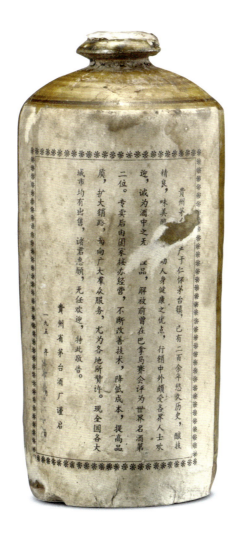

鉴藏要点：

同 1959 年版，背标加盖蓝色日期章。

当年棉纸包装的贵州茅台酒

1961 年 "飞天牌"外销贵州茅台酒（白瓷瓶）

酒精度：约 55% vol

规格：250g

鉴藏要点：

1961 年，为适应国外消费者的需求，茅台酒厂开发了 0.25 公斤装的"飞天牌"贵州茅台酒。这瓶酒就是第一代半斤装飞天茅台酒。

酒瓶材质及瓶型和 1959 年第一代飞天茅台基本一致，只是瓶肩上三级环形台阶比较明显。正背标如同缩小的 1959 年版，瓶口取消了"中国贵州茅台酒"字样的封条。外包白棉纸上用红色油墨印刷繁体"中國贵州茅台酒"。

外包棉纸用的是 500g 装的棉纸，故而红色"中國贵州茅台酒"几个字显得很大。

1962 年 "金轮牌" 内销贵州茅台酒（土陶瓶）

酒精度：约 55% vol

规格：500g

1962 年河南省烟酒糖果公司牌价汇编

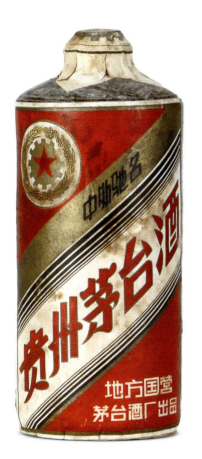

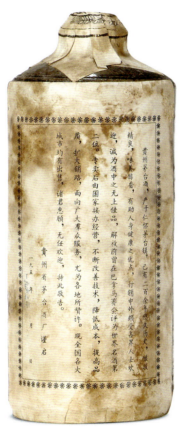

1961—1963 年三年困难期间，中央任命陈云为中央财经小组组长。为了稳定社会，回笼货币，稳定物价，陈云提出开放部分商品价格，建议出售高价糖果、点心、开高价饭馆，后来又出售部分高档的高价商品作为补充。此后三四年间靠出售高价商品共计多回笼货币 50 亿元，相当于 1961 年货币发行总额 125 亿元的 40%，为物价稳定创造了条件。

从 1961 年底开始，部分市场开放，不用 "高级票证" 也能买到 "高级商品"，包括 "高级点心" "高级糖" "高级烟" "高级酒" "高级饭菜" 等。

内销茅台酒由上年的 2.97 元一瓶，1962 年被调到 16 元一瓶，1963 年又降到 9.1 元左右一瓶。

由于价格偏高，部分商店采取 "化整为零" 的办法：烟可以买一支，茅台酒可以买半两，还可以坐在商店提供的椅子上慢慢享用。

鉴藏要点：

同 1959 年、1960 年版。1962 年金轮牌内销茅台酒印刷日期出现 "一九五" 和 "一九" 两种。背标厂名落款也出现两种："贵州省茅台酒厂谨启" 和 "地方国营茅台酒厂谨启"。

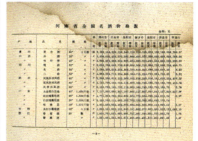

1963 年河南省糖业烟酒公司牌价汇编

1963年 "飞天牌"外销贵州茅台酒（白瓷瓶）

酒精度：约 55% vol

规格：500g

鉴藏要点：

正背标比 1963 年外销 "飞天牌" 略有缩小，茅字草字头由 "艹" 改为 "艹"。瓶口没有了 "贵州茅台酒" 字样的封条，包红色胶套，外包白棉纸，棉纸上无字；瓶颈稍短，瓶肩高于 1959 年的白瓷瓶，并增加三级台阶。

棉纸较厚，有棉纸包裹的，基本上看不到瓶体颜色。一般头颈部棉纸颜色较深。掀开褶皱部位看，颜色应该略显得淡白。日期印在棉纸上，蓝色，阿拉伯数字，横排竖印。飞天标的鉴别方法同 1959 年版第一代飞天标。

1963 年获全国评酒会金质奖

1964 年 "飞天牌"外销贵州茅台酒（白瓷瓶）

酒精度：约 55% vol

规格：500g

棉纸上有红色繁体"中國貴州茅台酒"字样，棉纸上"茅"字"艹"仍为"艹"，一直延续使用至1976年。

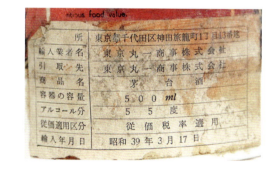

鉴藏要点：

此酒于 1964 年 3 月 17 日由东京丸一商事株式会社销售到日本。东京丸一商事株式会社是 20 世纪 50 年代开始日本与中国正式有贸易往来的第一家企业，当时受中国中央某部门委托，开拓中国的水产品、畜产品、农副产品等在海外的市场，同时也向中国出口高科技技术工业机械等，促进双方合作发展。

1965 年 "金轮牌"内销贵州茅台酒（土陶瓶）

酒精度：约 55% vol

规格：500g

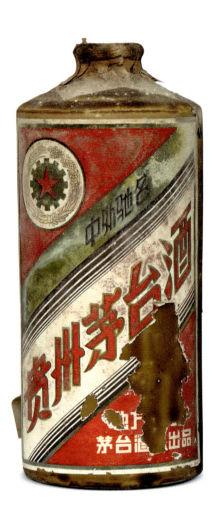
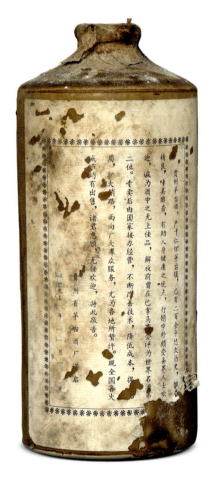

鉴藏要点：

黄酱色土陶瓶比早期的略高，在瓶肩上增加三级环形台阶和后来的"特需黄酱"相近。换瓶型的原因是在 1963 年就有人反映商标纸应根据现有（土陶瓶）长度适当缩小，留有"天地"。商标没有缩小，瓶身变长了，也就相当于商标"缩小"了。

日期格式有些变化，变中文数字为阿拉伯数字。蓝色，横排竖印于棉纸上和背标落款处。

1966 年 "金轮牌" 内销贵州茅台酒（土陶瓶）

酒精度：约 55% vol

规格：500g

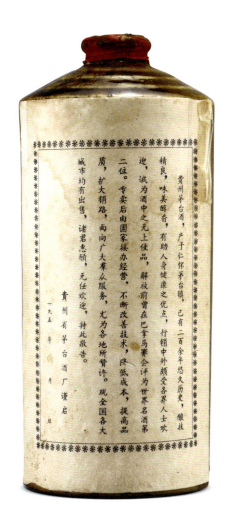

鉴藏要点：

瓶盖封口纸、猪尿泡换成了红色酒精膜，其他
特征同 1965 年版，金轮商标仍为 12 个齿，正、
背标一样大小。

1966 年 "金轮牌"内销贵州茅台酒（白瓷瓶）

酒精度：约 55% vol

规格：500g

1966 年茅台酒的商标注册申请书

鉴藏要点：

1966 年 9 月 6 日，贵州遵义糖酒分公司提出《关于废除旧商标的倡议》，倡议书称："我们倡议将一切带封建迷信'四旧'方面的商标彻底改革……茅台酒商标 12 个角的齿轮应坚决取消。"

金轮商标已改为新设计的 14 个齿，正标"茅"字的草字头由"艹"改为"艹"，背标仍然是老版竖排背标，所以出现了正标小背标大的情况。此酒瓶身为细白瓷，但是实际上在 1966 年，贵阳清镇玻璃厂已经试制乳白玻璃瓶成功，在 1968 年之后出产的飞天茅台酒瓶身材质全部改用乳白玻璃瓶。此酒为木塞封口，外套金色封膜。背标简介为简体竖列排版，落款"地方国营茅台酒厂谨启"，日期为"一九 年 月 日"，加盖蓝色日期"1966"年。

1966 年全瓷茅台酒瓶底

1966 年 "金轮牌" 内销贵州茅台酒（乳玻瓶）

酒精度：约 55% vol

规格：500g

鉴藏要点：

此酒使用新设计的 14 个齿的金轮商标，贵州茅台酒 "贵" 字改正了少一画的问题，"茅" 字 "艹" 为我们现在常见的样式，落款 "地方国营茅台酒厂出品" 十个字，高度不变，略瘦了一些。背标为简体竖排介绍，落款处印刷 "一九五 年 月 日"，并盖有蓝色出产日期，据考证，此种落款 "一九五 年 月 日" 茅台酒竖排简体背标最晚存续到 1966 年底，此酒为乳白玻璃瓶装，红色塑料旋盖，是最早使用这种包装的内销茅台。

1966 年贵州省工业厅关于修改茅台酒内销包装等文字说明的批复

1966 年 "飞天牌" 外销贵州茅台酒（白瓷瓶）

酒精度：约 55% vol

规格：500g

鉴藏要点：

与 1963 年外销 "飞天牌" 相同，封口采用红色直塞式塑料
盖内连软木塞、红飘带外包红色胶套。这种直塞式红色塑盖，
20 世纪 60 年代后期改成螺旋式塑料外盖加塑料内塞。这瓶
酒印在外包装白棉纸上的日期非常清晰："1966　4　1"。

1966 年 4 月 15 日，注册飞天商标，第 36 类，茅台酒（出口商品）

1967 年 "金轮牌"内销贵州茅台酒(陶瓷瓶)

酒精度:约 55% vol

规格:500g

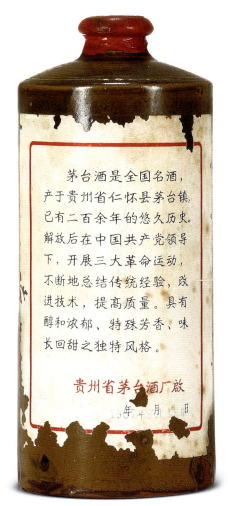

鉴藏要点:

此酒为深酱色短颈陶瓷瓶,软木塞加红胶帽封口。红胶帽看似质地较厚,油光发亮,收口处很多褶皱。背标为横排版"三大革命"(内容见上)。日期阿拉伯数字横排。"金轮商标"下端束环闭口。"贵"字改正,上方口字下边缺少的一横已补上。

20 世纪 60 年代中后期,茅台酒的包装发生了很多变化:一是酒瓶,白瓷瓶、陶釉瓶、乳白玻璃瓶都在用;二是瓶盖和封口,出现软木塞加猪尿泡皮、软木塞加酒精胶帽、直塞式塑盖(软木塞)加酒精胶帽、塑料螺旋盖加酒精胶帽等;三是商标,出现金轮、飞天、葵花、加上横版、竖版各种背标;有一段时期还出现了上述各种酒瓶、瓶盖和封口相互交叉使用的情况。

1967 年 "金轮牌" 内销贵州茅台酒（白瓷瓶）

酒精度：约 55% vol

规格：500g

鉴藏要点：

1966—1970 年生产的 "金轮牌" 贵州茅台酒，有细白瓷瓶、黄釉瓷瓶和乳白玻璃瓶。乳白玻璃瓶已使用红色塑料螺旋盖，另两种瓷瓶依旧使用木塞封口。此酒是 60 年代末 70 年代初茅台酒厂更替酒瓶的良好实物标本。

1966 年 7 月 20 日，茅台酒厂向国家工商局申请变更 "金轮牌" 贵州茅台酒商标的图形和部分文字。9 月 23 日贵州省工业厅发函，通知酒厂修改说明书（即背标）文字，内容如下：

"茅台酒是全国名酒，产于贵州省仁怀县茅台镇，已有二百余年的悠久历史。新中国成立后在中国共产党领导下，开展三大革命运动，不断地总结传统经验，改进技术，提高质量。具有醇和浓郁、特殊芳香、味长回甜之独特风格。　贵州省茅台酒厂启　年　月　日"

因背标文字中有 "在中国共产党领导下，开展三大革命运动"，即开展阶级斗争、生产斗争、科学实验三项运动。所以被茅台酒收藏界称为 "三大革命" 茅台酒。1967 年这款酒系最早一批贴 "三大革命" 背标的茅台酒，这款背标一直用到 1982 年，此酒为早批次 "三大革命"。

1967 年 "飞天牌" 外销贵州茅台酒（白瓷瓶）

酒精度：约 55% vol

规格：500g

茅台酒厂保存的当年的木箱装茅台酒

鉴藏要点：

与 1966 年该款酒相同。

此酒日期清晰："1967   3   13"。与 20 世纪 60 年代初的外销茅台酒一样，塑料外盖内连软木塞。

20 世纪 60 年代末 "飞天牌"外销贵州茅台酒（陈年）

酒精度：约 55% vol

规格：500g

鉴藏要点：

"飞天"商标外销型茅台酒，其诞生历尽周折。1967 年左右茅台酒厂生产了一批"飞天牌"茅台酒，准备出口。时值"文革"伊始，茅台酒厂"革委会"宣布启用"葵花"商标代替"飞天"外销海外，所有刚刚生产出来的"飞天"商标茅台酒全部被当时茅台酒中国大陆唯一外销商——中国粮油进出口总公司（以下简称中粮公司）封存，直至 20 世纪 80 年代，此批茅台酒存放了近二十年，实为"陈年茅台酒"，为区分与当年销售的普通类别的茅台酒，中粮公司自行设计了此款礼盒，并委托香港五丰行及澳门南光公司外销海外。

礼盒装"陈年茅台酒"，共有三款：

第一款，细白瓷瓶，瓶口较细略矮，塑盖木塞封口，其商标为早期飞天图案，瓶身加贴"陈年茅台酒"中文及"AGED MOUTAI CHIEW"

第一款

注：此瓶酒封口膜已经破裂，收藏者在原膜上又加了一层透明膜。

英文混写标签，外包中粮公司自行设计印刷的"陈年茅台酒"包装盒。

第二款，细白瓷瓶，瓶口较细略矮，塑盖木塞封口，其商标为早期飞天图案，瓶身裹纸，手动打码机斜印深色出厂日期"1967年Χ月Χ日"于其上，外包中粮公司自行设计印刷的"陈年茅台酒"包装盒。

第三款，酒瓶身改用贵阳清镇玻璃厂生产的乳白色玻璃瓶，瓶身、瓶口、封膜与普通七八十年代外销茅台酒无异，商标仍采用早期飞天图案，瓶身加贴"陈年茅台酒"中文及"AGED MOUTAI CHIEW"英文对照标签，外包中粮公司自行设计印刷的"陈年茅台酒"包装盒。

第二款

第三款

1967 年（约）"金轮牌"内销贵州茅台酒（陶瓷瓶）

酒精度：约 55% vol

规格：500g

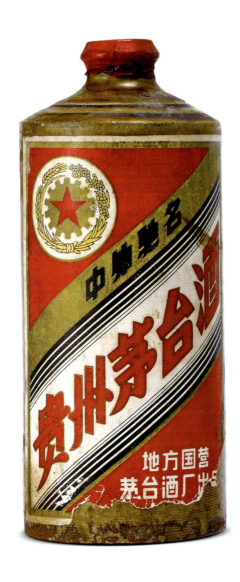

鉴藏要点：

此酒瓶型介于 1966 与 1967 年之间，
除瓶肩和 1966 年一样有三级环形台
阶，其他特征与 1967、1968 年相同。

1967 年茅台酒瓶底

1968 年 "金轮牌" 内销贵州茅台酒（陶瓷瓶）

酒精度：约 55% vol

规格：500g

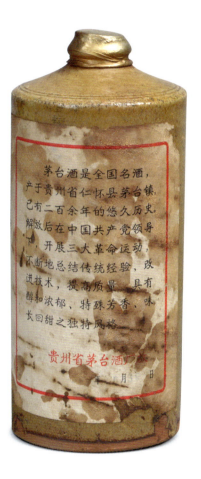

鉴藏要点：

两款矮颈瓷瓶可以看作是早期土陶瓶茅台酒的延续。瓶体稍大，据《茅台酒厂志》记载容量为 640ml，20 世纪 80 年代演变成质量更好的 540ml 的黄釉瓷瓶，新世纪又改成标准的 500ml。左侧为红色胶帽封口，右侧为金色胶帽封口，两款胶帽颜色不同，但质地较厚、富有光泽，收口处均有很多褶皱。两款酒平肩，其他特征与 1967 年同款一样。

1968 年 "金轮牌" 内销贵州茅台酒（白瓷瓶）

酒精度：约 55% vol

规格：500g

鉴藏要点：

此酒隆肩，其肩部有三级凸起，其他特征同 1967 年白瓷瓶。

1968 年 "飞天牌"外销贵州茅台酒（乳玻瓶）

酒精度：约 55% vol

规格：500g

鉴藏要点：

此酒为飞天茅台，乳白玻璃瓶身，塑料螺旋盖加红色封膜封口。当年棉纸包装完好，日期清晰标注"1968 年 11 月 9 日"，为该年份飞天茅台标准实物。

1969 年 "金轮牌" 内销贵州茅台酒（陶瓷瓶）

酒精度：约 55% vol

规格：500g

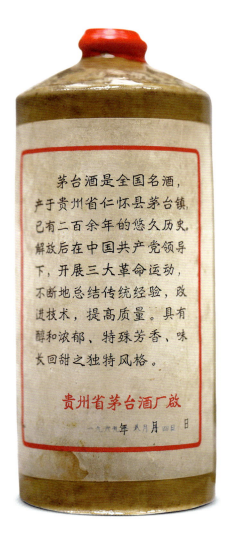

鉴藏要点：

与 1967 年和 1968 年该款酒相比，主要区别就是
背后加盖的日期，1967 年、1968 年版是阿拉伯
数字且字体较大，1969 年的是中文，字体较小。
瓶型同 1968 年酒。

1969 年 "金轮牌" 内销贵州茅台酒（乳玻瓶 白瓷瓶）

酒精度：约 55%vol

规格：500g、250g

鉴藏要点：

20 世纪 60 年代末到 70 年代初，茅台酒瓶在材质、封口、封膜等方面，进行着多样的探索。

金膜款，生产日期为中文格式 "一九六九年八月十七日"，瓶身为乳玻瓶。封口为塑料螺旋盖，外套金色封膜，瓶颈稍长。一斤装。

红膜款，生产日期为 1969 年 10 月，瓶身为细白瓷瓶。封口为木塞，外套红色封膜。背标较小，属 "小背标" 酒，半斤装。

1969 年 "飞天牌" 外销贵州茅台酒（乳玻瓶）

酒精度：约 55% vol

规格：500g

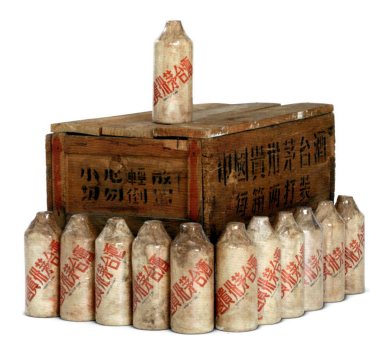

鉴藏要点：

此酒为飞天茅台，乳白玻璃瓶身，塑料螺旋盖加红色封膜封口。当年棉纸包装完好，为该年份飞天茅台标准实物。此款生产
日期标注为 "一九六九年十一月十五日"。

20世纪60年代末 "飞天牌"外销贵州茅台酒（乳玻瓶）

酒精度：约55%vol

规格：250g

鉴藏要点：

此酒正标为繁体"贵"字，右下角未标注度数、容量。"飞天商标"同1959年版，瓶肩台阶比较平坦，为60年代产品。从上贴税签及背标所贴日文介绍可知，此酒为当时出口日本产品。

1970 年 "金轮牌" 内销贵州茅台酒（白瓷瓶）

酒精度：约 55%vol

规格：500g

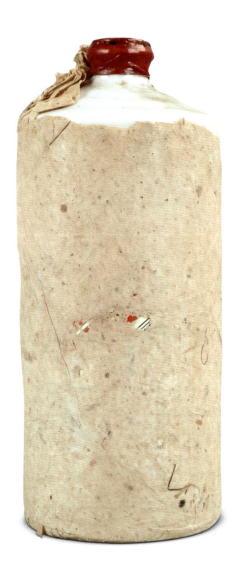

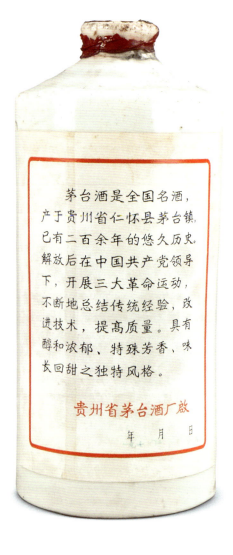

鉴藏要点：

此酒 "金轮" 商标，日期清晰标注 "一九七〇年四月十八日"。1970年 "金轮牌" 贵州茅台酒，有乳白玻璃瓶、细白瓷瓶、黄釉瓷瓶，乳白玻璃瓶已使用红色塑料螺旋盖，两种瓷瓶依旧使用木塞封口。1970年生产的茅台酒以乳白玻璃瓶及黄釉瓷瓶居多，此款细白瓷瓶加木塞红膜较为少见。

1970 年 "金轮牌" 内销贵州茅台酒（乳玻瓶）

酒精度：约 55%vol

规格：500g

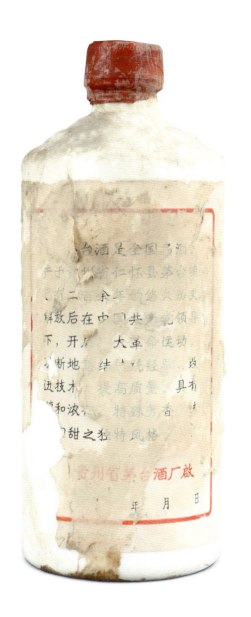

鉴藏要点：

此酒为内销 "金轮牌"，乳白玻璃瓶身，塑料螺旋盖加红色封膜封口。仍有少许绵纸包装在身，日期清晰标注 "一九七〇年"。目前所见 1970 年 "金轮牌" 贵州茅台酒，有乳白玻璃瓶、细白瓷瓶、黄釉瓷瓶。乳白玻璃瓶已使用红色塑料螺旋盖，另两种瓷瓶依旧使用木塞封口。20 世纪 60 年代末至 70 年代初，茅台酒瓶的使用在不断地摸索和应用之后，确立了以乳白玻璃瓶来灌装，一直沿用至今，成为经典。

1970 年 "金轮牌" 内销贵州茅台酒（乳玻瓶）

酒精度：约 55%vol

规格：500g

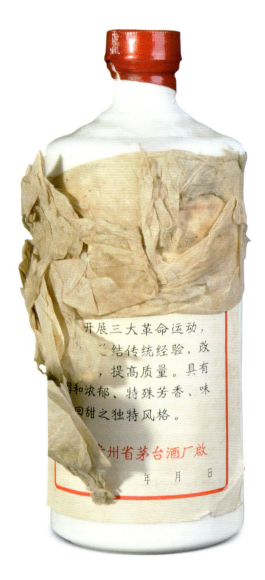

鉴藏要点：

此酒为 1970 年出产的乳白玻璃瓶 "金轮牌" 茅台酒，
与其他瓶型相比，瓶颈稍长，瓶肩台阶平缓，瓶底有 "贵
州" 字样。

1970 年 "飞天牌"外销贵州茅台酒（乳玻瓶）

酒精度：约 55%vol

规格：500g

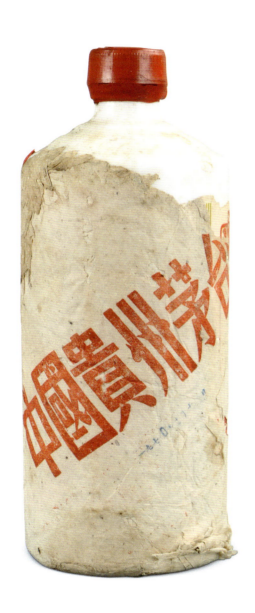

当年出口到美国的茅台酒（美国测量为 59 度）

鉴藏要点：

此酒为飞天茅台，乳白玻璃瓶身，塑料螺旋盖加红色封膜封口。当年绵纸包装仍在，日期清晰标注"一九七〇年十二月十日"，为该年份飞天茅台标准实物。

1971 年 "金轮牌" 内销贵州茅台酒（陶瓷瓶）

酒精度：约 55%vol

规格：500g

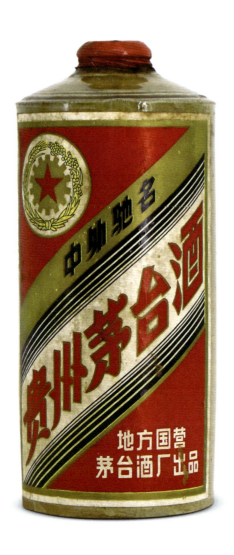
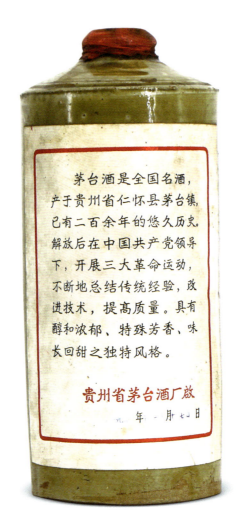

鉴藏要点

从 1966 年开始，茅台酒厂更换土陶瓶为清镇玻璃厂出产的玻璃瓶。这个时期的包装有土陶瓶、白瓷瓶和乳玻瓶。此酒瓶颈较矮，瓶体较粗，瓶胎较厚，黄釉色富有光泽，软木塞封盖，红膜封口，背标为 "三大革命" 背标。此款生产日期标注为 "一九七一年三月十七日"。

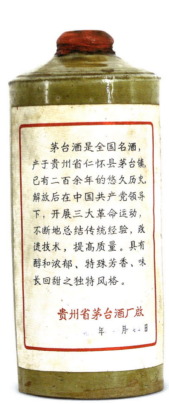

一九七〇　　　　　　　　　一九七一　　　　　　　　　一九七二

1971 年 "金轮牌" 内销贵州茅台酒（乳玻瓶）

酒精度：约 55%vol

规格：500g

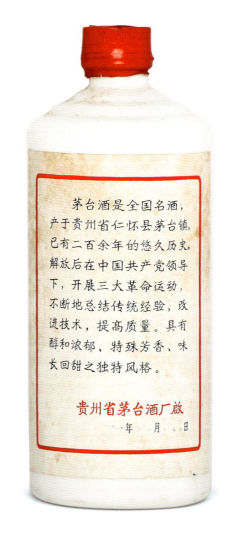

鉴藏要点：

1971—1977 年所产乳白玻璃瓶 "金轮牌" 茅台，其特征基本一致：1. 乳白玻璃瓶，瓶底平整，多数无号记。2. 塑料内塞加红色塑料盖加红色封膜。3. "三大革命" 背标。4. 日期为横排蓝色中文数字。

正标右下角厂名落款中的 "酒" 字，中间形状如同一个酒杯接住一滴水。背标为 "三大革命" 标，魏碑字体，最后一行的 "之" 字的最后一捺，形状弯曲悠长，比较独特。日期为中文数字，蓝色，横排，"十一" "十二" 为上下结构，如 "士"。

1971 年（约）"葵花牌"外销贵州茅台酒

酒精度：约 55%vol

规格：500g

鉴藏要点：

1967 年，茅台酒厂成立"革委会"，决定将有"四旧"嫌疑的外销"飞天牌"商标更换为"葵花牌"，选择由中国粮油进出口总公司拥有的"葵花牌"商标。"葵花牌"商标正式使用到 1974 年，后一度内销使用到 80 年代初期。

"葵花牌"贵州茅台酒的包装和出口的飞天茅台基本一样，都是乳白玻璃瓶、红色螺旋式瓶盖，外包红色胶帽和飘带，瓶身外包棉纸，上面印着"中國贵州

茅台酒"七个大红字。不同之处在于正标，由飞天图案换成了葵花图案。

这瓶"葵花牌"茅台酒的最大特点是曾经出口到日本，被当地经销商重新设计制作了精美的包装盒，并加贴日文说明。标注容量 545ml，55 度。

1971 年（约）"葵花牌"外销贵州茅台酒

酒精度：约 55%vol

规格：500g

鉴藏要点：

此酒为当年出口日本的"葵花牌"贵州茅台酒。

这款酒除了瓶口处有一张日本海关验货标识外，在背标下部，还贴有经销商制作的标有食品信息的标签，内容主要是将实测容量标注为 545ml、酒精度为 55 度，另一瓶实测容量为 550ml、酒精度为 53 度。

1972 年 "金轮牌" 内销贵州茅台酒

酒精度：约 55%vol

规格：500g

茅台酒是全国名酒，产于贵州省仁怀县茅台镇，已有二百余年的悠久历史。解放后在中国共产党领导下，开展三大革命运动，不断地总结传统经验，改进技术，提高质量。具有醇和浓郁、特殊芳香、味长回甜之独特风格。

贵州省茅台酒厂启

年　月　日

鉴藏要点：

同 1971 年 "金轮牌" 贵州茅台酒。

1972 年 "飞天牌""葵花牌" 外销贵州茅台酒

酒精度：约 55%vol

规格：250g

包装同20世纪60年代末"飞天牌"贵州茅台酒。

外销"葵花牌"半斤装的贵州茅台酒，挂飘带外包白棉纸，加盖蓝色日期。

1972 年"金轮牌"内销贵州茅台酒（陶瓷瓶）

酒精度：约 55%vol

规格：500g

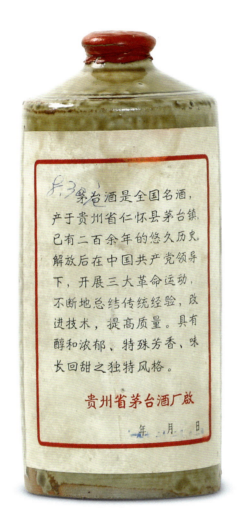

鉴藏要点：

特征同 1971 年金轮牌内销茅台酒。土陶瓶包装使用至 1972 年、次年内销、外销酒瓶
包装均使用乳玻瓶。此款生产日期标注为"一九七二年二月廿二日"。

1973 年 "金轮牌" 内销贵州茅台酒

酒精度：约 55%vol

规格：500g

鉴藏要点：

同 1971 年 "金轮牌" 贵州茅台酒。1973 年以前的茅台酒瓶，瓶底多数空白无字。

1973 年 "葵花牌" 外销贵州茅台酒

酒精度：约 55%vol

规格：500g

鉴藏要点：

同 1972 年 "葵花牌" 贵州茅台酒。

"葵花牌" 茅台酒上市后，海外销售渠道反馈葵花商标带有政治色彩，恢复 "飞天牌" 的建议很多。1973 年，中国粮油进出口总公司宣布 "葵花牌" 商标停用，但 "葵花牌" 实际使用到 1974 年底。

1973 年外销 "葵花牌" 贵州茅台酒（半斤装）

1974 年 "金轮牌"内销贵州茅台酒

酒精度：约 55%vol

规格：500g

鉴藏要点：

同 1971 年 "金轮牌" 贵州茅台酒。整个 20 世纪 70 年代，"金轮牌" 茅台酒包装没有大的变化。

1974 年 "葵花牌" 外销贵州茅台酒

酒精度：约 55%vol

规格：500g

鉴藏要点：

同 1971 年外销 "葵花牌" 贵州茅台酒。

收到中国粮油进出口总公司的指示后，茅台酒厂决定停用外销茅台酒的 "葵花牌" 商标，从 1975 年起恢复使用 "飞天牌"。1976 年，中国粮油进出口总公司贵州分公司也正式通知茅台酒厂，"葵花牌" 商标改为 "飞天牌" 商标。

1974 年，最后一批外销 "葵花牌" 茅台酒出厂，"葵花牌" 商标作为外销使用至此结束。

"芙蓉蟹斗" 配 "葵花牌" 贵州茅台酒

1974 年 "葵花牌" 外销贵州茅台酒

酒精度：约 55%vol

规格：500g

鉴藏要点：

1967 年，"贵州省茅台酒厂革命委员会" 宣布 "葵花牌" 正式启用。"葵花" 商标用于替代原出口商标 "飞天牌"。作为出口商标，"葵花牌" 从 1967—1975 年只存在了 8 年。上图为香港回流，箱盖上有 "中酒" 字样三角形印戳。木箱包装，每箱两打装（24 瓶），下图为意大利回流，这些都是早期茅台酒包装独有特征。

1974 年 "葵花牌" 外销贵州茅台酒

酒精度：约 55%vol

规格：250g

鉴藏要点：

这是一款 "文革" 时期 250 克装的外销 "葵花牌" 茅台酒。瓶体为乳白玻璃瓶，红色螺旋式瓶盖外套红胶帽。外裹白棉纸，棉纸上印 "中國貴州茅台酒"。瓶口系着红飘带，飘带上刺绣着 "中國貴州茅台酒"。

1975 年 "金轮牌" 内销贵州茅台酒

酒精度：约 55%vol

规格：500g

鉴藏要点：

同 1971 年 "金轮牌" 贵州茅台酒。日期为中文数字、蓝色，用打码机手工打印于背标下方。

1975 年 "飞天牌" 外销贵州茅台酒

酒精度：53% vol

规格：0.54L

鉴藏要点：

重新启用后的 "飞天牌" 商标，与 20 世纪五六十年代的有所不同。正背标文字都由繁体改成了简体，在正标右下部，标注了茅台酒的一些信息，如酒含量和容量等；背标的文字有了较大的改动：

"茅台酒为中国名酒，在国内外享有盛名。茅台酒产于中国贵州省仁怀县茅台镇，建厂于公元一七〇四年。该酒是用优质小麦、高粱和当地之优良泉水，采用中国传统的独特工艺精酿而成，并经长时间的窖藏，故酒质香醇味美，别具风格。"中文下方有英文对照。

特征：乳白玻璃瓶，塑盖红胶帽挂红飘带。外包白棉纸，并在棉纸上加盖蓝色中文日期印章。首次启用新版 "飞天" 标，"飞天" 标中飞天女的眉毛很短，鼻子为一个小圆点，很小、很圆，正标下方添加酒精含量、容量标志。

20 世纪 70 年代 "葵花牌" "飞天牌" 贵州茅台酒

酒精度：53% vol

规格：0.14L

鉴藏要点：

1975 年 1 月，茅台酒厂接上级通知，包装一部分 125 克（大致相当于 140ml 装）瓶装的茅台酒供 "中国民航" 飞机上使用。

瓶身采用乳白玻璃瓶，封口是直塞式塑料盖外包红胶帽。此款 0.14L 的茅台酒是收藏界最小的一款葵花茅台，"飞天牌" 正标注明了酒精浓度、容量等信息。

1976 年 "金轮牌" 内销贵州茅台酒

酒精度：约 55%vol

规格：500g

鉴藏要点：

1971—1977 年所产乳白玻璃瓶 "金轮牌" 茅台，其特征基本一致：1. 乳白玻璃瓶，瓶底平整，多数无号记；2. 塑料内塞加红色塑料盖加红色封膜；3. "三大革命" 背标；4. 日期为横排蓝色中文数字。

正标右下角厂名落款中的 "酒" 字，中间形状如同一个酒杯接住一滴水。背标为 "三大革命" 标，魏碑字体，最后一行的 "之" 字的最后一捺，形状弯曲悠长，比较独特。日期为中文数字、蓝色、横排，"十一" "十二" 为上下结构，如 "圡"。

"贵州茅台酒" 五字由岭南书法大家麦华三所题，从 1976 年开始使用至今。

1976 年 "飞天牌" 外销贵州茅台酒

酒精度：53% vol

规格：0.54L

贵州的造纸已有一千多年历史，当地盛产的竹子、麻秆、构皮等是上等的造纸原料。包裹茅台酒用的白棉纸也叫"白皮纸""白草纸"，柔软耐用。在放大镜下看，组织纤维很丰富，有很多如同白丝发的纤维排列其中。

由于造纸技术的提高，20 世纪 70 年代中后期的棉纸较 60 年代的棉纸更白、更柔软，厚度也稍薄一点。根据现有棉纸茅台的包裹情况来看，一般多为"顺时针包裹"方法，即先用棉纸左侧的一个角裹住酒瓶，转一圈，然后将上下两头的纸向瓶体中间折回，最后用右侧的纸角顺时针将瓶体裹住。这样，从瓶盖处下折的多层纸张如同女人的发辫挽入外层包裹的棉纸中。这是棉纸茅台的一大特征。

鉴别不开封的棉纸茅台，首先看包浆，有一种经历岁月风蚀的陈旧色斑、在放大镜下，应该看到一些细小的颗粒、黑色，如同虫屎一般。另外，揭开纸张的皱褶处，颜色比外表浅一些。在纸张断裂处，露出的纤维比一般的纸张长。在放大镜下观察白棉纸、如同渔网一样。

鉴藏要点：

茅台酒的酒精浓度一直经历着较小的变化，基本是由高向低的变化，外销的茅台酒度数一直较内销茅台酒偏低。1975 年重新推出的"飞天牌"茅台酒标明的度数是 53%vol 即 53 度。后来的研究证明，53 度茅台酒的口感、品质等都是最佳。

厂址右下角的"MOU TAI"改为"MOUTAI"并且在下面增加一行 53% VOL 0.54L 即 540ml，也是茅台酒容量标准化、国际化的开始，采用 ml 标明容量是国际上酒业通行的标准。

当年外销贵州茅台酒，内盒为白色，后改为瓦楞纸内盒。

1977—1984 年茅台酒厂经济效益情况

项目 年度	茅台酒产量 （吨）	销售收入 （万元）	利润总额 （万元）	上缴税金 （万元）
1977	758	474	-2	203
1978	1068	706	6.5	305
1979	1143	784	10.4	339.5
1980	1152	871	72.4	378
1981	1052	933	107.9	440
1982	1181	1288	227.5	786.3
1983	1189	1437	250.6	854.18
1984	1319	1533	285.8	875.6

1977 年 "金轮牌" 内销贵州茅台酒

酒精度：约 55%vol

规格：500g

鉴藏要点：

1977 年上半年与 1971 年乳白玻璃瓶 "金轮牌" 相同，下半年出现阿拉伯字体小写日期。

1977 年茅台酒红膜开始出现多种颜色，有粉红、浅黄、紫色等等，直至 1980 年结束。

1977 年上半年日期为中文数字，下半年开始使用阿拉伯数字的日期印章。

20 世纪 70 年代后期 "飞天牌"外销贵州茅台酒

酒精度：53% vol

规格：0.54L

鉴藏要点：

1976 年，中国粮油进出口总公司贵州分公司通知，外销茅台酒瓶外包白棉纸取消，改用彩印纸盒，瓶口外挂吊牌，吊牌用红色丝带系结。木箱 24 瓶装改为纸箱 12 瓶装。1976 年，外销"飞天牌"茅台酒开始采用这种包装。这种 0.54L 的彩盒包装一直用到 1985 年，茅台酒收藏者称之为"大飞天"。

因为没有了外包白棉纸上加盖的日期印章，只能从装箱单上看到出厂日期，彩印纸盒和酒瓶上并没有标注日期。而这款"大飞天"茅台酒一直生产包装到 1985 年，这就给判断这款酒的年代带来了一定的麻烦，因为保存下来的原箱附装箱单的这款酒非常少，而一旦离开了原纸箱，就很难判断它的年代了。

但还是从这一时期茅台酒外包装盒的材质、酒瓶盖的形状、封膜的颜色、飘带的颜色、封口胶套的厚薄、封口暗记的使用年代、酒标文字的内容，甚至字母的大小写、飞天图形中仙女的姿态等方面，看似一样的包装上面找到了一些细小的不同。

以 1976—1985 年 0.54L 外销飞天牌茅台酒的年代判断为例：盖顶较平的在 1976 年以前，此现象内销"金轮牌"（五星）茅台酒也一样；红飘带颜色发浅呈粉色的属于 70 年代后期；胶套较薄，有些透明状或呈紫色的在 1981 年以前；胶套顶部带"茅台"字样"暗记"的属于 1983—1985 年，等等。

1978 年 "葵花牌" 内销贵州茅台酒

酒精度：约 55%vol

规格：500g

鉴藏要点：

1978 年，经有关部门同意，将剩余的 25.8 万张 "葵花牌" 商标用在当年的内销茅台酒上，酒瓶背面依然是 "三大革命"背标。这款酒被收藏爱好者们称为"三大革命葵花"。

外包白棉纸，酒质和同期 "金轮牌" 内销贵州茅台酒无异。

1978 年同一日期五瓶全棉纸 "葵花牌" 贵州茅台酒

1978 年 "葵花牌" 内销贵州茅台酒

酒精度：约 55%vol

规格：250g

鉴藏要点：

"葵花"商标内外环中间上方为隶书字体"葵花"，下方为英文"sun flower"，正中为带叶金色葵花图案，寓有"朵朵葵花向太阳"之意。1973 年中国粮油进出口公司下文要求茅台酒厂将"葵花"商标恢复为"飞天"商标。1978 年部分当年剩余"葵花"商标被再次使用至 20 世纪 80 年代初，该时期一斤装"葵花茅台"正面为"葵花"商标，背标为"三大革命"版。半斤装大多正、背标都使用早期遗留葵花商标，此款半斤装"三大革命"背标较少见。

1978 年 "金轮牌" 内销贵州茅台酒

酒精度：约 55%vol

规格：500g

鉴藏要点：

1977—1980 年茅台酒封口很特别，呈现出紫色、淡黄色、粉色、红色等颜色，质地很薄，不同于早期和后期的红膜。

主要看膜的颜色和质地，颜色一般为淡黄色、粉色，半透明状，有岁月感。现代做旧制假的，大多为新鲜浅红色或浅黄色，无岁月沉积感。正品膜的质地较脆、不柔软，容易破裂。

1979 年 "金轮牌" 内销贵州茅台酒

酒精度：约 55%vol

规格：500g

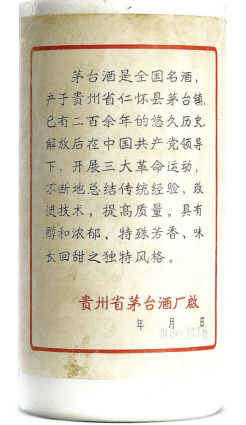

茅台酒是全国名酒，产于贵州省仁怀县茅台镇，已有二百余年的悠久历史。解放后在中国共产党领导下，开展三大革命运动，不断地总结传统经验，改进技术，提高质量。具有醇和浓郁、特殊芳香、味长回甜之独特风格。

贵州省茅台酒厂启

年　月　日

鉴藏要点：

同 "1978 年内销茅台酒"。此款紫色封膜的茅台酒称为 "紫皮"。

1979 年第三届评酒会被评为全国名酒

1979 年国家质量金奖

1979 年获贵州省优质产品奖

1980 年 "金轮牌" 内销贵州茅台酒

酒精度：约 55%vol

规格：500g

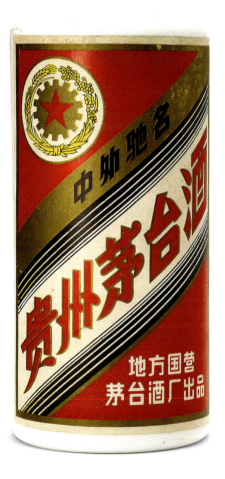

茅台酒是全国名酒，产于贵州省仁怀县茅台镇，已有二百余年的悠久历史。解放后在中国共产党领导下，开展三大革命运动，不断地总结传统经验，改进技术，提高质量。具有醇和浓郁、特殊芳香、味长回甜之独特风格。

贵州省茅台酒厂启

年　月　日

鉴藏要点：

1980 年的 "三大革命" 茅台酒与 70 年代相比，封膜以深红色为主，还有少量紫色、浅黄色，膜较薄。乳白色瓶体更加白皙细腻，瓶体线条更加凸出。背标字体略细，瓶颈略矮。

1980 年前后，中国民航国际航班供应的茅台酒。

1981 年 "金轮牌" 内销贵州茅台酒

酒精度：约 55%vol

规格：500g

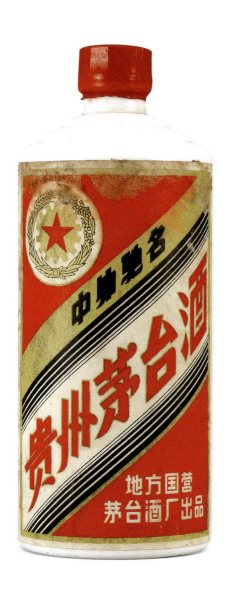

1981 年内销茅台酒生产日期有中文和阿拉伯数字两种，均为蓝色。

鉴藏要点：

此酒瓶盖比较特殊，俗称 "八角盖茅台"。20 世纪 80 年代中前期都有生产，无内塞盖，除了瓶盖异形，别的方面都与同年份内销茅台酒一样。1981 年上半年日期为阿拉伯数字小写，下半年为中文日期大写。

1981 年 3 月 17 日整箱贵州茅台酒

20 世纪 80 年代初内销 "葵花牌" 贵州茅台酒

酒精度：约 55% vol

规格：250g

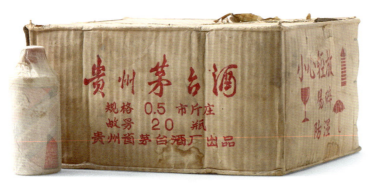

1983 年内销 "葵花牌" 贵州茅台酒（整箱）

20 世纪 80 年代初期的广告

20 世纪 80 年代初期 "飞天牌"外销贵州茅台酒

酒精度：53% vol

规格：0.54L

北京友谊商店经销 "飞天牌" 贵州茅台酒礼盒

鉴藏要点：

标准的 "大飞天"，飘带颜色大红，盖顶没有 "茅台" 暗记，为 1982 年以前的产品。"飞天" 商标右侧仙女脸上有鼻梁和耳朵眼。

北京友谊商店始建于 1964 年，地处东长安街沿线，坐落于繁华的建国门外大街，毗邻使馆区和 CBD 中央商务区，交通极为便利，是中国首家大型涉外零售企业，也是中外知名的零售品牌。以上有藤编盒装，也有锦盒装。

1982 年 "金轮牌" 内销贵州茅台酒

酒精度：约 55%vol

规格：500g

鉴藏要点：

1982—1983 年，是内销茅台酒包装变革的重要年代。使用了 16 年的"三大革命"背标，换成"地方国营"背标。经工商部门批准，原"金轮牌"商标正式更名为"五星牌"商标。并且在瓶盖红色封膜顶部增加了"茅台"二字作为暗记，直至 1986 年茅台包装改版，这个暗记成为这一阶段鉴别正品茅台酒的重要标志。

示图"五星"商标右上角箭头所指处 1982 年前为三粒高粱，1983 年以后改为两粒。1982 年生产日期全部为中文数字标注。

1983 年 "五星牌" 特需贵州茅台酒（黄釉瓷瓶）

酒精度：约 55%vol

规格：500g

鉴藏要点：

此酒灌装时使用窖藏陈年基酒比例较高，饮之口感醇和柔顺、酱香突出，为当年特供及国宴接待用酒或外交礼仪赠送用酒，民间存世稀少，俗称"五星黄酱"。

和当年内销"五星牌"茅台酒一样的正标、背标和白棉纸包裹，螺旋式塑料瓶盖包红色胶帽，带突起的"茅台"二字暗记，酒瓶容量540ml。

1984 年 "五星牌" 特需贵州茅台酒（黄釉瓷瓶）

酒精度：约 55%vol

规格：500g

鉴藏要点：

这种黄色釉粗瓷瓶特需茅台酒，只见于 1983、1984
两年，被爱好者称为"黄酱"，釉色有少许变异。

1984 年 "飞天牌" 特需贵州茅台酒（黄釉瓷瓶）

酒精度：53%vol

规格：0.54L 0.27L

鉴藏要点：

此酒灌装时使用窖藏陈年基酒比例较高，饮之口感醇和柔顺，酱香突出，为当年特供及国宴接待用酒或外交礼仪赠送用酒，民间存世稀少，俗称 "飞天黄酱"。只生产于 1983、1984 年。

包装和同年外销 "飞天牌" 茅台酒一样，53%vol、540ml 容量、瓦楞纸内盒、红色胶帽挂红色飘带、小吊牌。

1984 年整箱 "飞天牌" 黄釉瓷瓶特需茅台酒

1983—1984 年 "五星牌" 内销贵州茅台酒

酒精度：约 55%vol

规格：500g

示图 1   示图 2   正品   仿品

1983 年获贵州省政府优质产品奖

鉴藏要点：

1983 年 "五星牌" 茅台酒背标内容有较大改动，并且在背标上方加了 "茅台酒" 三个黑体字，下方去掉 "贵州省茅台酒厂启" 八个字。红色胶帽顶部加 "茅台" 二字作为暗记。字形为圆形艺术体。胶帽为化学酒精膜，套上瓶盖后具有自动收缩密封功能。收缩干燥后，表面会出现很多小疙瘩（俗称 "粉刺"）和凹坑（俗称 "麻坑"），是检验真伪的重要标准。

1. "五星" 标（示图 1、2），箭头所指处，1983 年前均为黄色，1983 年以后，这两处经常变换颜色，有时左黄右白，有时左右双白。如 1985 年多见 "左

黄右白"，1991 年以后多见左右 "双白"。2. 瓶盖顶部的红膜暗记，"茅台" 二字为左右排列，字体外沿为圆形。字体笔画表面突出，凹凸自然。笔画边缘与四周融接协调。仿品笔画生硬，人工制作的痕迹明显（示图 3、4）。由于化学原因，干燥收缩后，"茅台" 二字的笔画多数显现不全，时隐时现。这是正品识别的重要特征。这一时期的产品多为蓝色中文数字日期，1986 年以后改为阿拉伯数字标注。

1985—1986 年 "五星牌" 贵州茅台酒（黑酱）

酒精度：约 55%vol

规格：500g

收藏要点：

……色呈深酱色，和黄釉区别明显，只出现于 1985、1986 两年，被称为"黑酱"……贵州茅台酒。包装和黄釉瓷瓶特需茅台酒一样，瓶盖圆形居多，有少量八角形的。

1985 年 9 月 25 日整箱酱黑色釉瓷瓶贵州茅台酒

1984 年 "五星牌" "飞天牌" 贵州茅台酒

酒精度：约 55%vol、53% vol

规格：250g、0.27L

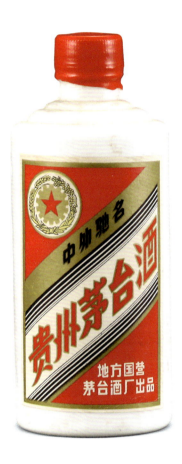

半斤装"五星牌"贵州茅台酒（整箱）

0.27L "飞天牌"贵州茅台酒（整箱）

1984 年时任全国人大常委会副委员长
朱学范为茅台酒厂的题词

20 世纪 80 年代报纸介绍茅台酒

1983—1984 年 "飞天牌" 外销贵州茅台酒

酒精度：53% vol

规格：0.54L

20世纪70年代早期到80年代中期的茅台酒瓶盖，瓶盖表面显得很平，属70年代早期特征。

瓶盖封口胶套颜色正红，是1980年前后的特征。胶套上面因收缩带来的小坑（有人形容其为"火山坑"）是红色胶帽的陈年茅台酒的主要特征，也是鉴定真伪的要点。

带有凸起的"茅台"二字胶套作为识别"暗记"，是1983—1984年"飞天"茅台酒的特征。

大飞天真瓶盖

大飞天假瓶盖

鉴藏要点：

由于当年这款酒的日期只标注在外包装箱内的装箱单上，如果酒离开纸箱，判断它的年代就比较麻烦。主要看酒瓶封口塑胶帽顶端的"暗记"，所谓"暗记"就是胶帽上凸起的"茅台"二字，这是1983—1984年"飞天牌"茅台酒都有的现象。

1. 看"茅台"暗记，真品字体圆润、凹凸自然、字体笔画边缘与周边融合协调。仿品笔画生硬、呆板，人工雕作痕迹明显。2. 看"飞天"标，右侧仙女头顶部位有一个小黑点，形状如同古代武士帽子上的帽尖，此为1983年左右产品。

1983年外销茅台酒

20 世纪 80 年代中期南斯拉夫中华人民共和国大使馆旧藏 "飞天牌"贵州茅台酒

酒精度：53% vol

规格：0.54L

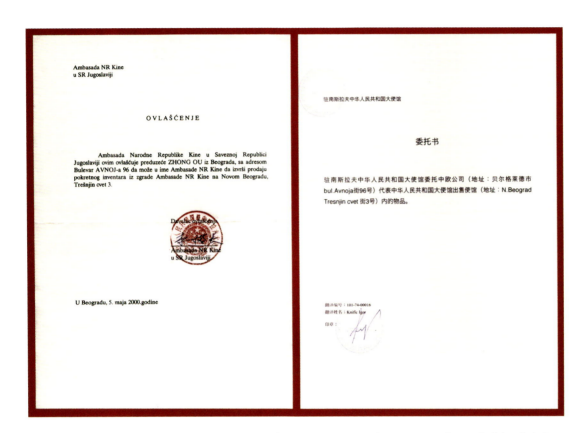

以上文件为中华人民共和国驻南斯拉夫大使馆塞文授权委托书及译文，此份文件及译文仅供四箱"飞天"茅台酒拍卖使用。

鉴藏要点：

"飞天"商标，源于敦煌壁画飞天形象。此整箱 12 瓶 540ml 容量包装"飞天"茅台酒，瓶盖顶部压印"茅台暗记"，为典型 20 世纪 80 年代中期出口"飞天"特征。此箱酒 30 余年间，往返欧亚大陆，历经坎坷，终回祖国怀抱，殊为难得。其收藏意义远远大于饮用价值。

1999 年底，经历战火之后，中华人民共和国驻南斯拉夫联盟共和国大使馆清理地下仓库时，意外发现有数箱 20 世纪 80 年代中期出产的"飞天"商标茅台酒，查证使馆仓库入库登记资料方知，自中国与南斯拉夫建交后，在使馆内曾经举办的各种酒会及记者招待会上，茅台酒作为宴会主酒被经常使用。为备不时之需，使馆工作人员从 80 年代初期开始，每有回国机会，均会请示外交部领导获批后，带几箱茅台酒返回使馆，而一些短期暂不饮用的茅台酒，就作为备用，存放在使馆地下仓库内，久而久之，随着使馆工作人员的轮换更迭，此批酒被渐渐遗忘。

2000 年 5 月 5 日，中华人民共和国驻南斯拉夫大使馆委托中欧公司（地址：贝尔格莱德市 bul.Avnoja 街 96 号）代表中华人民共和国大使馆出售使馆（地址：N.Beograd Tresnjin cvet 街 3 号）内的物品（详见委托书及译文）。其中大部分物品当地被处理，少量有特殊意义的物品被远跨欧亚大陆，运回中国。

"战火中的幸存者"。

以上文件为中华人民共和国驻南斯拉夫大使馆塞文授权委托书及译文。

其中包括 4 箱"飞天"茅台酒，这 4 箱"飞天"茅台酒委托给了北京歌德拍卖有限公司，出现在了北京歌德 2011 年春季拍卖会上，标的号 1736 号—1739 号，即为此 4 箱茅台酒，成交价分别为 68.32 万、72.8 万、89.6 万、79.52 万元。

20 世纪 80 年代 "飞天牌" 外销贵州茅台酒

酒精度：53% vol

规格：0.14L

0.14L 茅台酒（整箱 48 瓶）

0.14L 装即 0.25 市斤装，瓶盖胶帽顶部有"茅台"暗记
的为 1983 年以后的产品，无暗记的为 1982 年以前的产品。

1984 年获国家质量金奖

错版彩盒"飞天牌"外销贵州茅台酒（0.14L）

彩盒上"0.14L"被印成了"0.54L"，系错版，盒盖上的"飞天牌"较小。

1985 年刘海粟题词　　1984 年启功题词

附：贵州大曲酒和茅台酒易地试验厂"试制品"

1958 年，全国开展"大跃进"，茅台酒也受到影响，产量"剧增"，由 1957 年的 283 吨，到 1958 年的 627 吨、1959 年的 820 吨、1960 年的 912 吨。产量的突增，带来了成本的增加，酒质也受到影响，合格率低，只好将不合格的酒移作"红粱窖酒"处理，整体利润也下降了。

贵州大曲酒的前身是散装的红粱窖酒。系当年经检验不符合贵州茅台酒标准的、酒质差一些的茅台酒，被移作"红粱窖酒"。红粱窖酒一直以散装的形式在酒厂内部销售。

1976 年 7 月改称"贵州大曲酒"，开始瓶装。出售对象也多为酒厂职工和相关单位。

第四章 转折发展期（1977—1984 年）

1958 年，毛泽东主席去西南考察，关心贵州茅台酒的生产和发展情况，成都会议期间，问询时任贵州省委书记的周林："茅台现在能不能做到 1 万吨？"

实际上，茅台当时的年产量只有 200 吨，要做到 1 万吨，很难，贵州的粮食产量也无法支撑茅台做到那么多，于是就到东北、西北等产粮多的地方试验，但是很遗憾，试验了 10 多年都没有成功。

1974 年，周恩来总理找来当时的科委主任、中科院院长方毅，请他落实这件事，方毅把任务交给了中科院的一批科学家。1975 年，中科院的科学家和茅台酒厂的技术骨干一起，在遵义开始茅台酒易地试验。为保证试验顺利进行，从茅台酒厂调来了 28 名优秀人才，其中包括当时的茅台酒厂厂长郑光先、茅台酒厂总工程师杨仁勉和茅台酒华氏酒师郑应先的关门弟子张支云。他们的到来，不仅带来了正宗的茅台酒酿造工艺，也带来了生产试验所用的高粱、曲药、窖泥、基酒，就连窖池内壁的砂石，也是从茅台搬运来的。

经过努力，到了 1981 年试验完成，并按照茅台的工艺要求储酒。1985 年 10 月 20 日，贵州省科委组织 28 位国内白酒业顶级权威专家，对"贵州茅台酒易地生产试验（中试）"进行鉴定。与会鉴定专家历时三天，给予了试制酒"基本具有茅台酒风格"等评语。

专家一致认为离开了茅台镇独特的微生物环境，虽然调来了茅台酒厂最优秀的人才，采用同样的生产工艺与技术，试制品还是不能达到茅台酒的质量水平。这也是茅台酒产量稀少不可复制的原因。

1985—1997 年茅台酒厂经济效益情况

年度 \ 项目	茅台酒产量（吨）	销售收入（万元）	利润总额（万元）	上缴税金（万元）
1985	1265.9	1491	576.99	843.53
1986	1266.6	1524	871.3	759
1987	1331.2	2490	850.06	1325
1988	1300	9424	3260.97	6200
1989	1728.8	10426	3237.97	6633
1990	1888	13247	3503	6948
1991	1959.4	15783	4035.1	10529
1992	2089.3	21561	5968.9	11659
1993	2281	33298	6209	14032
1994	3390	36845	9993	17686
1995	3978	34353	10406	17656
1996	4365	40203	10690	16419
1997	4468	59454	16818	25431

第五章　加速发展期（1985—1997 年）

1985 年 "五星牌" 内销贵州茅台酒

酒精度：约 55% vol

规格：500g

1985 年巴黎国际食品博览会 "金桂叶奖" 用酒

鉴藏要点：同 1983 年款。

1985 年 3 月 20 日经法国国际美食及旅游委员会评选，在巴黎授予贵州茅台酒 "金桂叶奖"，这是继巴拿马万国博览会之后贵州茅台酒第二次获得国际金奖。1986 年 10 月，在法国巴黎举办的第十二届国际食品博览会上，贵州茅台酒再次荣获国际金奖。

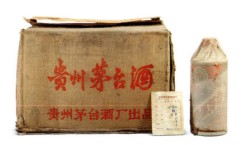

1985 年 8 月 7 日出厂的 "五星牌" 贵州茅台酒

1985 年值遵义会议五十周年之际，老红军参观茅台酒厂。

1985 年 "飞天牌" 外销贵州茅台酒（塑盖）

酒精度：53% vol

规格：500ml

贵州茅台酒（金属盖）

1985 年 "飞天牌" 贵州茅台酒（金属盖）

装箱单中的规格一栏之前的 0.5 公斤
换成了 500CC。

CC 是英文名 cubic centimeter（立方厘米）
的缩写。通常 1ml 纯净水的容量等于 1
立方厘米（即 1cc）的体积，但是不严格
相等，纯水换成酒会有误差，后来统一
改成了毫升（ml）。

鉴藏要点：

从 1985 年起，茅台酒厂开始尝试与国际接轨，计量单位由 "克" 改为 "ml"，该款酒瓶比之前的 "大飞天" 矮一点，彩盒与正标将 0.54L 换成 500ML。1987 年，内外销的茅台酒容量全部换成以毫升（ml）为计量单位。

和 0.54L 外销飞天茅台酒一样，彩色外盒中内衬瓦楞纸内盒。

1986 年 10 月，《人民日报》登载国家主席李先念访问朝鲜，在平壤向朝鲜民主主义人民共和国主席金日成赠送茅台酒的报道和照片。照片中的茅台酒就是这款 500ml 塑盖飞天茅台酒。

1986 年 10 月，国家主席李先念向朝鲜国家主席金日成赠送茅台酒。

1986 年 "五星牌" 内销贵州茅台酒

酒精度：约 55% vol

规格：500g

1986 年 4 月 10 日出厂的 "五星牌" 贵州茅台酒

鉴藏要点：

此款同 1983 年款。

1986 年底，使用了 20 年的塑料盖落幕，使用了 30 多年 "地方国营茅台酒厂" 厂名落幕，计量单位 "克" 落幕，500 克即 540 毫升规格的酒瓶包装落幕。

1986 年贵州第四届名酒金奖

1986 年《茅台酒报》

1986 年米景扬《酒香菊黄》

1986 年 "飞天牌" 外销贵州茅台酒（金属盖）

酒精度：53% vol

规格：500ml

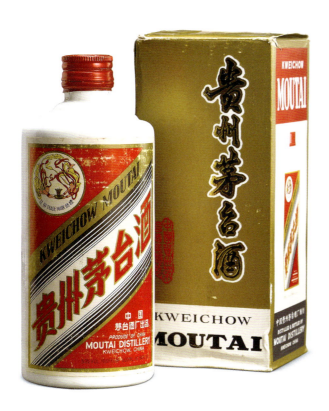

鉴藏要点：

1983 年 12 月，贵州省粮油进出口公司下文通知：同意从 1984 年 1 月起，茅台酒外销包装瓶盖全部采用扭断式防盗铝盖，取消原来的丝带和小吊牌。

1985 年，外销茅台酒率先改为金属防盗式扭断盖。此酒就是这个时期的实物，特点是没有飘带和塑胶外套，带瓦楞纸内盒，容量 ml 为大写英文 "ML"，瓶盖上方的 "贵州茅台酒" 字样颜色多为金色。

1986—1989 年，茅台酒封口瓶盖发生了重大变化，随着新技术的应用，使用了二十年的塑料瓶盖被金属瓶盖所代替。这一时期的 "飞天" 茅台酒特征为：1. 乳白色玻璃瓶，1988 年以后瓶底出现 "清玻" 二字。"清玻" 是 "贵

州清镇玻璃厂" 的简称。2. 瓶盖为铝制扭断式防盗盖，红色，顶部印有 "贵州茅台酒" 五个字，1986 年多为金黄色字体。3. 裸盖无飘带。4. 1987 年以后在金属盖外面加红色塑料封膜，俗称 "红皮"，同时加配飘带。

另：1. 瓶盖顶部 "贵州茅台酒" 五个字围绕一个圆心排列，五个字的底部组成一个圆形圈，很圆，每个字的笔画都围绕这个圆心呈放射状向外辐射。2. 正标下方中英文对照厂名落款中，英文字母 "KWEICHOW, CHINA" 二个词中间有一个逗号。1990 年以后的酒去掉了这个逗号。3. 容量 ml 为大写英文字母 "ML"。4. "飞天" 标左侧仙女裤腿上部的裤摆中间一处 "开口"。

1986 年装箱单

1986 年 "五星牌" 内销贵州茅台酒（金属盖）

酒精度：54% vol

规格：500ml

鉴藏要点：

"五星牌" 贵州茅台酒在 1986 年 12 月底的几天就开始使用
金属防盗扭断盖，盖有蓝色日期印章，目前所见最早的为
1986 年 12 月 24 日。彩盒为单层没有内盒，上面标注的酒精
浓度为 54%vol，彩盒侧面印有"地方国营茅台酒厂出品"字样。

盒子正面厂名为"中国茅台酒厂
出品"，1987 年改为"中国贵州
茅台酒厂出品"。

1986 年底、1986—1989 年、1990 年彩盒侧面

1987 年 "五星牌" 内销贵州茅台酒

酒精度：54% vol

规格：500ml

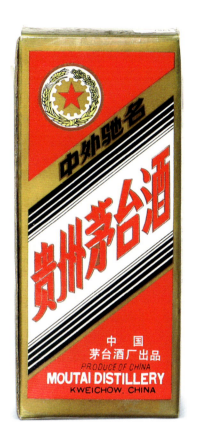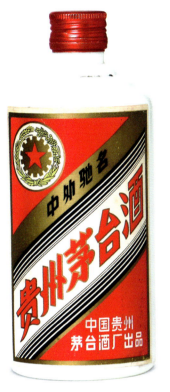

1987年早期盒子标注为"地方国营茅台酒厂出品"

金色字体

银色字体

鉴藏要点：

从 1987 年 1 月茅台酒内外销包装全部正式改用为铝制防盗扭断盖，取消外包的白棉纸，代之以单层彩盒。彩盒侧面"地方国营茅台酒厂出品"字样改为"中国贵州茅台酒厂出品"，彩盒背面印有该酒的一些信息，其中容量 ml 为英文大写"ML"，标注的酒精浓度为 54%vol。

长期以来，内销茅台酒的酒精浓度为 55 度左右，后逐渐过渡到现在的 53 度。从 1986 年底到 1988 年初的内销茅台酒均为 54%vol。

瓶盖顶端"贵州茅台酒"字样有金色和银色两种。

1987 年 "五星牌" 内销贵州茅台酒（大背标）

酒精度：54% vol

规格：500ml

鉴藏要点：

背标的字体、行距不同，视为特殊背标，使用时期大致为 1987 年 3 月下旬的几天。瓶盖顶端 "贵州茅台酒" 字样为金色，存世量很少。

1987 年参加打击假冒保护名优活动

1987 年 "飞天牌" 外销贵州茅台酒

酒精度：53% vol

规格：500ml

金属盖 "贵州茅台酒"
五个字为银色

1987 年飞天标

鉴藏要点：

同 1986 年金属盖 "飞天牌"。

"茅台一开，满室生香" 广告荣获 1987 年 "香港第三届世界广告大会"（中国出口广告）国际一等奖。其中《韩熙载夜宴图》是中国十大传世名画之一，顶级画作和顶级酒品相映生辉，相得益彰，二者巧妙融合。

1987 年装箱单

1987—1989 年 "飞天牌" 外销贵州茅台酒

酒精度：53% vol

规格：500ml

鉴藏要点：

与 1986 年金属盖 "飞天牌" 贵州茅台酒的区别是增加了飘带和红色酒精膜，其他特征相同。飞天茅台酒的两条彩带均写 "中国贵州茅台酒"。

此酒当年在美国华人超市以 15.4 美元出售

1988 年首届中国食品博览会金奖

日本回流"飞天牌"贵州茅台酒　　　　　　　　　　　泰国回流"飞天牌"贵州茅台酒

当年外宾在品鉴"飞天牌"贵州茅台酒

1988 年 "五星牌" 内销贵州茅台酒

酒精度：54% vol

规格：500ml

鉴藏要点：

和 1987 年基本一样，瓶盖顶端字样有银色、金色字两种。

1986 年，使用了 20 多年的塑盖塑封停止使用，取而代之的是新材料金属盖。这一时期的 "五星" 茅台酒特征为：1. 乳白玻璃瓶，1988 年以后瓶底有 "清玻" 二字（代表清镇玻璃厂生产）。2. 瓶盖为红色扭断式铝合金防盗盖，顶部印有 "贵州茅台酒" 五个字（1986 年底为金色，1987—1989 年金色、银色混用，1990 年后全改为银色）。3. 裸盖无飘带。

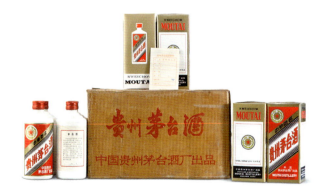

1988 年 1 月 6 日贵州茅台酒金色字顶盖（整箱）

1988 年 "五星牌" 内销贵州茅台酒

酒精度：53% vol

规格：500ml

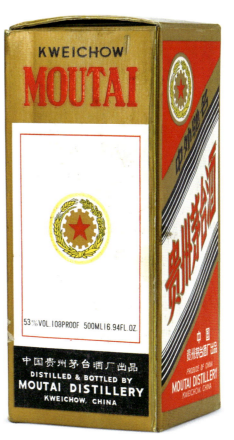

鉴藏要点：

同 1987 年金属盖 "五星牌" 茅台酒。

茅台酒的酒精浓度经过多年的幅度不大的演变，终于被定格在 53 度，这是经过多年科学实验和实践的结果，53%vol 的茅台酒，口感最佳。

英文小字由黑色换成了白色　　53%VOL 后面为错版的 108PROOF，实际应为 106PROOF

1989 年 "五星牌" 内销贵州茅台酒

酒精度：53% vol

规格：500ml

1989 - 1990 年多见此三种瓶底

鉴藏要点：

1989 年茅台酒金属盖硬度比 1987、1988 年的略微高一些，金属盖颜色微黄，个别平底带有 "M" 字样。

1987-1990 年的真瓶盖

1987-1990 年的假瓶盖

1989 年 "飞天牌" 外销贵州茅台酒

酒精度：53% vol

规格：500ml

鉴藏要点：

瓶身和包装盒依然未标注日期。和 1987 年、1988 年的 "飞天牌" 茅台酒相比，它也有飘带和红色胶帽，此酒包装盒外观延续了 "大飞天" 的特征，盒子侧面酒照片依然是塑料盖，不带瓦楞纸内盒。容量 ml 也是大写英文 "ML"，但它的正标文字有不同："中国茅台酒厂出品" 改为 "中国贵州茅台酒厂出品"，背标文字也全部改为繁体。

1989 年 50ml 贵州茅台酒

20 世纪 70 年代末至 1989 年 "飞天牌" 外销贵州茅台酒

酒精度：53% vol

规格：0.27L

从 20 世纪 60 年代开始生产半斤装茅台酒以来，因为瓶体均较大，相当于 1990 年出现的 375ml，所以 270ml 酒装进瓶内明显不满。

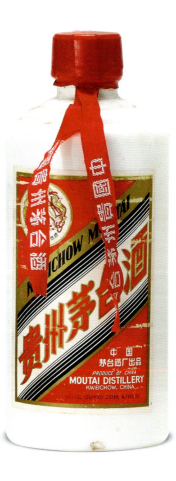

70 年代末　　　　　80 年代初　　　　　80 年代初多棱瓶盖　　　　　80 年代中期 200ml 商标

70 年代末　　　　　80 年代初　　　　　80 年代中后期　　　　　80 年代后期　　　　　80 年代末

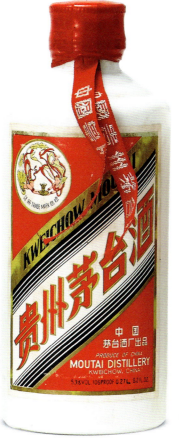

1986 年左右金字金属盖　　　　　1987 年左右白字金属盖　　　　　80 年代末金属盖红色胶帽　　　约 1989 年最后一批 270ml（瓶子较小）

1990 年 "飞天牌" 贵州茅台酒

酒精度：53% vol

规格：500ml、375ml、50ml

从 1990 年开始生产的 375ml 的 "飞天牌" 茅台酒

1990 年 "飞天标"

名　　　称：	贵州茅台酒
标准代号：	黔Q11-84
配　　　料：	高粱，小麦1:1
批　　　号：	
生产日期：	
厂　　　址：	贵州省仁怀县茅台镇

1990 年日期标签

鉴藏要点：

1990 年 "飞天牌" 茅台酒和 1989 年 "飞天牌" 茅台酒的不同之处在于：

1. 包装彩盒上容量由大写字母 "ML" 改为小写字母 "ml"。

2. 增加彩盒盖内食品标签，标注日期等信息。

3. 1990 年 "飞天" 标改版，线条清晰、颜色鲜明，比 1989 年前更协调美观。

随着市场经济时代的逐渐到来，很多企业将外销产品转为内销以缓解经营压力。"出口转内销" 一词流传了很久。

例如：1990 年 5 月 22 日，贵州茅台酒厂向贵州省工商行政管理局呈送《关于加强 "飞天牌" 茅台酒情况的报告》，此报告指出贵州省粮油食品进出口公司在全国范围内把 "飞天牌" 茅台酒用来国内销售串货 80 吨左右。还指出省粮油食品进出口公司近两年不完成国家指令性调拨计划，而且 1988 年和 1989 年上半年欠工厂酒款 4400 多万元，所以茅台酒厂不得不自行向外商销售部分 "飞天牌" 茅台酒。

外销 "飞天牌" 茅台与内销 "五星牌" 茅台酒的界限越来越模糊。

1990 年 50ml 贵州茅台酒

1990 年 "五星牌" 贵州茅台酒

酒精度：53% vol

规格：500ml

鉴藏要点：

1990 年开始，茅台酒增加了在包装上的信息量，如酒精确切含量、执行标准、批号、生产日期、配料等，1990 年后期的 "五星牌" 贵州茅台酒在盒盖内侧，增加了一张食品标签，上面标注了上述信息，因此背标便没有加盖日期印

1990 年的 "五星牌" 茅台酒特征既不同于 1989 年，也不同于 1991 年，属于一种过渡期产品，瓶身标识特征参照 1989 年、日期及 "食品小标签" 鉴别参照 1991 年。

1990 年前期的日期印在背标，后期的日期印在盒子内侧的小标签上，并增加了食品信息。

1990 年前期盒　1990 年后期盒

1990 年 "五星牌"贵州茅台酒("飞天版"背标）

酒精度：53% vol

规格：500ml

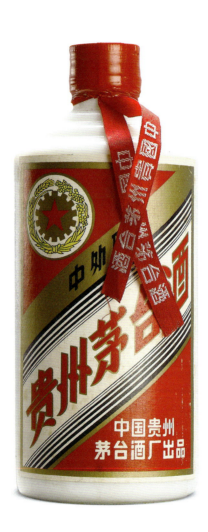

鉴藏要点：

该年有一批内销"五星牌"贵州茅台酒贴上了外销"飞天牌"的背标，为避免误会，在背标下面加贴一张说明签，以证明该酒为真品。收藏界称之为"上记茅台"。

说明签内容为"贵州茅台酒确认书——品名：五星牌·贵州茅台酒 上记茅台酒为贵州茅台酒厂出品·特此证明。中国·贵州茅台酒厂"，并盖有贵州茅台酒厂的公章。其鉴别方法分别按 1989 年的"内销"正标、"外销"背标、"外销"封口进行鉴别。

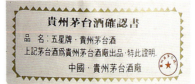

1991 年 "飞天牌" 贵州茅台酒

酒精度：53% vol

规格：500ml

鉴藏要点：

1990—1996 年 "飞天牌" 贵州茅台酒特征：

1. 乳白玻璃瓶，金属盖外加红色塑封膜，挂飘带，有彩盒包装。

2. 有食品小标签，共七项内容，比 "五星" 标签少一项 "酒精度"，1991 年标准代号为 "Q11-84"，1992 年改为 "Q/MJJ2.1"。日期为蓝色阿拉伯数字，1996 年 3 月停止使用。

3. 1992 年上半年以前酒精含量标注为 "53%VOL"，1992 年下半年改为 "53%（v/v）"。

4. 1995 年在瓶盖使用喷码日期批号。瓶底统一使用 "五星式" 图案。1996 年 8 月后使用意大利防盗塑料盖。

5. 背标左侧麦穗上数第八粒麦芒处夹有一个小黑点，时间贯穿整个 90 年代，是鉴定这一时期正品飞天茅台的重要证据。

6. "飞天标" 右侧仙女脸上有 "鼻梁"，1989 年以前无 "鼻梁"（同 1990 年版 "飞天标"）。

1991 年装箱单

1991 年 "五星牌" 贵州茅台酒

酒精度：53% vol

规格：500ml

鉴藏要点：

1991 年的 "五星牌" 贵州茅台酒和 1990 年的包装区别主要在于：

1. 彩盒上容量 500ml 中的英文 "ml" 为小写，1990 年版为大写。

2. 正标右下角 1991 年版增加了黑色字 "53%vol 500ml"，1990 年版没有。

3. 背标字体不同，1991 年版没有了 "年 月 日" 三个字。

4. 生产日期没有加盖在背标上，和 1990 年下半年的一样，将生产日期等
食品信息以标签的形式贴在盒盖内侧。

1991 年 1 月 8 日起，厂名格式由 "中国贵州 茅台酒厂出品" 改为 "中国 贵州茅台酒厂出品"。

1990—1992 年多见此五种瓶底

1992 年 "飞天牌"贵州茅台酒

酒精度：53% vol

规格：500ml

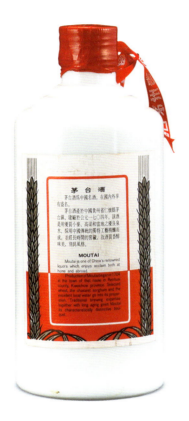

鉴藏要点：

1992 年 "飞天牌"贵州茅台酒的外观与 1990 年、1991 年 "飞天牌"茅台酒无异，标签中的标准代号不同，由 "黔 Q11-84"换成了 "Q/M JJ2.1"。

从 1992 年 6 月 22 日起，正标中的酒精含量写法由 "53%VOL"改为 "53%（v/v）"。

1992 年是使用瓶底样式最多的年份

1992 年装箱单

1992 年香港国际食品博览会金奖

1992 年 "五星牌" 贵州茅台酒

酒精度：53% vol

规格：500ml

鉴藏要点：

与 1991 年款无大异，增加了红色胶套和红色飘带，是"五星牌"内销贵州茅台酒第一次使用飘带。

1991—1993 年金属盖"五星牌"贵州茅台酒特征：1. 正标落款由 1990 年的"中国贵州 茅台酒厂出品"改为"中国 贵州茅台酒厂出品"。下加注一行酒精度和容量。背标内容不变，背标题目"茅台酒"三个大字由黑体变为隶书体。无"年月日"三个字。2. 增加"食品小标签"，贴于包装盒上盖内侧，内容为名称、代号、配料、容量、度数、日期等八项内容。3.1991 年裸盖无飘带，1992 年以后加红膜和飘带。4. 瓶底有代号，1991 年多为"清玻"，1992 年有"清玻""美

工"，1993 年再加上"MT""景玻"。这些文字均为瓶厂代号。

5.1993 年底换背标，将"食品小标签"的内容移到背标下方。

6. 红膜顶部有暗记"茅台"两字，形状特征同 80 年代。

"食品小标签"上手工加盖深蓝色批号和日期，重点掌握因手工加印时用力不均及年代久远而呈现虚实轻重、半隐半现的效果，是制假者难以模仿的。食品小标签上酒度一行中的"53±1%VOL"这几个数字字母，注意掌握它们的字体结构和大小距离等，很多造假的往往在这几个字母上失手。"食品小标签"是鉴别这一时期茅台酒的重要物件。

1992 年中华百绝博览会特别奖

1993 年 "飞天牌" 贵州茅台酒

酒精度：53% vol

规格：500ml、375ml

1993 年 "飞天牌" 贵州茅台酒（375ml）

鉴藏要点：

彩盒与正标中的酒精含量写法不同：1992 年是 "53%vol"，1992 年 6 月开始换成了 "53%（v/v）"。

1993 年 8 月 26 日起彩盒顶部开始启用飞天激光防伪标识。（见右图）红膜顶部有暗记 "茅台" 两字，形状与 20 世纪 80 年代相同。

外销日本的 1993 年 "飞天牌" 贵州茅台酒

1993 年装箱单

1993 年 "五星牌" 贵州茅台酒

酒精度：53% vol

规格：500ml

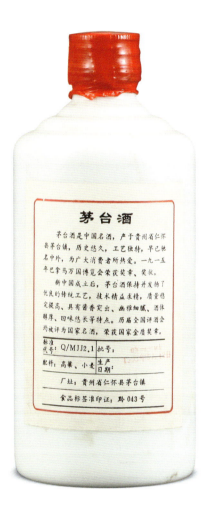

鉴藏要点：

1993 年的 "五星牌" 贵州茅台酒更换了背标。新背标的文字内容没有变动，在背标下方增加了食品信息：标准代号（由 "黔 Q11-84" 换成了 "Q/M JJ2.1"）、生产日期、批号、配料、厂址、食品标签准印证。

1993 年开始在彩盒顶部上启用五星激光防伪标识，当年取消了盒盖内侧的食品标签，将标签的内容移至背标上，并且加盖红色日期印章。

1993 年出现 "景玻" 瓶底，与 "美工" 同时使用至 1995 年

1994 年 "飞天牌"贵州茅台酒

酒精度：53% vol

规格：500ml

鉴藏要点：

与 1993 年的"飞天牌"贵州茅台酒无大异，
正标底部最下一行黑字大小略有不同。

1993-1994 年真瓶盖

1993-1994 年假瓶盖

1994 年装箱单

1994 年 "五星牌"贵州茅台酒

酒精度：53% vol

规格：500ml

1994 年荣获第五届亚太国际贸易博览会金奖

鉴藏要点：

1. 乳白玻璃瓶，瓶底有"美工""景玻"字样。

2. 金属盖套红膜挂飘带。

3. 背标上手工加盖红色的阿拉伯数字批号、日期，茅台酒

厂建厂至今只有普通茅台"五星牌"1993—1995 年使用红色日期，重点掌握这种日期的色度，以及手工加印的力度和年代久远而呈现出半隐半现的那种效果和字体大小形状。

1995 年 "飞天牌" 贵州茅台酒

酒精度：53% vol

规格：500ml

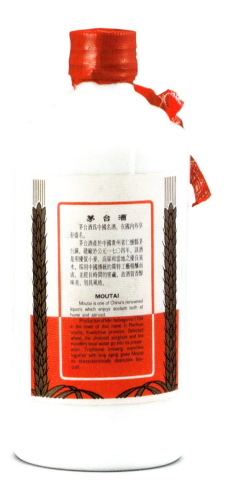

鉴藏要点：

1995 年 2 月 21 日，贵州茅台酒厂启用喷码机、将生产日期、批号、编码喷于红色胶帽上。正标内容和字体大小与 1993 年款一样。

1995 年 2 月份红色胶帽生产日期与背标生产日期的区别。

1995 年 3 月 10 日 "飞天牌" 贵州茅台酒

1995 年 "五星牌" 贵州茅台酒

酒精度：53% vol

规格：500ml

1995 年开始出现此种瓶底，一直使用至今

1995 年瓶口处的喷码字样

1995 年装箱单

鉴藏要点：

1995 年 2 月，"五星牌"贵州茅台酒开始启用瓶盖喷码日期批号。同时背标栏目仍印有批号日期，出现一瓶酒两组日期批号的情况。1995 年喷码数字特征：1. 字体较后期稍宽，稍短一些，"0"字中间有一斜杠，由 3 粒圆点组成。2."9"字最后一笔向左横折，平行，拐弯处无过渡圆点，由 3 粒圆点组成一横。3. 喷码的每一个小圆点都呈整圆形，无棱角、无变形。仿品往往是圆点不圆，有棱角。

1995-1996 年的真瓶盖

1995-1996 年的假瓶盖

1996 年"飞天牌"和"五星牌"贵州茅台酒（金属盖）

酒精度：53% vol

规格：500ml

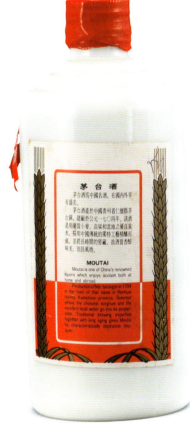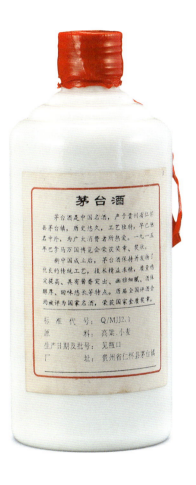

鉴藏要点：

1996 年 3 月 25 日，"飞天牌"贵州茅台酒包装停止使用食品标签，原先贴在彩盒盖内部的食品标签内容印在彩盒侧盖上。

由于采用了喷码技术，1996 年"五星牌"贵州茅台酒对背标食品信息进行了部分更改，取消了生产日期及批号内容、食品标签准印证。

1986 年 9 月 2 日，茅台酒厂全版注册"五星牌"贵州茅台酒商标，并分别于 1989 年和 1996 年两次续展。

1996 年"五星牌"贵州茅台酒（金属盖）特征：

背标取消了生产日期和批号内容（见上图），喷码特征与 1995 年版相同，"五星标"（见右图）箭头所示两处多为左右双白，同年 8 月中旬金属盖停止使用。

1996 年 "飞天牌"和"五星牌"贵州茅台酒（塑料盖）

酒精度：53% vol

规格：500ml

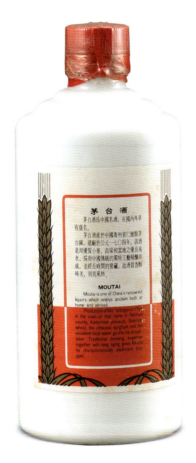

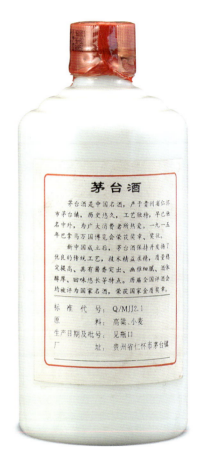

鉴藏要点：

1996 年 5 月 15 日，背标厂址中的"仁怀县"改为"仁怀市"。

1996 年 8 月 19 日，500ml 装"贵州茅台酒"正式启用从意大利 GUALA 公司进口的专用瓶盖，彩盒内有"敬启者"的小标签。该瓶盖具有防倒灌功能，材质虽名为塑料，实际成分与传统塑料有很大不同，突出的优点是成分稳定、耐高温、防腐蚀，与 20 世纪 80 年代以前的塑料盖不可同日而语。

"敬启者"小标签

1996 年装箱单

1997 年 "飞天牌"和"五星牌"贵州茅台酒

酒精度：53% vol

规格：500ml

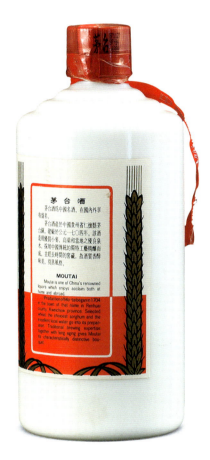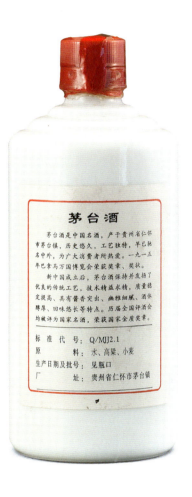

鉴藏要点：

1997 年 1 月 31 日起 "五星牌"贵州茅台酒在背标原料栏增加 "水"字。

1997 年 12 月 16 日，茅台集团公司在北京人民大会堂新闻发布厅召开新闻发布会，宣布将美国 3M 公司防伪技术应用到茅台酒的瓶盖上。

1996-1997 年透明膜白皮真瓶盖

1996-1997 年透明膜白皮假瓶盖

1997 年装箱单

1989—2009 年 "飞天牌"贵州茅台酒（部分）

酒精度：53% vol

规格：200ml

1989 年   1990 年   1992 年   1998 年

1999 年   2000 年   2005 年   2008 年   2009 年

1998—2014 年茅台酒厂有限责任公司经济效益情况

项目 年度	茅台酒产量 （吨）	销售收入 （万元）	利润总额 （万元）	上缴税金 （万元）
1998	5072	94917	18836	29262
1999	5074	126096	30045	36794
2000	5379	151772	39477	45342
2001	7317	219116	57201	75270
2002	8640	250500	69498	103846
2003	9257	318428	103940	115292
2004	11522	385666	133747	151576
2005	12540	497338	187790	202900
2006	13839	630363	289204	253944
2007	16865	929498	465212	383795
2008	20431	1077393	631367	414019
2009	23004	1275297	627185	453726
2010	26284	1560031	791335	545682
2011	30026	2429810	1289033	922023
2012	33600	3533609	1975627	1150828
2013	38425	4021444	2177102	1411019
2014	38745	4076900	2223800	1580600

1998 年 "飞天牌" 和 "五星牌" 贵州茅台酒

酒精度：53% vol

规格：500ml

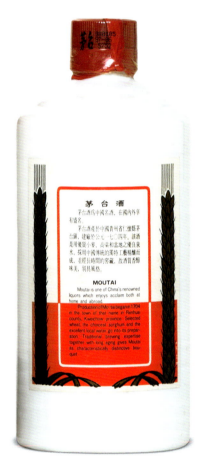

鉴藏要点：

1997 年 12 月 16 日，茅台集团公司在北京人民大会堂新闻发布厅召开新闻发布会，宣布将美国 3M 公司防伪技术应用到茅台酒的瓶盖上，防伪标是白底红字，印有 "国酒茅台" 字样，业界称为 "白标茅台"，这是茅台历史上第一次使用防伪标技术。

透过茅台酒防伪识别器，观察白色防伪标，可见红字 "国酒茅台" 消失，出现大写字母 MT 字样。1998—1999 年间，酒厂生产了一些高盒 "飞天牌" 贵州茅台酒，盒内附赠两只玻璃小酒杯，装小杯的盒子为白色（以后为红色）。

1998 年 12 月 31 日 "飞天牌" 贵州茅台酒（整箱）

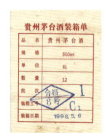

1998 年装箱单

1998 年 "飞天牌" 贵州茅台酒

酒精度：53% vol

规格：500ml

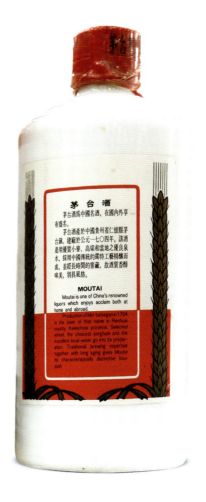

鉴藏要点：

1997 年 12 月 16 日，茅台集团公司在北京人民大会堂新闻发布厅召开新闻发布会，宣布将美国 3M 公司防伪技术应用到茅台酒的瓶盖上。原计划从 1997 年 12 月 17 日开始试用，将生产日期、批号、编码喷在防伪标上，实际上 1998 年 1 月份正式启用。为避免浪费，打上 "971217" 喷码的防伪标被用在了 1998 年 8 月包装的茅台酒上，被业界认为是错版防伪标。

错版防伪标的一前一后

醇香播远域

国酒仰茅台

贵州茅台酒股份有限公司惠存

一九八八年六月 谢澄光

1998年书法家谢澄光题词

1999 年 "飞天牌"和"五星牌"贵州茅台酒

酒精度：53% vol

规格：500ml

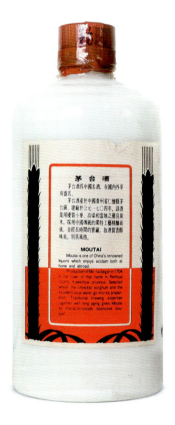

鉴藏要点：

1997—1999 年的"五星牌"贵州茅台酒基本上沿用了 1996 年版的"五星牌"贵州茅台酒包装。在瓶体和标识方面没有变化，只是期间更换了两次防伪标：一是 1998 年引进美国 3M 公司的防伪技术，将日期、批号、编号等打印在防伪内层上，贴于瓶盖作为封口标。由于此标整体为白色红字，被收藏界称为"白标茅台"。二是 1999 年引进加拿大镭射激光式防伪标，深蓝色近似黑色，收藏界称之为"黑标茅台"，该标在灯光照射下，变换不同角度，能看到不同的颜色图案。

1996 年 8 月，引进使用意大利防伪防倒灌瓶盖。瓶盖为二节式新型塑料盖，外套透明塑料封膜，日期、批号、编号用喷码技术喷涂在封膜上。字体格式同 1995 年版。

1998-1999 年白标真瓶盖、真喷码

1999-2000 年蓝标真瓶盖、真喷码

1998-1999 年白标假瓶盖、假喷码

1999-2000 年蓝标假瓶盖、假喷码

2000 年 "飞天牌" 和 "五星牌" 贵州茅台酒

酒精度：53% vol

规格：500ml、50ml

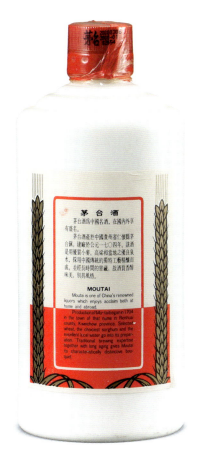

鉴藏要点：

2000 年 2 月 14 日，贵州茅台酒厂决定启用第三代防伪标（上海天臣防伪标），该防伪标具有隐性图案、镂空技术、动感秘纹、水印反射四种防伪功能。3 月 25 日，茅台酒外销 375 毫升的品种包装上首次使用绿色食品标志，其他规格品种不久也先后启用。6 月 13 日在飞天茅台酒上启用不干胶商标，"五星牌" 贵州茅台从 8 月 9 日开始启用。

2000 年日期喷码由 6 位改为 8 位，如 "991231" 改为 "20000101"，生产批次由 4 位改为 6 位，如 "99-01" 改为 "2000-01"。数字字体比 1999 年以前稍瘦窄一点。比较明显的是数字 "0"，里面没有了 "/"。

2000 年 50ml 贵州茅台酒

2000 年上半年用加拿大蓝色防伪标，下半年启用第三代防伪标（上海天臣防伪标）

2001 年 "飞天牌"和"五星牌"贵州茅台酒

酒精度：53%vol

规格：500ml、375ml

鉴藏要点：

从 2001 年开始，茅台酒主要产品均在商标显著位置标明出厂年份，贵州茅台酒使用"五星牌"和"飞天牌"两种商标，酒质完全一样，此后各年均有带杯和不带杯的普通茅台酒，酒质一样。

2001 年，厂名落款由 2000 年版"中国贵州茅台酒厂出品"改为"贵州茅台酒股份有限公司出品"。

防伪标在紫光灯照射下
会出现"作废"二字

2001 年金属盖 375ml
"飞天牌"贵州茅台酒

2002 年 "飞天牌" 和 "五星牌" 贵州茅台酒

酒精度：53%vol

规格：500ml

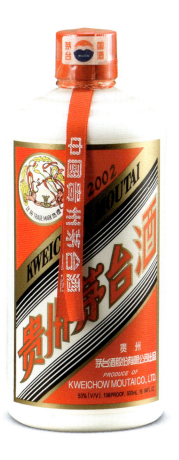
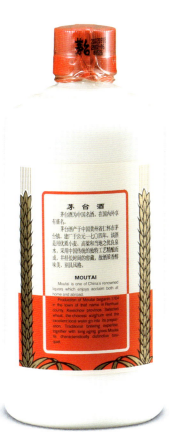

鉴藏要点：

1. "五星牌" 贵州茅台酒特征同 2001 年版。

2. "飞天牌" 贵州茅台酒大约从 2000 年 8 月开始，"飞天标" 中左右仙女脸上及身上皮肤为粉红色网点状，同时右侧 "仙女" 脸部表情呈现睁眼张嘴，直至 2003 年闭眼闭嘴。

2002 年下半年起外销茅台在背标上加注 "专供出口" 字样

2003 年 "飞天牌" 和 "五星牌" 贵州茅台酒

酒精度：53%vol

规格：500ml

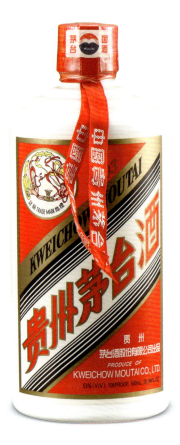

2003 年 3 月 20 日，五星茅台背标增加一栏生产许可证号：XK16-030-0001

鉴藏要点：

2003 年 "五星" 标改版，此次改版动作较大。1.2003 年版 "五星" 标线条粗犷，如同电脑绘画。2. "五星牌" 茅台酒将酒精含量标志标于 "五星" 标下方为 "53%V/V"。3.2003 年上半年防伪标同 2001 年，下半年改为红白相间的方格，荧光灯下可见。

2003 年 "飞天牌" 贵州茅台酒（专供出口）

2004 年 "飞天牌"和"五星牌"贵州茅台酒

酒精度：53%vol

规格：500ml

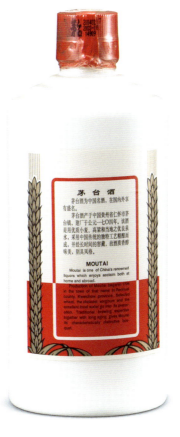

鉴藏要点：

2004 年 6 月彩盒全部启用"有机食品"标志。

特征：1. "五星牌"贵州茅台酒更换背标，背标格式同"飞天牌"贵州茅台酒背标，但无英文对照。2. 封口防伪标里的暗字由"作废"变为红白相间方格，荧光灯下可见。3. 飘带上开始出现数字，标在下面一根飘带上端。

2004 年以后的防伪标在紫光灯的照射下出现红白色的方格

2003 年底起外销茅台取消防伪标及"专供出口"字样

2005 年 "飞天牌"和"五星牌"贵州茅台酒

酒精度：53%vol

规格：500ml

鉴藏要点：

2005 年 "飞天牌"贵州茅台酒背标去掉了英文部分，内容和"五星牌"茅台酒背标内容相同。"五星牌"和"飞天牌"年份标志于 2005 年下半年由正标移到背标最下方。

其他同 2004 年。

2006 年 "飞天牌" 和 "五星牌" 贵州茅台酒

酒精度：53%vol

规格：500ml

鉴藏要点：

2006 年上半年彩盒及正标中的酒精含量写法有 53%（V/V），
也有 53%VOL，下半年统一改为 53%vol。

其他同 2004 年。

2006 年荣获国家级非物质文化遗产证书

2007 年 "飞天牌" 和 "五星牌" 贵州茅台酒

酒精度：53%vol

规格：500ml

鉴藏要点：

主要特征同 2006 年。

2007 年外销韩国的 "飞天牌" 贵州茅台酒

2007 年生产车间

2008 年 "飞天牌" 和 "五星牌" 贵州茅台酒

酒精度：53%vol

规格：500ml

鉴藏要点：

2008 年生产的 "五星牌" 和 "飞天牌" 茅台酒，其背标与 2007 年版有所不同，封口 "天臣" 防伪标暗层仍为方格图案，荧光灯下可见。瓶底厂家代号多为 "CKK" "HB" "MB" "口字" 瓶底四家。2008 年 10 月 27 日启用第二代小酒杯（比第一代略小）。背标最后一段话由 "茅台酒已通过 '绿色食品'、'有机食品' 认证，并列为国家原产地域产品。" 改为 "茅台酒已通过 '有机食品' 认证，为中国地理标志保护产品。"

CKK 瓶底

HB 瓶底

MB 瓶底

口字瓶底

同样强光下，四种瓶底材质有所不同。

2009 年 "飞天牌"和"五星牌"茅台酒

酒精度：53%vol

规格：500ml

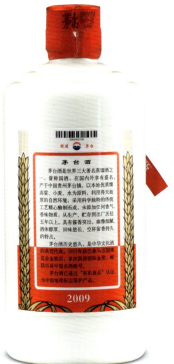

2009 年白标真瓶盖、真喷码

2009 年白标假瓶盖、假喷码

鉴藏要点：

2009 年 2 月中上旬与 2008 年款相同，2 月 23 日启用新防伪红色胶帽，并且将瓶盖顶上的圆形物流码标改为长方形贴在背标顶部。

特征：1.2009 年 2 月下旬启用新式红胶帽封口。在放大镜下观察，表面有很多密集的小凸点，同时有细小发光片闪现。2. 从 2009 年下半年开始，背标中文字第二行"国酒"的"酒"字的右部"酉"里面的短横，两头不到边。3. 瓶口胶帽开启处，上下均有一条针孔虚线。4. 背标条码用强光照射，有彩色镭射光片闪现。条码纸张优良，有透光性，隐约能看见下面的编码数字。5.2009 年以后，茅台酒瓶底图案较以前更清晰、更规整。厂名代号有"CKK"（美工）、"HB"（华玻）、"MB"（闽玻）、"口"（老美工）等。所生产的瓶子各有特征。

2009 年 2 月 23 日以前使用透明酒精胶帽，下旬开始使用新防伪红色胶帽。

2010 年 "飞天牌" 和 "五星牌" 贵州茅台酒

酒精度：53%vol

规格：500ml、375ml

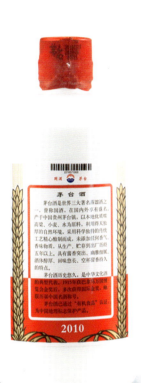

鉴藏要点：

2010 年第四十一届世博会在上海举办，茅台酒成为上海世博会唯一指定白酒。2010 年 5 月起在主导产品"飞天牌"贵州茅台酒彩盒上印上了上海世博会 LOGO 和"中国 2010 年上海世博会唯一指定白酒"字样。

2010 年 8 月 4 日起茅台酒装箱单改为合格证，9 月 30 日起在包装上印制贮存条件栏。

2010 年 外销美国的"飞天牌"贵州茅台酒（375ml）

2011—2012 年 "飞天牌" 和 "五星牌" 贵州茅台酒

酒精度：53%vol

规格：500ml

第二代小酒杯　第三代小酒杯

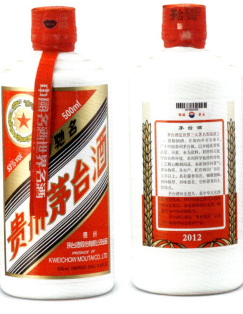

有机码:13412672842401084

鉴藏要点：

2011 年 11 月 3 日启用第三代酒杯（有纹路）。2011 年 11 月份，瓶口喷码第二行批次由 6 位改为 7 位，由 "2010-10" 改为 "2011-010"。

2012 年 7 月启用 17 位有机码，10 月以后应用在背标上。

2013—2015 年 "飞天牌" 贵州茅台酒

酒精度：53%vol

规格：500ml

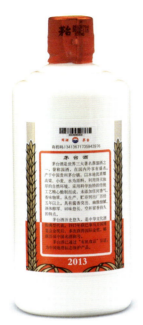

2013、2014、2015 年瓶盖顶部带有 RFID 溯源防伪芯片

鉴藏要点：

2013 年 5 月以后，茅台酒启用 RFID 溯源体系，在瓶盖上增加 RFID 芯片。

2013 年外销茅台酒　　　　　2014 年下半年外销茅台由透明膜改为红胶帽

2016—2018 年 "飞天牌" 贵州茅台酒

酒精度：53%vol

规格：500ml、375ml

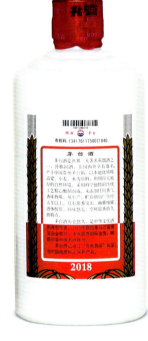

贵州茅台酒（品鉴用酒）

53%vol 500ml

2016 年推出 500 毫升品鉴用酒

贵州茅台酒（仅供品鉴）

53%vol 375ml

2016 年茅台酒厂根据经销商销量完成吨数配比奖励的一款酒，仅供消费者品鉴。

左为 2016 年 12 月前正标，右为 2017 年正标。二者对比，已发生变化。

红飘带编码

喷码增加了班组编号

有编号一侧的红飘带正背面

无编号一侧的红飘带正背面

红飘带正中间印 "茅台" 字样的正背面

瓶盖名称 "国酒茅台"　　2018 年瓶盖喷码

鉴藏要点：

2017 年 7 月 7 日起，瓶盖流水号喷码发生变化，在原瓶盖喷码第三排流水号前面增加两位班组编号，如 AB、AC 等字母。班组编号第一个字母对齐第二排第二位数字，班组编号字体大小与原喷码一致。2016 年 12 月 27 日前后，正标发生变化，"KWEICHOW MOUTAI" 黑色字体有所加粗。

红飘带是中国古代酒旗的化身，尺寸约 50cm×5cm，每条飘带两头织有 "中国贵州茅台酒" 字样，且有一个编码，每个员工领到的飘带编码是不一样的，这个编码会与领飘带员工一一对应，记录在班组的原始工作档案中。所以，这个编码就成为当班员工的工号。如果一瓶酒的飘带有什么问题，就可以追溯到这瓶酒的飘带是出自哪个员工之手。可见，红飘带编码数字不代表酿酒窖池，不代表生产线，与酒质高低无关。

系红飘带

2019—2023 年 "飞天牌" 贵州茅台酒

酒精度：53%vol
规格：500ml

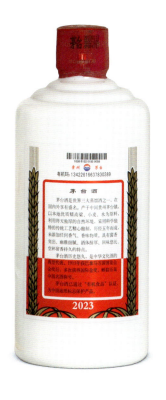

瓶盖名称"贵州茅台"

2019 年瓶盖喷码

2023 年瓶盖喷码

2017 年以来，茅台酒使用地理产品专用标志。2020 年 9 月 9 日起，茅台开始在公司主要产品上启用新版地理专用标志，外包装上绿色的地理标志变成了红色。

鉴藏要点：

2019 年 8 月以后，贵州茅台酒瓶盖的防伪、物流码、背标及酒杯上 "国酒" 字样已成为历史，正式更名为 "贵州茅台"。2022 年 1 月 24 日起，茅台酒启用了新版物流码标签，与旧版物流码标签（瓶码箱码相同，均为 10 位）相比，瓶码升级为 16 位、箱码升级为 12 位，为一瓶一码，箱码对应绑定箱内所有瓶码，以上信息在出厂前均已记入系统。

2018 年及之前，外销茅台酒的包装盒内不带小酒杯。

2019 年起，外销茅台酒为让消费者更容易区分，包装盒尺寸加以改变，并配有小酒杯。

2001 年茅台酒厂开发了两套礼品酒：（1）500 毫升、375 毫升、200 毫升、50 毫升各一瓶套装礼品酒；（2）1 瓶 500 毫升和 4 瓶 50 毫升茅台酒及 4 个小酒杯套装礼品酒。这套茅台酒就是 500 毫升、375 毫升、200 毫升、50 毫升各一瓶套装礼品酒。

"礼品套装"贵州茅台酒（四套装）

酒精度：53%vol

规格：500ml+375ml+200ml+50ml

"礼品套装"贵州茅台酒（二套装）

酒精度：53%vol

规格：500ml+50ml×4

国家标准样品贵州茅台酒

此款礼盒内装 53%vol、43%vol、38%vol（200ml）各一瓶

国家标准样品贵州茅台酒

此款礼盒内装 53%vol 的 500ml、50ml 各一瓶

贵州茅台酒礼盒（225ml）

此款礼盒内装 38%vol 的 225ml 两瓶

鉴藏要点：

根据全国标准样品技术委员会下达的任务，由辽宁省标准样品开发中心研制的贵州茅台酒国家标准样品，经国家级白酒评委组成的专家组品评和国家级检测机构的检验分析，确认符合有关国家标准要求，并通过国家质量监督检验检疫总局的审查，被批准为合格的国家标准样品，为质量技术监督、工商行政执法部门和质量检验与质量仲裁提供科学的技术依据。

第七章　贵州茅台酒珍品　陈年

1986 年 "一七〇四年"贵州茅台酒

酒精度：53%vol

规格：500ml

鉴藏要点：

1986 年，茅台酒推出由著名包装设计师马熊设计的高端豪华礼盒装，新颖大方、酒质特别，该酒广受好评，其中铜爵的设计最为出彩。

获"金桂叶奖"后的第二年，这款高端礼盒装茅台酒开始量产，最早一批由于没有命名，人们根据包装上面的印章称这款酒为"一七〇四"。

1986 年 6 月，茅台酒珍品豪华装获"亚洲之星"国际包装奖。以红黑白金四色为主色调的高端礼盒，有金属酒爵及"金桂叶奖"证书复制版。乳白玻璃瓶，金属盖红膜挂飘带。"飞天标"为珍品一代飞天标，图案线条很粗糙，印刷套色不准。证标落款"中国茅台酒厂出品"。背标简体中文配英文。

另："飞天标"右侧飞天女左眼为一道长线条，无眉毛。外盒"贵州茅台酒"五个大字为中国著名书法家、书法教育家麦华三先生题写。其右下方印签"中国贵州茅台酒厂出品"为印章形制，篆书字体。

1986 年亚洲之星国际包装奖

1986 年"一七〇四年"贵州茅台酒（一七〇四压陈年）

酒精度：53%vol

规格：500ml

鉴藏要点：

茅台酒盒子上有"一七〇四年"印章，这个印章得从茅台酒的历史
说起。清康熙四十三年（1704 年），茅台镇"偈盛烧房"将其生产的
酒定名为茅酒。据成书于清道光年间的《遵义府志》记载，"茅台酒、
仁怀城西茅台村制酒，黔省称第一。……茅台烧房不下二十家，所
费山粮不下二万石"，说明在第一次鸦片战争 1840 年前后，茅台镇
酿酒产业已经初具规模。道光二十三年（1843 年），清代诗人郑珍咏
赞茅台"酒冠黔人国"。所以，1704 年便成了茅台酒可追溯的历史源
头。此款为"一七〇四年"压"陈年"。

1986 年 "陈年" 贵州茅台酒

酒精度：53%vol

规格：500ml

鉴藏要点：

1986 年，茅台酒推出由著名包装设计师马熊设计的高端豪华礼盒装，新颖大方、酒质特别，该酒广受好评，其中铜爵的设计最为出彩。人们根据包装上面的印章，称这款酒为"陈年"。

1986 年 6 月，茅台酒豪华包装获"亚洲之星"国际包装奖。包装是以红、黑、白、金四色为主色调的高端礼品盒，有金属酒爵及"金桂叶奖"的证书复制版。此款包装盒上的"陈年"印章与正标上的"陈年"印章有所区别。正标"AGED"表示"陈年的"，说明与当年普通茅台的酒质不同，为陈年酒质。

1987 年 "珍品" 贵州茅台酒（珍品压陈年）

酒精度：53%vol

规格：500ml

鉴藏要点：

"一七〇四" 之后出现了用 "珍品" 小纸片盖住 "陈年" 字样的情况，俗称 "珍品压陈年"。

1987—1988 年 "珍品"贵州茅台酒（方印）

酒精度：53%vol

规格：500ml

鉴藏要点：

此款正标与酒盒上的珍品印为方形，称为"方印"珍品。英文"PRECIOUS"表示"珍贵的"。酒标上标注"中国贵州茅台酒厂出品"，比之前多了"贵州"两字。

"珍品"贵州茅台酒（50ml）

"珍品"贵州茅台酒规格丰富，有500ml、375ml、200ml、50ml

1987—1988 年 "珍品"贵州茅台酒（开口方印）

酒精度：53%vol

规格：500ml

鉴藏要点：

此款为开口方印，T字头 "TREASURE"为珍贵之意。 其余特征同上页。

"开口珍品"贵州茅台酒规格丰富， 有 500ml、375ml、200ml、50ml

1989 年 "珍品" 贵州茅台酒（曲印）

酒精度：53%vol

规格：500ml

鉴藏要点：

20 世纪 80 年代后期的 "珍品" 贵州茅台酒，包装上的 "珍品" 二字又有了变化，印章边框不再是整齐的长方形，而是换成了不规则形状，被称为 "曲印"。

从 "一七〇四" 开始到 80 年代末的 "珍品" 系列，贵州茅台酒的包装和同期的 "飞天牌" 贵州茅台酒相比共性很多。比如：都是金属瓶盖，外包红色塑料胶帽，红色飘带；背标文字一样；正标中容量 "ML" 均为大写。

特征：1. "珍品" 印章边框改为不规则形状，仍书 "珍品" 二字，但字体稍有变化，俗称 "曲印"。2. "曲珍" 印章边框有两处开口，一个在右侧，另一个在 "品" 字的下方。3. 正标落款格式为 "中国贵州茅台酒厂出品"，"中国" 二字占一行。4. 容量为大写英文 "ML"。5. 正标最下面一行英文 "KWEICHOW CHINA" 中间下半年不带逗点。6. 瓶底出现 "清玻" 字样。7. 该款 "曲印" 印章形状基本定型，为后来的珍品系列一直沿用。

1989 年竖式简装珍品茅台酒（53%VOL 500ML）

1990 年 "珍品" 贵州茅台酒（大曲印）

酒精度：53%vol

规格：500ml

鉴藏要点：

"珍品"贵州茅台酒从本年开始将出厂日期印在一枚小标签上，附夹在包装盒里。此酒的"珍品"印章与1989年和1991年以后的有所不同。正标中容量"ml"为小写。

此酒为1990年出品，因其"珍品"印章比1989年的稍大一点，故称为"大曲印"。

特征：1. "珍品"印章字体形状与"方印"相同，只是左侧上下角内凹。2. "飞天标"线条图案比先前协调好看一些。3. 开始出现"食品小标签"，记载日期、批号等信息，放置于包装盒内。这种"大曲印"珍品数量很少，有一定的收藏价值。

名 称：	贵州茅台酒
标准代号：	黔Q11-84
配 料：	高粱，小麦1:1
批 号：	
生产日期：	1990年8月15日
厂 址：	贵州省仁怀县茅台镇

1990年食品小标签

1991 年 "珍品" 贵州茅台酒（曲印）

酒精度：53%vol

规格：500ml

鉴藏要点：

"珍品"二字为"曲印"，酒精度标识为 53%vol。

该款酒是 1989 年 "曲珍" 的延续。其瓶型、封口、印签标识等基本上沿用了 1989 年的 "曲珍"。不同的是：从 1990 年起，正标右下角厂名落款改为繁体，背标文字也由中文简体字改为中文繁体字，英文未变。

1991 年 200ml "珍品" 贵州茅台酒

1992 年 "珍品" 贵州茅台酒

酒精度：53%vol

规格：500ml

鉴藏要点：

1. 以红黑白金四色为主色调的高端礼品盒,统称"纸珍"。2. 乳白玻璃瓶、金属盖红膜封口，挂飘带。3. 封膜顶部有"茅台"暗记。4. "珍品"印章为不规则形状，俗称"曲珍"。5. 容量字母 1992 年前为"mL"，1992 年后为"ml"。6. 背标中文为繁体字。7. 酒精含量标志 1992 年前为"VOL"。

1992 年下半年改为"(v/v)"。8. 瓶底字样有"清玻""美工"等。

1992 年"珍品"的酒精含量标志改为"(v/v)"，此前为"VOL"。1992 年开始出现"木珍"，即外包装盒为木质制作，以后延续使用。

当年简装的珍品茅台酒

1993 年 "珍品" 贵州茅台酒

酒精度：53%vol

规格：500ml

鉴藏要点：

1. 以红黑白金四色为主色调的高端礼品盒，统称"纸珍"。2. 乳白玻璃瓶，金属盖红膜封口，挂飘带。3. 封膜顶部有"茅台"暗记。4. "珍品"印章边框为不规则形状，俗称"曲珍"。5. 容量字母 1992 年前为"mL"，1992 年后为"ml"。6. 背标中文为繁体字。7. 酒精含量标志 1992 年前为"VOL"，1992 年后改为"（v/v）"。8.1993 年瓶底字样开始出现"景玻"，与"美工"同时使用到 1995 年。

1994 年 "珍品" 贵州茅台酒

酒精度：53%vol

规格：500ml、375ml

鉴藏要点：

1994 年和 1993 年的 "珍品" 贵州茅台酒基本相同，酒精度标注为 53%（v/v）。日期批号等使用 "食品小标签" 标注。日期批号均为蓝色，批号为四位数，中间加两横杠 "--"。日期全写，带年月日。

1994 年 375ml 的 "珍品" 贵州茅台酒

1995 年 "珍品"贵州茅台酒

酒精度：53%vol

规格：500ml、375ml

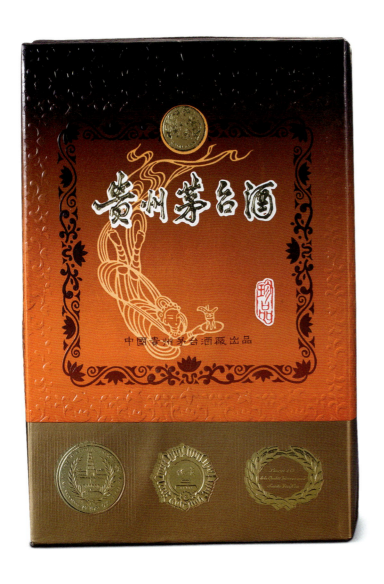

鉴藏要点：

1.1995 年 2 月 21 日，贵州茅台酒厂启用喷码机，将生产日期、批号、编码喷于红色胶帽上。喷码字形较后期宽短，"0"字里面有上右下左一斜道，"1"字"穿鞋戴帽"。年份标示为两位数，无"19"。2. 由于胶帽收缩等原因，有些字体变形或显示不全为正常。3.1995 年喷码和"食品小标签"同时使用，直到 1998 年。4. 从 1995 年底开始，瓶底图案统一改为"五星"图案。

1995 年 375ml "珍品"贵州茅台酒

1996 年 "珍品"贵州茅台酒（金属盖）

酒精度：53%vol

规格：500ml

鉴藏要点：

外观与 1995 年版无异，1996 年 3 月 25 日，开始采用日本生产的酒瓶
用于 "珍品"贵州茅台酒包装，此酒瓶具有重量轻、光洁度好、美观实
用等优点，同年 8 月中旬金属盖停止使用。

1996 年 "珍品"贵州茅台酒（塑料盖）

酒精度：53%vol

规格：500ml

鉴藏要点：

1996 年 8 月 19 日，茅台酒厂主导产品贵州茅台酒 500ml 系列（含"飞天牌""五星牌"）正式启用从意大利 GOALA 公司进口的专用瓶盖。

这瓶 1996 年 9 月 16 日出厂的"珍品"贵州茅台酒的瓶盖，正是第一批采用高档塑料材质的防倒灌专用瓶盖，外套透明胶套，出厂日期为喷码。

特征：1. 更换瓶盖和封口，1996 年 8 月正式启用从意大利引进的防盗塑料瓶盖，外套透明封膜。2. 使用喷码打印日期批号，喷码特征同 1995 年酒。3. 从 1995 年下半年起，"飞天标"右侧仙女右侧裤腿上端的褶皱取消。4. 仍然同时使用喷码和"食品小标签"。5. "食品小标签"字体与以前有所不同。

1997 年 "珍品" 贵州茅台酒

酒精度：53%vol

规格：500ml

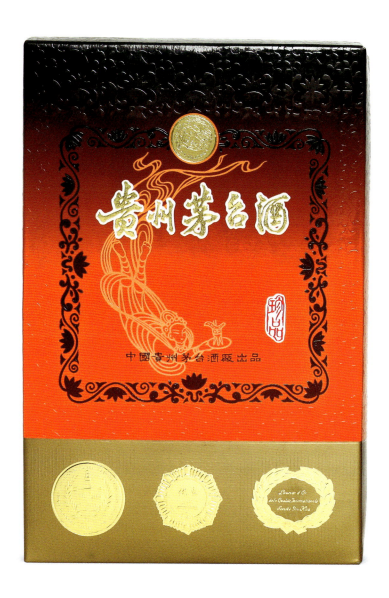

鉴藏要点：

主要特征同 1996 年款。

1998 年 "珍品"贵州茅台酒

酒精度：53%vol

规格：500ml

鉴藏要点：

1997 年 12 月 16 日，茅台集团公司在北京人民大会堂新闻发布厅召开新闻发布会，宣布将美国 3M 公司防伪技术应用到茅台酒的防伪标识上。1998 年 1 月份起，茅台酒正式启用白色 3M 防伪标识，俗称"白标"。

特征：1. 商标与包装盒特征基本同 1997 年款。2.3M 防伪标，白底红字横书"国酒茅台"。3. 除原有纸盒、木盒外，1998 年又出产一款手提箱式木盒包装，俗称"大盒木珍"。4. 容量标示为"mL"。

为避免浪费，打上"971227"喷码的防伪标被用在了 1998 年 8 月包装的珍品茅台酒上。

同年，还上市了一款"手提箱"式"珍品"贵州茅台酒

1999 年 "珍品"贵州茅台酒

酒精度：53%vol

规格：500ml

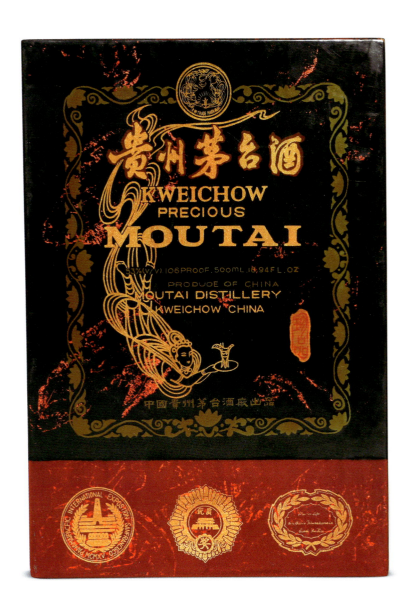

鉴藏要点：

1999 年 4 月 26 日，酒厂决定启用加拿大镭射技术深蓝色防伪标，当时是世界上较为先进的镂空技术，保留了折光变色技术和隐性图案技术，其他同 1998 年款。

由于该标颜色近似黑色，收藏界简称其为"黑标"。

美国 3M 防伪标识　　1999 年上半年　　加拿大深蓝色防伪标识　　1999 年下半年

2000 年 "珍品" 贵州茅台酒

酒精度：53%vol

规格：500ml

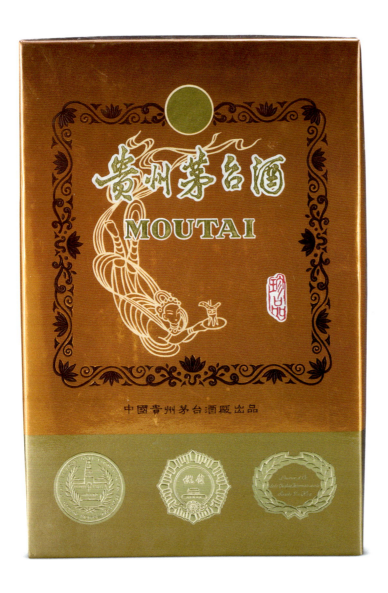

鉴藏要点：

2000 年上半年为加拿大镭射技术深蓝色防伪标，2000 年下半年启用上海天臣防伪标，白底红字竖写 "国酒茅台"，中间有贵州茅台酒企业 LOGO，内层暗印 "MOUTAI" 字母，荧光下可见，俗称 "白标"。喷码字体格式改变，年份标示改为八位数，"0" 字中间无一斜道。"1" 字不 "穿鞋"。

加拿大深蓝色防伪标识

上海天臣防伪标识

2001 年 "珍品" 贵州茅台酒

酒精度：53%vol

规格：500ml、375ml

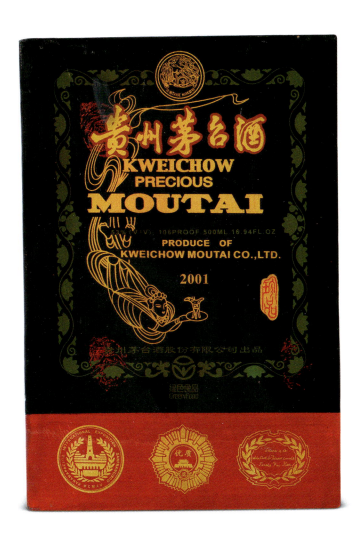

鉴藏要点：

贵州茅台酒股份有限公司于 2001 年开始在出厂的茅台酒包装盒、商标显著位置标明出厂年份。

特征：1. 包装木盒颜色由灰暗色变为鲜明的墨绿黄色，上加年份字样和"绿色食品"标志。2. 右下角厂名落款，由繁体"中國貴州茅台酒廠出品"改为简体"贵州茅台酒股份有限公司出品"，英文字母由三行变二行。3. 封口防伪标内层有"作废"二字，意为撕开即作废。4. 瓶底五星图案多数不清晰。

2001 年金属盖 "珍品" 贵州茅台酒 375ml，金属盖到本年结束

2002 年 "珍品" 贵州茅台酒

酒精度：53%vol

规格：500ml

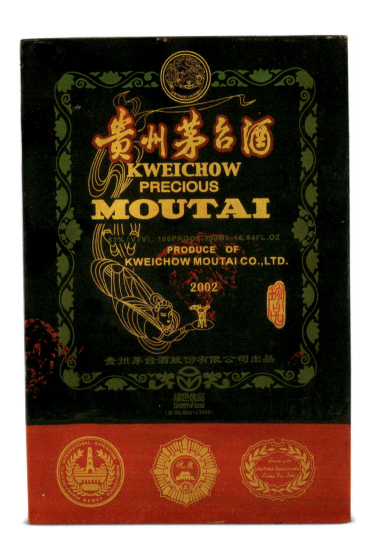

鉴藏要点：

包装木盒是鲜明的墨绿黄色，配有中英文绿色食品标志，封口
防伪内层撕开即作废，主要特征同 2001 年款。

2002 年 "珍品" 贵州茅台酒（大木盒）

2003 年 "珍品"贵州茅台酒

酒精度：53%vol

规格：500ml、375ml

鉴藏要点：

2003 年珍品茅台酒结束使用了近 16 年的珍品专用飞天图案，使用一款与 20 世纪 90 年代"大曲珍"特征近似的飞天图案。

特征：外包装同 2002 年，更换"飞天标"，新标图案线条优美，与 90 年代普茅"飞天标"相似，右侧仙女有鼻梁，有耳朵眼，右侧裤腿上端有褶皱。封口白标仍为"作废"标，荧光照射能见"作废"二字。

2003 年 375ml "珍品"贵州茅台酒

2004 年 "珍品" 贵州茅台酒

酒精度：53%vol

规格：500ml、375ml

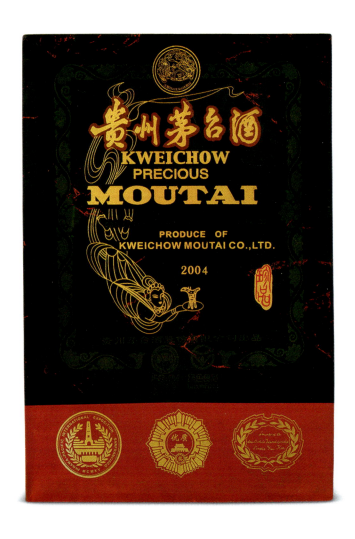

鉴藏要点：

外盒包装与 2002 年珍品基本相同，增加了"国际有机认证"和高级材料学会（IFAM）组织的认证标志。

特征：1. 瓶盒标识包装等基本同前款。2. 约在下半年更换背标，由原繁体中文加英文标改为全中文简体字标。3. 开始启用白色防伪查询标，贴于瓶盖顶部，印有茅台酒标志、条形码、查询电话等，揭开表层获取酒编码，拨打查询电话可查真假。

2004 年 375ml "珍品" 贵州茅台酒

2005 年 "珍品" 贵州茅台酒

酒精度：53%vol

规格：500ml

  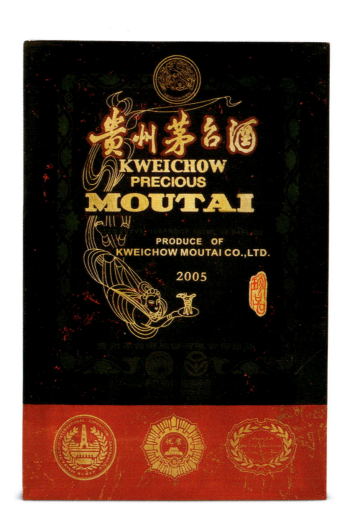

鉴藏要点：

1.2005 年与 2004 年珍品包装基本相同，"飞天标"线条图案再次改变：右侧仙女无鼻梁，仍有耳朵眼。仙女身上衣服颜色发黄。2.下面一根飘带最上方出现数字。3."飞天标"中飞天女手捧的金爵及光芒射线颜色发黑。

2006 年 "珍品" 贵州茅台酒

酒精度：53%vol

规格：500ml

鉴藏要点：

与同期普通茅台一样，珍品也将出
厂年份由正标移至背标最下方，
其他特征与 2005 年珍品相同。

2007 年 "珍品" 贵州茅台酒

酒精度：53%vol

规格：500ml

鉴藏要点：

与同期普通茅台一样，珍品也将出
厂年份由正标移至背标最下方，其
他特征与 2006 年珍品相同。

2008 年 "珍品" 贵州茅台酒

酒精度：53%vol

规格：500ml

鉴藏要点：

2008 年的 "珍品" 贵州茅台酒，使用了紫砂材质的酒瓶，盒子尺寸
有所增大，其他特征同 2007 年款。

2010 年 "珍品" 贵州茅台酒

酒精度：53%vol

规格：500ml

2011 年 "珍品" 贵州茅台酒

酒精度：53%vol

规格：500ml

鉴藏要点：

手提式木盒。增加了"中国有机产品认证""中国地理标志保护产品认证"标识。

特征：1. 使用新型材料做封口，红色塑膜，外形如同布套。顶部有五星齿轮图案。放大镜下观察，其表面有很多密密麻麻的小凸点。2. 背标加贴"条形码"，内层暗布镭射发光片，用强光可以照见。3. 外盒加印酒精度、容量等信息。

2021 年 "彩釉珍品" 贵州茅台酒

酒精度：53%vol

规格：500ml

鉴藏要点：

2021 年 12 月 29 日，彩釉珍品在茅台酒发源地"茅酒之源"正式发布，因瓷瓶采用烤漆彩釉工艺而得名。颜色以绛、红、褐、金四色为主体，每一瓶窑变花纹不一样。锌合金古铜色瓶盖与渐变景泰蓝色相得益彰，瓶盖顶部雕刻"珍品"二字，则说明了身份。正背标为烤漆工艺，版式与之前基本一致，但突出了红色"一七〇四年"印章，延续了 1986 年珍品问世以来的文化传统。酒盒还印有奏乐飞天、源远流长雕塑、茅台四方井等图案，文化内涵丰富。酒质为陈年酒质。

20 世纪 80 年代中期 "陈年"贵州茅台酒

酒精度：53%vol

规格：500ml

鉴藏要点：

此酒瓶身商标标注为 500ml，实际酒液量为 540ml，封口、瓶体及商标大小与 80 年代中期 0.54L 一致。包装盒为"珍品"，商标为"陈年"。正标容量写法与同期普通茅台酒相同，"ML"大写，"中国茅台酒厂出品"为简体字。酒瓶正标上印的是中文"陈年"二字和英文"AGED"。

此酒背标内容为最特殊的一款："茅台酒产于中国贵州省仁怀县茅台镇，建厂于公元 1704 年。该酒是用优质小麦、高粱和当地之优良泉水，采用中国传统的独特工艺精酿而成，并经 20 年以上的窖藏，故酒质香醇味美别具风格。"明确标出经 20 年以上的窖藏。

20 世纪 80 年代后期 "陈年"贵州茅台酒

酒精度：53%vol

规格：500ml

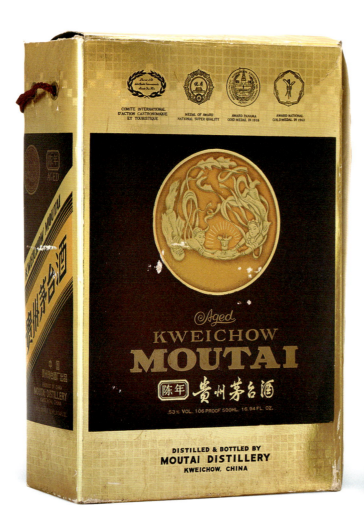

鉴藏要点：

1986 年起，茅台酒厂推出了另一个高端茅台酒系列——"陈年"贵州茅台酒。而"珍品"系列的"一七○四"和"陈年"最后被确定叫"珍品"。

这款酒的包装风格也与"珍品"不同，体积小一些，附赠三个陶瓷酒杯。酒质更好，可以把这款酒理解为后来 30 年、50 年等陈年茅台酒的雏形。

正标容量写法与同期普通茅台酒不同，"ML"大写，落款为"中国贵州茅台酒厂出品"，多了"贵州"二字。酒瓶正标上印的是中文"陈年"二字和英文"AGED"（老年、陈年的意思）。

20 世纪 90 年代前期 "陈年"贵州茅台酒

酒精度：53%vol

规格：500ml

鉴藏要点：

金属盖、红胶帽、红飘带。正标容量写法与同期普通"飞天牌"贵州茅台酒相同，"ml"小写，"中國贵州茅台酒廠出品"为繁体字。

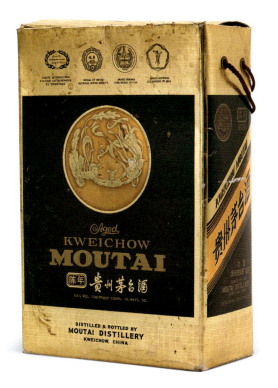

1997 年 "陈年"贵州茅台酒

酒精度：53%vol

规格：500ml

鉴藏要点：

塑料盖、透明胶帽、红飘带。正标容量写法与同期普通"飞天牌"贵州茅台酒相同，"ml"小写，"中國贵州茅台酒廠出品"为繁体字。

1992 年汉帝茅台酒

酒精度：53%vol

规格：500ml

第七章 贵州茅台酒珍品 陈年

鉴藏要点：

1992 年 11 月，"汉帝茅台酒"的包装在法国"世界之星"国际包装
博览会上获金奖，在香港以每瓶 5 万美元的价格上市。1993 年 2 月
16 日，贵州省政府在北京召开了"汉帝茅台酒"新闻发布会。

1998 年 "80 年" 贵州茅台酒

酒精度：53%vol

规格：500ml

鉴藏要点：

"80 年" 陈年茅台酒，系采用 1915 年巴拿马万国博览会时珍藏的老茅台酒精心勾兑而成，为中华民族酒文化之稀世珍宝，集酱香、窖香、醇甜于一体，具有窖香突出、幽雅细腻、酒体醇厚、回味悠长、空杯留香持久的独特风格。包装古典、雅致、华丽，内包装木盒用楠木，由中国浙江东阳木雕厂精工雕刻。陶瓶用中国宜兴紫砂陶烧制，配饰一枚 24K 纯金巴拿马金奖牌，重半盎司，由上海造币厂制造，是欣赏和收藏之珍品。

此为第一批生产的 "80 年" 贵州茅台酒、盒子、钥匙、瓶底带有统一编号 0201，并附有证书。

2002 年 "80 年" 贵州茅台酒

酒精度：53%vol

规格：500ml

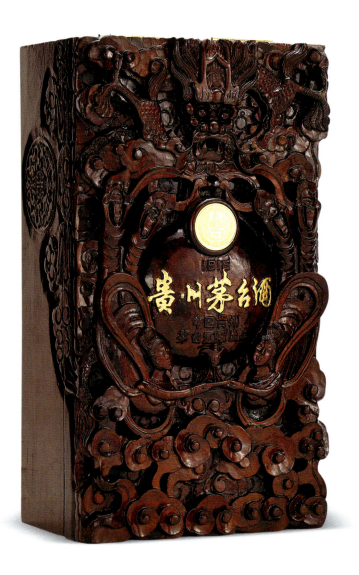

鉴藏要点：

"80 年"陈年贵州茅台酒按照"80 年"陈年贵州茅台酒标准精心勾兑而成，未添加任何香气。每年限量生产，每瓶均有编号及证书，是茅台之尊。具有酱香突出、幽雅细腻、酒体圆润醇厚、回味悠长、老熟芳香舒适显著、空杯留香持久的酒体风格。

2011 年 "80 年" 贵州茅台酒

酒精度：53%vol

规格：500ml

鉴藏要点：

2009 年 8 月 25 日在 "80 年" 贵州茅台酒瓶口启用塑料锁扣。

2011 年 8 月，公司决定对陈年茅台酒包装做出调整，其中 "80 年" 贵州茅台酒包装为玉玺形，用花梨木雕刻，四周以浮雕形式刻上 "源远流长"、"汉帝骑马"、"巴拿马万国博览会金奖" 奖牌、"宴请图" 等 4 幅图，底面为 "贵州茅台酒股份有限公司" 篆刻，加密码锁，配置 "80 年" 贵州茅台酒的专用杯；瓶体为紫砂陶，使用 "开片" 工艺，两边雕刻栩栩如生的青龙。

2013 年 "80 年" 贵州茅台酒

酒精度：52%vol

规格：500ml

鉴藏要点：

2013 年 "80 年" 贵州茅台再次改版，酒精度由 53% vol 降为 52% vol，包装盒外观也有较大改动，更显高端大气。

2017 年 "80 年" 贵州茅台酒

酒精度：52%vol

规格：500ml

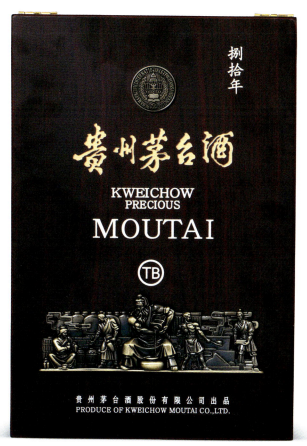

鉴藏要点：

贵州茅台酒（TB 80 年）于 2011—2017 年出品，

外包装盒均为同一款式。

2020 年 "80 年" 贵州茅台酒

酒精度：52%vol

规格：500ml

鉴藏要点：

80 年贵州茅台酒，包装延续了玉玺外观造型，延续了"源远流长"、"汉帝骑马图"、"巴拿马万国博览会金奖"、"宴请"雕刻图案，盒内配置镀金酒樽、24K 金牌、收藏证书。酒瓶为紫砂裂纹陶瓶材质，两侧为气势磅礴的祥龙雕刻造型。背标文字去掉了"国酒之尊"字样。

1997 年 "50 年" 贵州茅台酒

酒精度：53%vol

规格：500ml

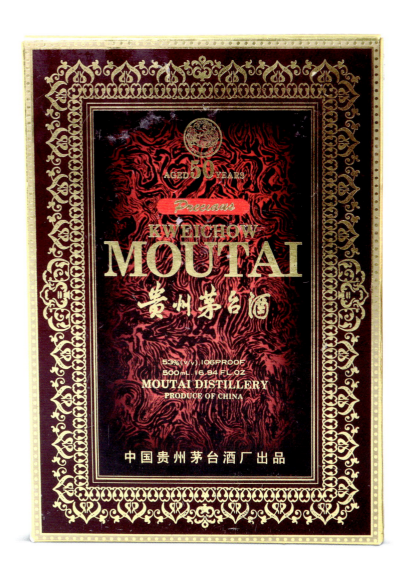

鉴藏要点：

1997 年 7 月生产第一批 "50 年" 贵州茅台酒，瓶体首次采用 "开片" 工艺。"50 年" 基酒酒龄不低于 15 年，按照 50 年陈年标准精心勾兑罐装而成。本瓶为 1997 年 7 月 22 日生产，瓶底编号为 6319 号。

1998 年 "50 年" 贵州茅台酒

酒精度：53%vol

规格：500ml

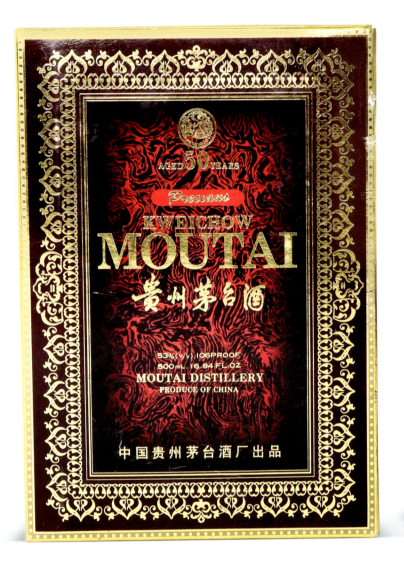

鉴藏要点：

1998 年 "50 年" 贵州茅台酒瓶体为紫砂陶，使用 "开片" 工艺，瓶底有编号，本瓶酒为 0260 号，同年开始在瓶口处启用美国 3M 公司激光防伪标。

"50 年" 贵州茅台酒按照 "50 年" 贵州茅台酒标准精心勾兑而成，未添加任何香气。具有酱香突出、幽雅细腻、酒体圆润醇厚、回味悠长、老熟芳香舒适显著、空杯留香持久的酒体风格。

启用美国 3M 公司防伪标

1999 年 "50 年" 贵州茅台酒

酒精度：53%vol

规格：500ml

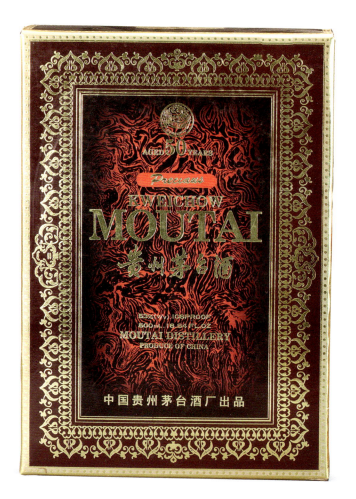

鉴藏要点：

1999 年前期采用美国 3M 白色防伪标。瓶底有编号。

1999 年下半年开始启用加拿大镭射技术深蓝色防伪标。上
贴 1999 年昆明世界园艺博览会唯一指定白酒标签。

1999 年昆明世界园艺博览会 "50 年" 贵州茅台酒

2000 年 "50 年" 贵州茅台酒

酒精度：53%vol

规格：500ml

2000 年 4 月 11 日 "50 年" 贵州茅台酒（整箱）

鉴藏要点：

2000 年前期采用加拿大镭射技术深蓝色防伪标，瓶底无编号。

2000 年下半年开始启用上海天臣防伪标。

2001 年 "50 年" 贵州茅台酒

酒精度：53%vol

规格：500ml

鉴藏要点：

据《贵州茅台酒股份有限公司志》记载，2001 年 8 月，公司决定对陈年茅台酒包装做出调整，"50 年" 贵州茅台酒瓶体为紫砂陶，使用 "开片" 工艺，雕刻青龙。50 年、30 年、15 年茅台酒外包装盒均改换成硬材质，并适当扩大尺寸。实际 2002 年才正式改用包装，2001 年继续使用小盒包装。

2001 年，贵州茅台酒全线产品均在醒目位置印上出厂年份。

2002—2006 年 "50 年"贵州茅台酒

酒精度：53%vol

规格：500ml

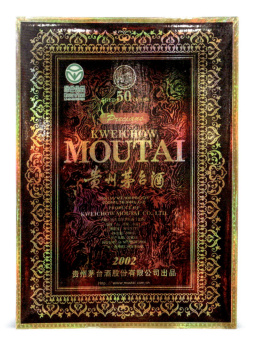

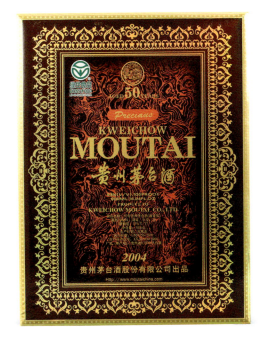

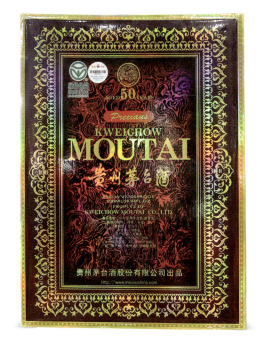

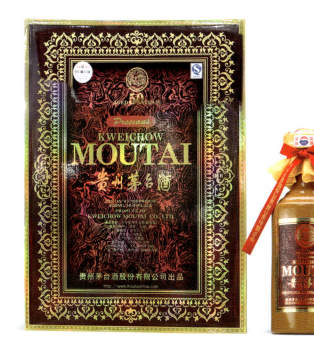

鉴藏要点：

2002 年至 2003 年上半年，瓶口采用木塞封口，2003 年下半年至 2006 年下半年，瓶口采用塑料皮塞封口。2002 年至 2006 年 "50 年" 贵州茅台酒防伪与同期普茅一样。

2008—2017 年 "50 年" 贵州茅台酒

酒精度：53%vol

规格：500ml

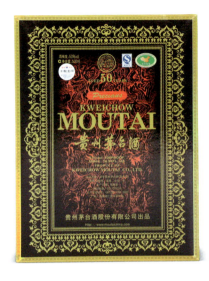

"中国宜兴"字样带编号的瓶底
从 1998 年用到 1999 年下半年

此防伪扣从 2006 年 10 月 26 日用到 2009
年上半年

"中国宜兴"字样的瓶底从
1999 年底用到 2001 年底

此防伪扣从 2009 年下半年用到 2011 年 11 月

"国酒茅台"字样瓶底
从 2002 年沿用

此防伪扣从 2011 年 11 月沿用

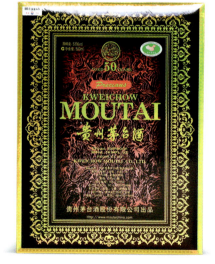

2016 年上半年，酒厂印
制了年份酒宣传手册。

2017 年 7 月 7 日起，喷码增
加了班组编号，如 AB 等。

2019—2023 年 "50 年"贵州茅台酒

酒精度：53%vol

规格：500ml

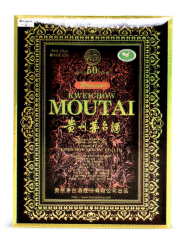

2022 年采用新版的防伪卡扣断齿

2020 年逐步采用"贵州茅台"瓶底

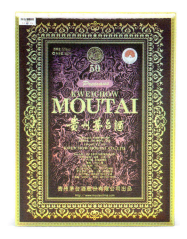

2019 年宣传手册

2023 年产品手册

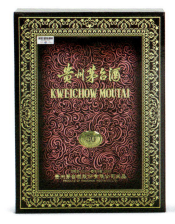

2019 年下半年，防伪标改为贵州茅台

2020 年 9 月 19 日起，"50 年"茅台年份酒，同步启用新版地理标志专用标志，外包装上地理标志由绿色变成了红色。

1997—1998 年 "30 年" 贵州茅台酒

酒精度：53%vol

规格：500ml

鉴藏要点：

1997 年 7 月 22 日，首次包装 "30 年" 茅台酒。取代了原来的 "陈年" 系列，成为高端茅台酒的主导产品，畅销至今。其名称为 "30 年" 贵州茅台酒，也称 "30 年" 陈年贵州茅台酒或 "30 年" 陈酿贵州茅台酒，后来的 15 年、50 年、80 年的名称相同。

这瓶 1997 年 7 月 22 日出厂的 "30 年" 贵州茅台酒，是第一天第一批包装的 "30 年" 贵州茅台酒。酒瓶体为宜兴紫砂陶，使用 "开片" 工艺。

"30 年" 贵州茅台酒按照 "30 年" 贵州茅台酒标准精心勾兑而成，未添加任何香气。具有酱香突出、幽雅细腻、酒体圆润醇厚、回味悠长、老熟芳香舒适显著、空杯留香持久的酒体风格。

启用美国 3M 公司防伪标

1999—2001 年 "30 年" 贵州茅台酒

酒精度：53%vol

规格：500ml

鉴藏要点：

1999 年开始启用加拿大镭射技术深蓝色防伪标。

与同年份的普通茅台酒一样，2000 年上半年为加拿大镭射技术深蓝色防伪标，下半年为上海天臣白色防伪标。

2001 年，贵州茅台酒全线产品均在醒目位置印上出厂年份。厂名落款由"中国贵州茅台酒厂"改为"贵州茅台酒股份有限公司出品"。

加拿大防伪标　　　　上海天臣防伪标

2002—2006 年 "30 年" 贵州茅台酒

酒精度：53%vol

规格：500ml

鉴藏要点：

2002 年上半年至 2003 年上半年，瓶口采用木塞封口，2003 年下半年至 2006 年下半年，瓶口采用塑料皮塞封口。

2002 年至 2006 年 "30 年" 贵州茅台酒防伪与同期普茅一样。

2007—2019 年 "30 年" 贵州茅台酒

酒精度：53%vol

规格：500ml

"国酒茅台"字样瓶底从 2002 年沿用

此防伪扣从 2006 年 10 月 26 日用到 2009 年上半年

"中国宜兴"字样瓶底从 1997 年用到 2001 年底

此防伪扣从 2009 年下半年用到 2011 年 11 月

2017 年 7 月 7 日起，喷码增加班组编号，如 AB 字母等。

防伪扣使用时间与"50 年"贵州茅台酒一样

2016 年上半年，酒厂印制了年份酒宣传手册。

鉴藏要点：

"30 年"贵州茅台酒瓶体为宜兴紫砂，使用"开片"工艺，2012 年 1 月 10 日，启用新 30 年瓶子（瓶口、瓶底白色，陶瓷和紫砂混合型材质）。

2019—2023 年 "30 年" 贵州茅台酒

酒精度：53%vol

规格：500ml

2022 年采用新版的防伪卡扣断齿　　2020 年逐步采用"贵州茅台"瓶底

2019 年宣传手册　　　　　2023 年产品手册

2019 年下半年，防伪标　　2020 年 9 月 19 日起，30 茅台年份酒，同步
改为贵州茅台　　　　　　启用新版地理标志专用标志，外包装上地理标
　　　　　　　　　　　　志由绿色变成了红色。

鉴藏要点：

2022 年 12 月份，30 茅台年份酒新版的包装尺寸变小，商标的金色光泽
突出。酒盒和正标的"贵州茅台酒"字样不在下面，上移居中。

1999—2001 年 "15 年" 贵州茅台酒

酒精度：53%vol

规格：500ml

1999 年 1 月，首次包装 "15 年" 贵州茅台酒。紫砂瓶身，无 "开片"。1999 年上半年，"15 年" 茅台酒瓶口连接处采用透明膜包装，瓶口采用木塞封口；1999 年下半年至 2000 年上半年，瓶口连接处采用带黏性油纸包装，上面印有贵州茅台酒字样，瓶口采用木塞封口。

1999 年初采用美国 3M 白标，1999 年下半年至 2000 年上半年采用加拿大镭射技术深蓝色防伪标，2000 年下半年开始启用上海天臣防伪标。

2001 年，贵州茅台酒全线产品均在醒目位置印上出厂年份，厂名落款由 "中国贵州茅台酒厂出品" 改为 "贵州茅台酒股份有限公司出品"。

1999 年 "15 年" 的两种瓶口　　　1999 年瓶盖喷码

2002—2008 年 "15 年" 贵州茅台酒

酒精度：53%vol

规格：500ml

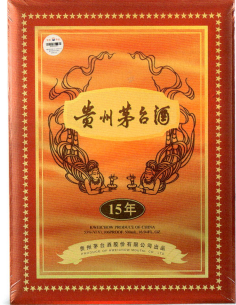

鉴藏要点：

2000 年至 2003 年上半年，瓶口采用木塞封口；2003 年下半年至 2004 年底，瓶口采用大头塑料皮塞；2004 年底至 2005 年 12 月 30 日，采用小头塑料皮塞；2005 年 12 月 31 日，开始使用防伪扣和水晶珠子，一直到 2009 年上半年；2009 年下半年至 2011 年 11 月份，在原来基础上增加了防二次开启的塑料扣；2011 年 11 月至 2021 年，防伪扣及瓶身发生变化，详图见后；2012 年至 2021 年，瓶身改为黄瓶封釉，沿用至今；2017 年 7 月，瓶口生产日期正式换成有班组编号的喷码。

2017—2019 年 "15 年" 贵州茅台酒

酒精度：53%vol

规格：500ml

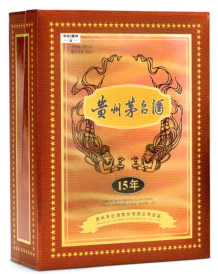

此防伪扣从 2005 年 12 月 31 日用到 2009 年上半年

此防伪扣从 2009 年下半年用到 2011 年 11 月

此防伪扣从 2011 年 11 月沿用

此瓶底从 1999 年用到 2004 年底

此瓶底从 2005 年用到 2011 年底

此瓶底从 2012 年沿用

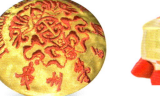

2009 年 6 月 17 日，"15 年"茅台酒启用新头巾，头巾上"贵州"的"州"改为"州"。

2017 年 7 月 7 日起，喷码增加班组编号，如 AB 字母等。

鉴藏要点：

2012 年 1 月 11 目，"15 年"茅台酒启用新瓶体，同时取消瓶底的供应商代码"2"字样，"1"字样的代码继续保留。

2016 年上半年，酒厂印制了年份酒宣传手册。

第七章 贵州茅台酒珍品 陈年

253

2019—2023年 "15年" 贵州茅台酒

酒精度：53%vol

规格：500ml

2022年采用新版的防伪卡扣扭断齿

2020年逐步采用"贵州茅台"瓶底

2019年宣传手册

2023年产品手册

2019年下半年，防伪标由"国酒茅台"改为"贵州茅台"

2020年9月19日起，"15年"茅台年份酒，同步启用新版地理标志专用标志，外包装上地理标志由绿色变成了红色。

鉴藏要点：

2022年底，茅台15年份酒改版，酒标的色泽由之前的饱满古朴，变为相对低的饱和度。正标顶部的海洋标变为飞天标，背标图案由之前的五角星包围，变为双龙环绕。酒盒尺寸略小，"飞天仙女"线条由黑色变为金色。酒盒上"15年"变为"15"，盒内的防伪手册、宣传手册，合二为一成产品手册。

53%vol 500ml 贵州茅台酒（香港回归纪念）

整箱的香港回归纪念酒　12瓶

为纪念香港回归这一历史性时刻，茅台酒厂率先发行纪念酒——香港回归祖国纪念茅台酒。此款为纪念香港1997年7月1日回归祖国特制，共1998瓶，每瓶都带有编号，其中1997号为2瓶，茅台酒厂收藏1瓶。包装大致和普通茅台酒一样，每瓶均印有编号，以及季克良签名的收藏证书。纪念酒见证了经过百年风雨沧桑和屈辱，香港终于回归的伟大时刻，让我们铭记历史，感受到祖国的强大。

53%vol 500ml 贵州茅台酒

（香港回归祖国五周年纪念）

2002年推出的"贵宾特制"茅台酒正逢香港回归五周年，包装盒印有"香港回归五周年纪念"标志。瓶身采用烤金磨砂工艺，伴有金色飞龙。

53%vol 500ml 贵州茅台酒

（香港回归祖国十周年纪念）

为2007年中华人民共和国对香港"恢复行使主权"十周年而特别发行的礼盒装纪念茅台酒。

53%vol 500ml 贵州茅台酒

（纪念香港回归典藏）

此酒为纪念香港回归，2008年出品，瓶身造型与皮质浮雕外盒极具特色。

53%vol 500ml 贵州茅台酒

（庆祝香港回归祖国十周年
中央政府驻港联络办订制）

2007 年 7 月 1 日，庆祝香港回归祖国十周年
大会在香港会展中心隆重举行，此酒为中央
政府驻港联络办订制。

53%vol 500ml 贵州茅台酒

（庆祝香港回归祖国十五周年
中央政府驻港联络办订制）

2012 年 7 月 1 日，庆祝香港回归祖国十五周
年大会在香港会展中心隆重举行，此酒为中
央政府驻港联络办订制。

53%vol 500ml 贵州茅台酒

（庆祝香港回归祖国十五周年　紫荆山庄）

为庆祝中华人民共和国中央人民政府对香港
特别行政区行使主权十五周年，2012 年特别
发行的礼盒装纪念茅台酒。

53%vol 500ml 贵州茅台酒

（庆祝香港回归祖国二十周年
中央政府驻港联络办订制）

为庆祝中华人民共和国中央人民政府对香
港特别行政区行使主权二十周年，2017 年
特别发行的纪念茅台酒。

53%vol 375ml 贵州茅台酒

（庆祝香港回归祖国二十周年"鸡年"）

2017 年是农历丁酉鸡年，亦是香港回归二十
周年，金鸡报晓，万象更新，特别值得纪念。

53%vol 500ml 贵州茅台酒

（庆祝香港回归祖国二十周年　国酒茅台之友协会）

香港国酒茅台之友协会成立于 2001 年，秉承"弘扬茅台、促进文化、
帮助贵州、发展经济"的理念，积极开展各种文化活动。此款 2017
年出品，酒质为 50 年陈酿。

53%vol 500ml 贵州茅台酒

（港区省级政协委员联谊会庆祝香港回归 20 周年纪念）

2017 年是香港回归 20 周年，为纪念"一国两制"的成功实践，此款于 2018 年出品。

53%vol 500ml 贵州茅台酒（庆祝澳门回归祖国）

为纪念澳门 1999 年 12 月 20 日回归祖国而特制，包装豪华，特制 2000 瓶，每瓶均有编号，并附有季克良签名的收藏证书。

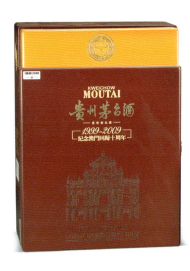

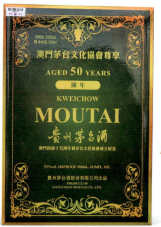

53%vol 500ml 贵州茅台酒

（庆祝中国人民解放军驻澳门部队

进驻澳门十周年）

2009 年是中国人民解放军驻澳门部队进驻澳门十周年。此款为纪念酒。

53%vol 500ml 贵州茅台酒

（纪念澳门回归祖国十周年）

2009 年 8 月 28 日，澳门回归祖国十周年活动在北京人民大会堂举行。现场展示了"纪念澳门回归十周年"珍藏版茅台酒。

53%vol 500ml 贵州茅台酒

（澳门回归十五周年暨茅台文化协会成立纪念）

2014 年 12 月 1 日，庆祝澳门回归祖国十五年暨澳门茅台文化协会成立典礼在澳门旅游塔会展中心举行。此款为纪念酒。

2015 年 12 月 29 日，澳门特区政府在旅游塔会展中心举行盛大酒会，隆重庆祝澳门回归祖国暨澳门特别行政区成立 16 周年。16 周年纪念酒于 2015 年出品。

53%vol 500ml 贵州茅台酒

（澳门回归 16 周年纪念）

53%vol 4.5L 贵州茅台酒

（澳门回归 16 周年纪念）

53%vol 1.6L 贵州茅台酒

（澳门回归 16 周年纪念）

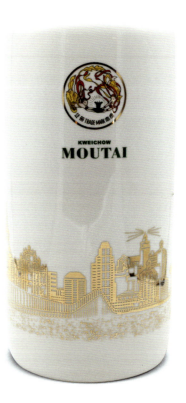

53%vol 5L 贵州茅台酒（澳门回归 18 周年纪念）

2017 年 12 月 20 日，澳门特别行政区政府在澳门金莲花广场举行升旗仪式，庆祝澳门回归祖国 18 周年。18 周年纪念酒于 2017 年出品。

1999 年国庆 50 周年，茅台酒厂特别选用陈年茅台精心勾兑了一批酒用以纪念这一历史时刻。此酒瓶身古朴，为宜兴彩陶紫砂烧制而成，并采用"开片"技术，瓶底烧制编号，配以"浙江三雕"中的"东阳木雕"为基座，镂空雕琢飞天、祥云造型环绕其上。2000 年，此包装获得联合国世界包装组织"世界之星奖"，该酒出产后，中国历史博物馆接受茅台酒厂捐赠一瓶，并颁发收藏证书。此款酒共出产 5000 瓶，附有季克良签名的收藏证书。

53%vol　500ml　贵州茅台酒（国庆 50 周年盛典茅台纪念）

53%vol　500ml　贵州茅台酒（国庆 50 周年盛典茅台纪念）

为纪念中华人民共和国成立 50 周年特制的纪念酒。采用磨砂玻璃瓶礼盒装，背标文字与众不同："贵州茅台酒是中华人民共和国国酒和外交酒，是酿造者以神奇的智慧，提高粱之精，取小麦之魂，捕捉特殊环境里不可替代的微生物发酵、糅合、升华而耸起的酒文化丰碑。它由酱香、窖底、醇甜等三种香型体组成，其微量元素有 270 多种。茅台酒因具有高温制曲、二次投料、八次高温堆集和下窖发酵、七次取酒、长期陈酿、精心勾兑等特殊工艺，故酱香突出、幽雅细腻、酒体醇厚、回味悠长、空杯留香持久。"此款于 1999 年出品。

53%vol　500ml　贵州茅台酒

（茅台酒荣获国际金奖八十六周年暨国酒茅台辉煌五十年纪念）

2001 年适逢巴拿马万国博览会获奖 86 周年和茅台酒厂成立 50 周年。历经 50 多年的发展，产量从建厂初期年产 72 吨到 2001 年的 7300 吨，增长 100 多倍，企业总资产从 1.2 万元发展到 50 多亿元，增长 40 多万倍。茅台酒质量稳步提高，蝉联历届国家名酒之冠，确立并巩固了地位；2001 年利税突破 10 亿元，成为白酒行业唯一的国家一级企业、特大型企业，唯一博取"金马奖""金球奖"双奖的企业。

53%vol 500ml 贵州茅台酒（庆贺北京申奥成功）

2001 年 7 月 13 日注定是个不平凡的日子，这一天在俄罗斯莫斯科举行的国际奥委会第 112 次全会中将投票选举出第 29 届奥运会的举办城市。就在国际奥委会主席萨马兰奇念出"北京"时，所有的中国人都沸腾了。此款为 2001 年生产。

53%vol 500ml 贵州茅台酒（庆贺中国足球梦圆世界杯）

2001 年 10 月 7 日 21 时 21 分 17 秒，沈阳五里河体育场，凭借于根伟的进球，米卢带领的中国队 1：0 击败阿曼队，以 5 胜 1 平、积 16 分的成绩，提前两轮拿到亚洲区第一张入场券，成为 2002 年韩日世界杯第 20 支出线队，这也是国足历史上第一次打入世界杯决赛圈，实现了中国足球人四十四年来"冲出亚洲、走向世界"的梦想。此款为 2001 年生产。

53%vol 500ml 贵州茅台酒（庆贺中国加入世贸组织）

2001 年 12 月 11 日，我国正式加入世界贸易组织 (WTO)。世界经济一体化、全球化是当今世界经济发展的主流，加入 WTO 即取得多边、稳定、无条件的最惠国待遇，并以发展中国家身份获得普惠制等特殊优惠待遇，有利于实现市场的多元化，使我国出口贸易有较大的增长。此款为 2001 年生产。

53%vol 560ml 贵州茅台酒

（原全国人大会议中心成立十五周年特制陈酿）

全国人大会议中心于 1996 年 5 月成立，是全国人大常委会办公厅直属的事业单位。2011 年为全国人大会议中心成立 15 周年。此款为纪念酒。

53%vol 500ml 贵州茅台酒

（神舟载人飞船发射纪念）

承载着航天员费俊龙、聂海胜的神舟六号飞船于 2005 年 10 月 12 日 9 时整发射升空，2005 年 10 月 17 日凌晨 4 时 32 分成功着陆返回。为纪念这一历史事件，茅台酒厂推出了此款纪念酒，选用的是"15 年"贵州茅台酒。

53%vol 750ml 贵州茅台酒（奥运纪念）

2008 年 8 月 8 日第二十九届奥林匹克运动会在北京开幕，中国健儿获 51 枚金牌、21 枚银牌、28 枚铜牌，刚好 100 枚奖牌。本届奥运会实现了中华民族的百年梦想，见证了中华民族的崛起，正如国际奥林匹克运动会主席罗格在闭幕式上的评价："这是一届真正的无与伦比的奥运会！"为纪念这一盛事，茅台酒厂推出了此款 750ml 的纪念酒。

53%vol 500ml 贵州茅台酒（一带一路纪念）

在历史上，茅台镇酿造的白酒一面沿着西南丝绸之路的茶马古道由陆上传播，一面经古老的海上丝绸之路向东南亚延伸，东破万里浪，西出戈壁滩，书写了一段波澜壮阔的历史。酒瓶身镌刻着世界地图和丝绸之路，勾勒出千年丝路的传承与发展，承载着贵州茅台扬帆丝路的美好愿景。此款于 2017 年出品。

53%vol 500ml 贵州茅台酒

（荣获 1915 年巴拿马万国博览会金奖 90 周年纪念酒）

53%vol 500ml 贵州茅台酒

（荣获 1915 年巴拿马万国博览会金奖纪念酒）

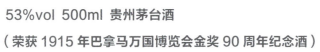

2005 年 11 月 5 日，国家轻工总会、贵州省人民政府在北京人民大会堂隆重召开大会，纪念茅台酒荣获巴拿马万国博览会金奖 90 周年。期间茅台酒厂发行纪念酒一套。采用陶瓷坛、木盒礼品 2 瓶装，内附上海造币厂生产的纪念牌，外包装盒印着包括当年茅台酒"摔瓶夺冠"的故事。因头戴一个草编的帽子得名，业界称之为"草帽茅台"。

53%vol 500ml 贵州茅台酒

（纪念改革开放三十年）

53%vol 500ml 贵州茅台酒

（中国国家博物馆见证百年复兴）

2008 年是改革开放 30 周年。30 年来是解放思想的 30 年，是解放生产力和发展生产力的 30 年，是开拓中国特色社会主义伟大道路的 30 年，是探索中国共产党执政规律的 30 年。

2012 年 7 月是中国国家博物馆建馆 100 周年。"百年国博"酒是贵州茅台酒股份有限公司为庆祝中国国家博物馆建馆 100 周年，特别推出的一款纪念珍藏酒。

每瓶酒都附有对应当天日期的《人民日报》和一本邮票专集

53%vol 600ml 贵州茅台酒（国酒茅台敬贺共和国六十华诞）

2009 年，茅台为献礼新中国六十华诞，第一次推出 600ml 以 50 年陈酿打造的世界殿堂级藏酒——"开国盛世茅台酒"以示纪念。此款由北京奥运会会徽"中国印"设计者郭春宁、奥运吉祥物"福娃"原创者吴冠英、奥运金镶玉奖牌以及体育图标设计者杭海联袂设计，首次把"六大珍品"——国酒茅台、中国红陶瓷、寿山石《人民日报》、南京云锦、建国 60 周年纪念邮票融汇于一体，无论是酒的编号、寿山石的编号、《人民日报》的日期以及邮票的编号，所有的号码都完美统一，全球限量发行的 21916 樽"开国盛世茅台酒"，铭记着新中国 60 年 21916 个繁荣富强的日子。每一天的日期就是一樽酒的唯一编号，具有珍贵的价值。

"开国盛世茅台酒"在中华五千年厚重的文化土壤上诞生，汇聚了"二位中国酿酒大师""三位北京奥运艺术大师"，还有"数十位功勋调酒师"、众多的"云锦织造师"和"玉石雕刻师"的共同智慧，融合了中国的"五行文化""酿酒文化""奥运文化""玉石文化""生肖文化""雕刻文化""陶瓷文化"和"福寿文化"，把中国几千年来的文化完美地诠释在一樽酒上，这已经远远超越了传统奢侈品的境界，足以成为一樽荣登世界殿堂级藏酒舞台的传世珍品。

53%vol 600ml 贵州茅台酒

（建国 60 周年纪念酒"金丝楠木"装）

贵州茅台酒建国 60 周年典藏酒，提炼出"6 个 6"的设计理念：木盒六面体的结构、盒顶部代表新中国的 60 年发展历程的 60 颗星、酒瓶底座周围的 6 级台阶、每级台阶高 6 毫米、600ml 容量、限量典藏 60 瓶。酒盒上浮雕的"天安门"是新中国成立时刻的见证者，上方的"祥云"代表这 60 年繁荣祥和的发展，下部象征富贵繁荣的牡丹花灿然绽放，盒底座周围 6 对飞龙戏珠，游走在祥瑞云端，浑然天成。

酒质为 50 年陈酿，包装木盒采用珍贵的楠木为主题材料，具有琥珀感和金色透明的水波纹，富有光泽，高贵稀有，由工艺大师以传统的暗榫工艺手工精雕而成。酒瓶为宜兴产陶瓷瓶，采用冰裂纹釉面的特殊烧制工艺。此款于 2009 年出品。

53%vol 600ml 贵州茅台酒（庆祝建国 60 周年纪念）

60 周年"纪念酒"的包装,以内涵"6"为理念,六边形,60 颗五角星,600ml 容量,代表"六六大顺,吉祥如意",酒瓶肩部为六角形和"吉祥如意""飘逸的祥云"造型,采用宜兴紫砂陶烧制,配上六边形、60 颗星的铜制金属皇冠盖。外盒的香港回归、神舟飞船、2008 奥运会以及人民英雄纪念碑等图片见证了 60 年辉煌岁月。纪念酒全部编号,限量发行 20000 瓶。此款于 2009 年出品。

53%vol 750ml 贵州茅台酒（人民大会堂 50 周年珍藏）

2009 年为庆祝人民大会堂落成 50 周年而出品的一款珍藏版纪念酒,该酒绝版发行、数量稀缺、不在市场流通,故存世量少。

53%vol 700ml 贵州茅台酒（1949-2019）

七十载栉风沐雨,七十载春华秋实。2019 年为表达对祖国的忠诚和挚爱,出品此款酒。瓶身、酒盒主色调为中国红,瓶身从正面开始为金龙盘绕而成的"China"字样,龙形设计中蕴含着国家标志性建筑和科技进步的代表性元素,四周祥云环绕,从上往下为"年轮线"图案,标注了部分国家大事的时间节点。酒盒为嵌入式盒体,内盒与外盒共同组成"China"字样的金龙形象,展现了新中国 70 年来的蓬勃发展。此款为 700ml 装。

53%vol 500ml 贵州茅台酒（"和平使者"世博会纪念）

2010 年 4 月 28 日，茅台酒作为上海世博会唯一指定白酒纪念版推荐暨新闻发布会在上海市举行。会上推出 4 个系统、共 81 款世博会茅台纪念酒。分别是：和平使者、醉美中华、盛世中国、世博喜酒。"和平使者" 30 年陈酿个性化国家馆限量纪念茅台酒，以参会的全球 45 个国家馆的建筑造型为模型制作的个性化包装独具匠心，每个国家限量出品 160 樽，见证上海世博这一世纪盛会。

53%vol 500ml 贵州茅台酒（"友谊使者"世博会纪念特制陈酿）

将世博纪念酒的中国、俄罗斯、美国、英国、法国五款纪念酒重新设计包装成"友谊使者"礼盒，为特需酒质。中国邮政同步发行"友谊使者"世博珍邮纪念册。

尼泊尔馆

芬兰馆

冰岛馆

捷克馆

加拿大馆

委内瑞拉馆

克罗地亚馆

新西兰馆

沙特馆

 非洲馆

 印尼馆

 墨西哥馆

 瑞典馆

 波兰馆

 爱尔兰馆

 土耳其馆

 英国馆

 阿曼馆

 美国馆

 泰国馆

 卢森堡馆

 马来西亚馆

 巴基斯坦馆

 奥地利馆

 挪威馆

 澳大利亚馆

阿联酋馆   柬埔寨馆   丹麦馆   以色列馆   印度馆   罗马尼亚馆

巴西馆   瑞士馆   西班牙馆   比利时馆   智利馆   意大利馆   新加坡馆

俄罗斯馆   日本馆   德国馆   荷兰馆   法国馆   韩国馆

53%vol 500ml 贵州茅台酒（"醉美中华"世博会纪念）

"醉美中华"15年陈酿世博中国省市馆纪念茅台酒，世博会让世界认识中国，世博会也使中国了解世界。悠久灿烂的中华文化更是借世博会展示自己，34个省、市、自治区馆是我国各民族文化多元一体团结交融的体现。"醉美中华"是为34个地方馆限量出品。

北京馆　　　天津馆　　　重庆馆　　　上海馆　　　内蒙古馆

广西馆　　　宁夏馆　　　新疆馆　　　西藏馆　　　河北馆

山西馆　　　辽宁馆　　　吉林馆　　　黑龙江馆　　　江苏馆

浙江馆　　　　安徽馆　　　　福建馆　　　　江西馆　　　　山东馆

河南馆　　　　湖北馆　　　　湖南馆　　　　广东馆　　　　海南馆

四川馆　　　　贵州馆　　　　云南馆　　　　陕西馆　　　　甘肃馆

青海馆　　　　香港馆　　　　澳门馆　　　　台湾馆

53%vol 500ml 贵州茅台酒（盛世中国）

"盛世中国"是2010年上海世博会中国馆纪念酒，以凸显中国传统建筑和审美情趣的上海世博中国馆为原型，集中体现博大的中华智慧。

53%vol 500ml 贵州茅台酒（世博喜酒）

"世博喜酒"是2010年世博会喜酒，以传统"喜"字组合吉祥图案，突出热烈祥和、仁和富足的庆典元素。

53%vol 500ml 贵州茅台酒（世博纪念酒）

"世博纪念酒"是2010年以特制茅台酒装瓶的世博喜酒。

53%vol 500ml 贵州茅台酒（世博会50年陈酿珍藏）

为庆祝2010年世界博览会首次在中国举办，贵州茅台酒股份有限公司作为上海世博会唯一白酒高级赞助商、世博会唯一指定白酒，特全球限量发行2010樽"2010年上海世博会五十年陈酿（珍藏）贵州茅台酒"。珍藏酒选用50年陈酿茅台酒，外包装花梨木酒盒借鉴2010年上海世博会中国馆的造型，浓缩了中国古建筑榫卯结构严谨而极富美感的智慧。蕴涵五十载岁月精华的陈酿茅台酒被置于有7000年制陶历史的宜兴陶瓷瓶中，瓶身沿用传统开片烧制工艺，釉面形成的冰裂纹素净典雅。瓶肩处加入2010年上海世博会吉祥物海宝的形象，瓶盖为浓缩的世博会中国馆造型。整樽纪念酒融合了中国传统文化与世博会元素，极富收藏价值。

53%vol 50ml×6 贵州茅台酒（国营 60 周年纪念）

2011 年 11 月 8 日，茅台酒厂举行活动庆祝国营 60 周年。统计数据显示，1952 年茅台酒产量仅 75 吨，2010 年茅台酒产量达到 26284 吨、销量 10141 吨；集团公司实现销售收入 155 亿元、利税 117.6 亿元、利润 79 亿元。"十一五"以来，茅台集团人均利润率、人均利税率等主要经济指标高居行业榜首，创造了全行业 18% 的利税、11% 的税金。"贵州茅台"股票一直表现强劲，是沪深两市绩优股、第一高价股，总市值在白酒行业上市公司中排名第一。此套一盒 6 瓶，每瓶 50ml，涵盖了普茅、茅台红军酒、15 年、30 年、50 年等 6 个品种。

53%vol 500ml×4 贵州茅台酒
（历史见证 光辉历程）

2011 年，是辛亥革命 100 周年，中国共产党成立 90 周年，红军长征胜利 75 周年，茅台酒厂建厂 60 周年。该套纪念酒完美呈现了中国百年的历史发展进程，见证着中国人自立、自强、进步、和谐的民族尊严，具有极强的观赏性和收藏意义，是有价值的"红色文化"藏品。

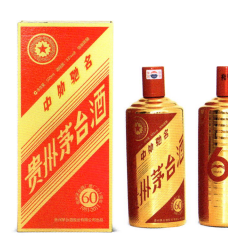

53%vol 500ml 贵州茅台酒
（建厂 60 周年）

2011 年是茅台国营 60 周年，这 60 年是企业思想大解放、经济指标大增长、规模大扩张、管理大加强、结构大调整、改革大深化、人力资源大增强、市场建设大突破、生态文明大推进、对外投资大扩展、科研信息化大深入、文化影响大彰显、品牌形象大提升、员工收入大提高的 60 年。

53%vol 700ml 贵州茅台酒
（茅台辉煌 70 周年纪念 红）

茅台辉煌 70 周年纪念酒，酒瓶酒盒通体为中国红，金色四方形瓶盖，正标右下方设计两枚印章，分别是"一九五一年""二〇二一年"，背标显示"陈酿"酒质，容量为 700ml。此款于 2021 年出品。

53%vol 700ml 贵州茅台酒
（茅台辉煌 70 年 白）

茅台辉煌 70 年白瓶装是套装礼盒七瓶酒的其中之一，该礼盒包括飞天茅台、君品习酒、赖茅、华茅、王茅、茅台不老酒、茅台醇。其中飞天茅台酒未带飘带，首次采用了 700mL 装，正标印有茅台辉煌 70 年（1951—2021）标识。其余品种均为 375mL 装。此款于 2021 年出品。

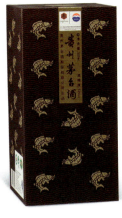

贵州茅台酒（世界园艺博览会纪念）

53%vol 500ml×4 43%vol 500ml×6

为庆祝并纪念 2011 西安世界园艺博览会的召开，茅台特别推出"2011 西安世界园艺博览会纪念酒"。此酒共分两个系列，分别是"盛世帝都"和"花开盛世"。

"盛世帝都"分为四款，分别是外形设计源自中国历代钱币的"财富人生"，外形设计源自经典玉琮的"八方来仪"，外形设计源自传统活字印刷的"酒中八仙"，外形设计源自历史文化符号兵马俑的"兵马俑"。

"花开盛世"分别以中国传统吉祥图案石榴、佛手、牡丹、兰草、万年青、鸟语花香图等组成茅台酒瓶形图案。

53%vol 999ml 贵州茅台酒
（上海合作组织成员国元首理事会会议特制陈酿）

上海合作组织成员国元首理事会第十二次会议于 2012 年 6 月 6 日至 7 日在北京举行，国家主席胡锦涛作为主席国元首主持会议。成员国元首签署了《关于构建持久和平、共同繁荣地区的宣言》等 10 个文件，并一致同意接收阿富汗为上合组织观察员国、土耳其为上合组织对话伙伴国。此为会议用酒。

此款酒的收藏证书

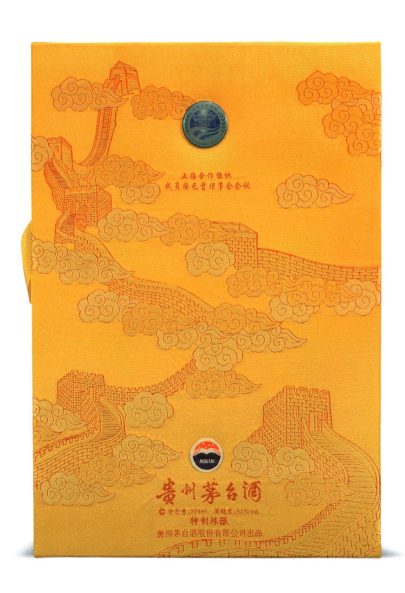

53%vol 贵州茅台酒（中国—东盟博览会）

中国－东盟博览会，由中国和东盟10国共同主办、广西政府承办的国家级、国际性经贸交流盛会，每年在广西壮族自治区的首府南宁举办，以展览为中心，开展多领域多层次的交流活动。第一届于2004年11月3日举办，第五届于2008年10月22日举办，第六届于2009年10月20日举办，第七届于2010年10月20日举办，第八届于2011年10月21日举办，第九届于2012年9月21日举办，第十届于2013年9月3日举办，第十三届于2016年9月11日举办，第十四届于2017年9月12日举办。东盟博览会见证了中国和东盟国家携手前行、合作共赢的历程，到中国的东盟客人也越来越多，2016年越南、马来西亚、菲律宾等国来华旅游人数均超过百万人次，且均保持较快增长势头。在广西，每年超过300万人次的入境游客中，有近一半来自东盟国家。以下品种均为东盟博览会纪念酒，有750ml、500ml两种规格。

53%vol 750ml 贵州茅台酒（首届中国—东盟博览会）2004年

53%vol 750ml 贵州茅台酒（第五届中国—东盟博览会）2008年

53%vol 750ml 贵州茅台酒（第六届中国—东盟博览会）2009年

53%vol 750ml 贵州茅台酒（第七届中国—东盟博览会）2010年

53%vol 750ml 贵州茅台酒

（第八届中国—东盟博览会）2011年

53%vol 750ml 贵州茅台酒

（第九届中国—东盟博览会）2012年

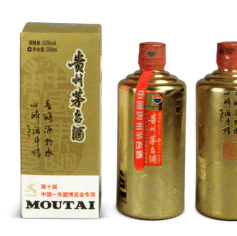

53%vol 500ml 贵州茅台酒

（第十届中国—东盟博览会）2013年

53%vol 500ml 贵州茅台酒

（第13届中国—东盟博览会）2016年

53%vol 500ml 贵州茅台酒

（第14届中国—东盟博览会）2017年

中国是酒类生产消费大国，贵州是茅台酒的故乡。中国（贵州）国际酒类博览会由中华人民共和国商务部和贵州省人民政府共同主办，是商务部"十二五"时期重点支持的专业展会。2011 年以来，贵州省已与商务部连续成功举办了七届，每年一次。贵州酒博会将政府主导和市场运作有机结合，着力打造中国最大、最好的国际酒类行业交易平台。此为酒博会纪念酒。其中 2016 年、2017 年有 50ml 装。

53%vol 500ml 贵州茅台酒
（中国［贵州］国际酒类博览会纪念）
2011 年

53%vol 500ml 贵州茅台酒
（第三届中国［贵州］国际酒类博览会纪念）2013 年

53%vol 500ml 贵州茅台酒
（第四届中国［贵州］国际酒类博览会纪念）2014 年

53%vol 500ml 贵州茅台酒
（第五届中国［贵州］国际酒类博览会纪念）2015 年

53%vol 500ml 贵州茅台酒
（第六届中国［贵州］国际酒类博览会纪念）2016 年

53%vol 500ml 贵州茅台酒
（第七届中国［贵州］国际酒类博览会纪念）2017 年

53%vol 500ml 200ml 贵州茅台酒
（第八届中国［贵州］国际酒类博览会纪念）
2018 年

53%vol 500ml 贵州茅台酒

（第九届中国［贵州］国际酒类博览会纪念）

2019 年

53%vol 500ml 贵州茅台酒

（第十届中国［贵州］国际酒类博览会纪念）

2020 年

53%vol 500ml 贵州茅台酒

（第十一届中国［贵州］国际酒类博览会纪念）

2021 年

53%vol 500ml 贵州茅台酒

（博鳌亚洲论坛成立十五周年白酒纪念酒）

2016 年 3 月 24 日，博鳌亚洲论坛十五周年以"亚洲的新未来：新活力与新愿景"为主题。十五年来，论坛已成为兼具亚洲特色和全球影响力的高端交流平台。

53%vol 500ml 贵州茅台酒

（博鳌亚洲论坛十周年）

博鳌亚洲论坛十周年于 2011 年在海南博鳌举行，主题是"包容性发展：共同议程与全新挑战"。自 2001 年成立以来，已发展成亚洲以及其他大洲国家对话的高层次平台。

53%vol 500ml 贵州茅台酒

（金砖国家领导人第三次会晤纪念珍藏）

2011 年 4 月 14 日上午，金砖国家领导人第三次会晤在海南省三亚市亚龙湾举行，会晤的主题是"展望未来、共享繁荣"。巴西、俄罗斯、印度、南非领导人应邀与会，南非领导人作为新成员首次参加会晤。

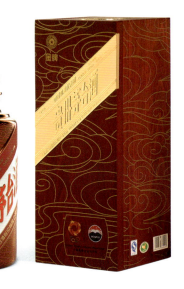

金牌纪念酒   银牌纪念酒   铜牌纪念酒

53%vol 500ml 贵州茅台酒（中国体育代表团纪念酒）

金牌为 50 年酒质，银牌为 30 年酒质，铜牌为 15 年酒质。2012 年当地时间 8 月 12 日晚，伦敦奥运会举行闭幕式。中国体育代表团表现出色，收获了 38 枚金牌、27 枚银牌、22 枚铜牌，排名金牌榜第二和奖牌榜第二，这一成绩也打破在 2004 年雅典奥运会上创造的 32 枚金牌的海外参加奥运会的最好成绩纪录。中国运动员共创造 6 项世界纪录和 6 项奥运会纪录。该产品由中国奥委会授权生产，以 2012 年贵州茅台酒股份有限公司与中国奥委会结为合作伙伴为背景，在茅台尊贵历史认同感上融入奥运创新精神，为奥运精心打造的"金""银""铜"牌系列庆功酒。

53%vol 2.5L 贵州茅台酒
（辛亥革命 100 周年纪念 总统府）

2011 年贵州茅台酒股份有限公司为纪念辛亥革命 100 周年、缅怀伟大的民主革命先行者孙中山先生，选用陈年贵州茅台酒特制"总统府珍藏"茅台酒，全球限量 2011 樽。除了醇厚的口感、幽雅的酱香，"总统府"酒选用厚重、醇正的中国红釉做瓶身，用金色浮雕再现南京总统府的形貌，让此款珍藏酒更显得弥足珍贵。

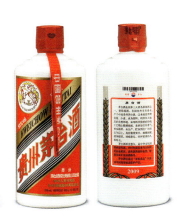

53%vol 500ml 贵州茅台酒（中华人民共和国外交部建部 60 周年纪念）

中华人民共和国外交部是中华人民共和国政府的外交机关,其前身是 1949 年 10 月成立的中央人民政府外交部。
2009 年为外交部建部 60 周年。

53%vol 500ml 贵州茅台酒

（热烈庆祝党的十八大胜利召开）

中国共产党第十八次全国代表大会于
2012 年 11 月 8 日在北京召开,大会选举
了新一届的中共中央领导层。此款为庆
祝党的十八大胜利召开的纪念酒。

53%vol 500ml 贵州茅台酒

（京西宾馆建馆五十周年纪念）

京西宾馆隶属于中国人民解放军原总参谋
部管理保障部,主要接待国家及军队的高
级领导。自 1964 年 9 月开业至 2014 年的
50 年间,多次接待人代会、党代会和中央
全会。

53%vol 500ml 贵州茅台酒

（紫荆山庄落成志庆）

深圳市紫荆山庄是香港中联办的科研、会务和
接待中心,2010 年落成。此款于 2011 年出品。

53%vol 750ml 贵州茅台酒（中国海军首艘航空母舰纪念酒）

2012 年 9 月 25 日，中国首艘航空母舰"辽宁舰"在中国船舶重工集团公司大连造船厂正式交付中国海军。中国几代人的海洋强国梦、航母梦就此实现。贵州茅台酒股份有限公司推出此款茅台酒，以兹纪念。

53%vol 500ml 贵州茅台酒

（隆重庆祝中国人民解放军建军八十周年）

中国人民解放军诞生于 1927 年 8 月 1 日的南昌起义，2007 年为建军 80 周年。

53%vol 500ml 贵州茅台酒

（纪念中国核潜艇建成服役 40 周年）

20 世纪 70 年代，一支代号为 09 的特殊部队诞生了——中国核潜艇部队。第一艘核潜艇于 1970 年 12 月下水，1974 年 8 月正式服役。此款于 2014 年出品。

53%vol 500ml 贵州茅台酒

（纪念《见证中国核潜艇》出版发行 5 周年）

《见证中国核潜艇》于 2013 年出版，该书让广大读者了解中国核潜艇创业发展的艰辛历程，并发扬"核潜艇精神"。此款于 2018 年出品。

53%vol 500ml 贵州茅台酒

（神舟七号载人航天飞行专用）

2008 年 9 月 28 日，神舟七号载人航天飞行圆满成功，实现了我国空间技术发展具有里程碑意义的重大跨越。国家主席胡锦涛为我国研制的舱外航天服题名"飞天"。此款为纪念酒。

53%vol 500ml 贵州茅台酒

（庆祝"天宫一号"发射纪念）

天宫一号是中国第一个目标飞行器和空间实验室，2011 年 9 月 29 日在酒泉卫星中心发射成功，标志着中国迈入中国航天"三步走"战略的第二步第二阶段。

53%vol 500ml 贵州茅台酒

（庆祝首次载人交会对接任务成功发射）

2012 年 6 月 16 日，天宫一号与神舟九号载人交会对接任务成功发射，实现了四个"第一次"：第一次手控交会对接，航天员第一次访问在轨飞行器，女航天员第一次太空飞行，第一次 10 多天的载人在轨飞行。

53%vol 500ml 贵州茅台酒

（庆祝长征二号 F 火箭发射神舟十号载人飞船纪念）

2013 年 6 月 11 日，"神舟十号" 飞船用 "长征二号 F"
运载火箭在酒泉卫星中心发射，执行与 "天宫一号"
的对接、绕飞等任务。

53%vol 500ml 贵州茅台酒

（天宫一号·神舟飞船交会对接任务专用）

2013 年 6 月 13 日，天宫一号飞行器与神舟十号飞船
成功实现自动交会对接，这是天宫一号自 2011 年 9 月
发射入轨以来，第 5 次与神舟飞船成功实现交会对接。

53%vol 500ml 贵州茅台酒

（纪念中国载人航天飞行 15 周年）

2003 年杨利伟太空首飞至 2018 年的十五年时间里，
我国一共发射了 6 艘载人飞船，载人航天已迈向空间
站时代。

53%vol 500ml 贵州茅台酒

（热烈祝贺首架翔凤飞机试飞成功）

翔凤支线飞机，最早被称为 ARJ21，是 "Advanced
Regional Jet" 的简写，即 "21 世纪新一代支线飞机"。
是由中航商用飞机有限公司研制的支线飞机。2007 年
12 月 20 日宣布，中文名字最终确定为 "翔凤"。2008
年 3 月首飞成功。

53%vol 500ml 贵州茅台酒

（上海宝钢生产协力公司 20 周年庆典）

上海宝钢生产协力公司创立于 1986 年 9 月，隶属于宝钢集团开发总公司，主营业务是水渣加工、销售和发运管理等。2006 年该公司成立 20 周年。

53%vol 500ml 贵州茅台酒

（海南建省 20 周年庆典）

2008 年 4 月 26 日，海南各族各界群众在海南省人大会堂隆重集会，热烈庆祝海南建省办经济特区 20 周年。

53%vol 500ml 贵州茅台酒

（内蒙古自治区 60 周年大庆）

1947 年 5 月 1 日，内蒙古自治政府正式宣布成立。这是我国建立最早的一个民族自治区，是中国第三大省区。2007 年 5 月 1 日是内蒙古自治区成立 60 周年纪念日。

53%vol 500ml 贵州茅台酒

（西藏和平解放六十周年）

西藏自治区是中国民族自治区之一，1951 年 5 月 23 日和平解放。2011 年 7 月 19 日，庆祝西藏和平解放 60 周年大会在拉萨隆重举行。

53%vol 500ml 贵州茅台酒

（庆祝 〇 六一基地成立四十周年）

中国航天科工集团〇六一基地（贵州航天工业有限责任公司）是 1964 年经中央军委批准建立的航天产品科研生产基地。此款为 2005 年产。

53%vol 500ml 贵州茅台酒

（首届中国国际进口博览会）

2018 年 11 月 5 日，首届中国国际进口博览会在上海开幕。博览会是迄今为止世界上第一个以进口为主题的国家级展会，是国际贸易发展史上一大创举，体现了中国支持多边贸易体制、推动发展自由贸易的一贯立场。此款于 2018 年出品。

53%vol 500ml 贵州茅台酒

（中国民生银行成立十周年特制）

中国民生银行成立于 1996 年 1 月 12 日，是中国大陆第一家由民间资本设立的全国性商业银行。2006 年，民生银行举办了十周年庆典活动。此款为 2006 年纪念酒。

53%vol 500ml 贵州茅台酒

（中国银行成立 100 周年纪念）

中国银行经孙中山批准于 1912 年 2 月 5 日在上海成立，是中国大型国有控股商业银行之一。2012 年 2 月 3 日，100 周年大会在北京人民大会堂隆重举行。

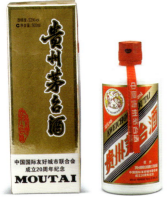

53%vol 500ml 贵州茅台酒

（中国国际友好城市联合会成立20周年纪念）

中国国际友好城市联合会由中国人民对外友好协会发起，1992 年 3 月在北京成立。该组织共有 200 多个会员城市。此款于 2012 年出品。

53%vol 500ml 贵州茅台酒

（纪念中国人民对外友好协会成立 60 周年）

中国人民对外友好协会是 1954 年 5 月 3 日由十个全国性的社会团体联合发起成立，是民间外交工作的全国性人民团体，以增进人民友谊、推动国际合作、维护世界和平、促进共同发展为宗旨。此款于 2014 年出品。

53%vol 500ml 贵州茅台酒

（国防大学第 38 期联合战役参谋培训班纪念）

参谋，将之臂膀，军之中坚。国防大学联合作战参谋班是国防大学为发展年轻指挥和参谋军官开设的班次。此款于 2010 年出品。

53%vol 500ml 贵州茅台酒

（大千生态上市纪念）

53%vol 500ml 贵州茅台酒

（遵义茅台机场通航纪念）

53%vol 50ml×2

大千生态环境集团股份有限公司是一家专门从事生态景观工程设计施工、生态环境治理、文化旅游建设运营的综合性生态环境企业，于 2017 年 3 月 10 日在上海证券交易所主板成功上市。

茅台机场作为遵义市第二座民用机场，由茅台集团和仁怀市人民政府共同出资建设。2017 年 10 月 31 日，一架国航空客波音 737 飞机从北京首都机场起飞，历经三个小时的飞行后，降落在贵州遵义茅台机场，这标志着茅台机场顺利实现通航。遵义茅台机场的通航结束了仁怀没有机场的历史，为仁怀、茅台进入新时代开启了新的篇章。当日，首航班机乘客、机组成员受到了热烈的欢迎，凭电子机票和身份证，领取到两小瓶特制的茅台酒，如上图 50ml×2 包装茅台酒。

53%vol 500ml 贵州茅台酒

（华商书院十周年）

53%vol 500ml 贵州茅台酒

（合一山居 2018 序章纪念）

53%vol 500ml 贵州茅台酒

（蓝岳集团 20 周年庆）

华商书院是专为董事长、总经理开放的国学与现代管理研修书院，成立于 2006 年 9 月。此款于 2016 年出品。

合一山居是北京绿邦置业集团以江西省崇义县得天独厚的生态环境为基础而打造。"合一"取自王阳明心学文化的核心"知行合一"。

上海蓝岳控股集团始创于 1997 年，专注于"健康地产开发"，是集投资开发、商业运营管理和物业服务为一体的多业态综合开发商。

53%vol 500ml 贵州茅台酒

（通州建市十周年特制）

此款 50 年茅台酒为 2003 年通州建市十周年纪念酒。

53%vol 500ml 贵州茅台酒

（通州建市十周年特制）

此款 30 年茅台酒为 2003 年通州建市十周年纪念酒。

53%vol 500ml 贵州茅台酒

（通州建市十周年纪念）

江苏省南通市是中国著名的"纺织之乡""建筑之乡"。
1993 年 2 月，南通县撤销改设通州市。此款为 2003
年通州建市十周年纪念酒。

53%vol 500ml 贵州茅台酒

（苏通大桥通车庆典特制）

苏通长江大桥位于江苏省东南部、连接南通和苏州两市，全长 34.2 公里，
主要由北岸接线工程、跨江大桥工程和南岸接线工程三部分组成。其主跨
径达到 1088 米，是世界位居第二大跨径的斜拉桥。2003 年 6 月 27 日开工，
2008 年 6 月 30 日建成通车。此款为 2008 年通车纪念酒。

53%vol 100ml×2 贵州茅台酒

（遵义会议 四渡赤水）

1935 年 1 月 15 日至 17 日，中央红军在长征途中召开了"遵义会议"，该会议结束了王明"左"倾教条主义在中央的统治，在危急关头，挽救了党，挽救了红军，成为中国革命生死攸关的伟大历史转折点。1935 年 1 月至 3 月，红军四渡赤水，摆脱了敌人的围追堵截，创造了以弱制强、以少胜多的奇迹，是中国革命史上的千古绝唱。此款于 2018 年出品。

53%vol 100ml×4 贵州茅台酒

（四渡赤水）

1935 年 1 月 19 日至 1935 年 3 月 22 日，中央红军长征中，在贵州、四川、云南 3 省交界的赤水河流域，同国民党军进行的运动战战役。四款分别记录了第一渡、第二渡、第三渡、第四渡的路线图。此款于 2018 年出品。

53%vol 125ml×4 贵州茅台酒（遵义会议纪念）

53%vol 500ml 贵州茅台酒（遵义会议纪念）

1935 年 1 月 15 日至 17 日，中共中央在贵州遵义召开了政治局扩大会议——遵义会议，独立自主地做出了一系列重大决策。在极端危险的时刻，挽救了党，挽救了红军，挽救了中国革命，确立了毛泽东同志在党和红军的领导地位。是中国共产党历史上一个生死攸关的转折点，标志着中国共产党在政治上走向成熟。这是酒厂出品的首款红色文化纪念酒，为遵义会议 80 周年而作，2015 年限量发售，独具收藏价值。

53%vol 500ml 贵州茅台酒
（生态文明贵阳国际论坛）

生态文明贵阳国际论坛是经国家批准的国内唯一专注于生态文明的国家级、国际性峰会，2014 论坛以"走向生态文明新时代"为主题。

53%vol 500ml 贵州茅台酒
（第十一届贵州旅游产业发展大会纪念）

2016 年 5 月 10 日，贵州省旅游产业一年一度的盛会——第十一届贵州旅游产业发展大会在仁怀市茅台镇隆重举行。

53%vol 500ml 贵州茅台酒
（FAST 落成启用纪念）

2016 年 9 月 25 日，国家重大科技基础设施 500 米口径球面射电望远镜 (FAST) 在贵州黔南州平塘县落成，被誉为"中国天眼"，是具有我国自主知识产权、世界最大单口径、最灵敏的射电望远镜。

53%vol 50ml×2 贵州茅台酒
（首席白酒品酒师年会纪念品）

53%vol 375ml 贵州茅台酒
（首席白酒品酒师年会纪念品）

53%vol 500ml 贵州茅台酒
（首席白酒品酒师年会纪念品）

2017 年 11 月 9 日，中国首席白酒品酒师年会暨中国酒业协会定制酒联盟年会在茅台酒厂召开。会议指出贵州茅台愿与兄弟企业一起，在中酒协的指导下，加强白酒品评技术标准化、制度化、规范化建设，推动行业健康持续发展。此三款为首席白酒品酒师年会纪念酒。

53%vol 500ml 贵州茅台酒

（第六届中国梦盛典暨南方周末创刊三十周年庆）

1984 年,《南方周末》在广州创刊。2014 年 12 月 26 日，南方周末主办"第六届中国梦盛典暨南方周末创刊三十周年庆典"。

53%vol 500ml 贵州茅台酒

（中国超级跑车锦标赛）

中国超级跑车锦标赛 (ChinaGT) 是经国家体育总局和中国汽车运动联合会批准，并列入年度全国体育竞赛计划及中国汽联赛历的系列赛事。此款于 2017 年出品。

53%vol 500ml 贵州茅台酒

（天臣集团 15 周年庆典）

天臣集团创立于 1999 年，是一家高科技企业集团，拥有防伪溯源、特种材料、消费电子、移动电商四大科技产业。2014 年该集团成立 15 周年。

53%vol 500ml 贵州茅台酒

（易捷成立十周年纪念）

易捷是中石化于 2008 年在加油站终端，为满足车友日益丰富的汽车生活需求而打造的非油品业务品牌。2018 年为成立十周年。

53%vol 500ml 贵州茅台酒

（《中国企业家》创刊 25 周年特供）

《中国企业家》杂志创刊于 1985 年，由经济日报报业集团主办的半月刊。2010 年为刊物创刊 25 周年。

53%vol 500ml 贵州茅台酒

（北京国际电影节纪念）

第三届北京国际电影节于 2013 年 4 月 16 日至 23 日在北京举办，电影节开幕式在天坛公园祈年殿举行。此酒融合天坛祈年殿体的精巧构造和茅台的光辉梦想为一体，十分独特。

53%vol 500ml 贵州茅台酒

（天目湖酒文化博物馆开馆纪念）

江苏省溧阳市天目湖酒文化博物馆位于苏浙皖三省交界，是长三角经济圈的都市节点和交通枢纽，是历史悠久、人文荟萃的长寿之乡，2016 年开馆。

53%vol 500ml 贵州茅台酒

（新宙邦创立 20 周年纪念）

深圳新宙邦科技股份有限公司是领先电子化学品和功能材料企业，1996 年创立，2016 年为 20 周年，此款于 2017 年出品。

53%vol 500ml 贵州茅台酒

（德力西电气庆典珍藏酒）

德力西电气合资八周年。此款于2015 年出品。

53%vol 500ml 贵州茅台酒

（《长江图》第 66 届柏林电影节最佳艺术贡献银熊奖纪念）

2016 年柏林当地时间 2 月 20 日，第 66 届柏林国际电影节举行颁奖礼，唯一代表华语片爱情魔幻史诗《长江图》获银熊奖"杰出艺术贡献奖"（摄影方向）。

53%vol 500ml 贵州茅台酒

（中国德力西 30 周年庆典）

中国德力西控股集团有限公司创办于 1984 年，是中国企业500 强，主要产业有电气制造、LED 光电等。此款为 2014年德力西 30 周年纪念酒。

53%vol 500ml 贵州茅台酒

（西泠印社拍卖有限公司十周年庆典）

西泠印社拍卖有限公司成立于 2004 年 12 月，具有国家第一、二、三类文物拍卖经营资质。2014 年该公司成立十周年。

53%vol 500ml 贵州茅台酒

（中国人民大学商学院 EMBA1601 班纪念）

人大商学院 EMBA1601 班纪念酒为高级管理人员工商管理硕士班集体定制，是国内以班级为主体的一款茅台纪念酒。此款于 2016 年出品。

53%vol 500ml 贵州茅台酒

（奥凯航空纪念）

2005 年 3 月 11 日，奥凯航空有限公司昂首起飞，成为中国内地第一家民营航空企业。经过 10 年的创新发展，奥凯航空机队规模达到 28 架，是最大的国产飞机运营商和全球最大的新舟飞机运营商。此款于 2015 年出品。

53%vol 500ml 贵州茅台酒

（习酒加入茅台 20 周年）

1998 年，习酒成为茅台集团的子公司，实现中国白酒业最大的资产重组，正式开启了习酒从复活到复兴的二十年。经过二十年磨砺，习酒已成为中国白酒企业一支重要的生力军。此款于 2018 年出品。

53%vol 500ml 贵州茅台酒

（哈尔滨醉难德酒业 10 周年）

风雨十载，辉煌共庆。此款为哈尔滨醉难德酒业有限责任公司 10 周年（2008-2018）纪念酒，于 2017 年出品。

53%vol 500ml 贵州茅台酒

（昆山赛佳尔绿化工程有限公司成立纪念）

昆山赛佳尔绿化工程有限公司是苏州一家绿化工程公司。2013 年 4 月 23 日为成立纪念日。此款于 2017 年出品。

53%vol 500ml 贵州茅台酒

（太平洋建设集团 20 载）

53%vol 500ml 贵州茅台酒

（阳光保险十周年）

太平洋建设始建于 1995 年，是以基础设施投资与建设为核心的企业，连续入选世界 500 强和中国企业 500 强，稳居全球工程与建筑业私企第一。其 LOGO 原本是个古钱币，外圆内方的形状代表了传统太平洋建设人做事要圆，做人要方的标准。2015 年为该企业 20 周年。

阳光保险是中国七大保险集团之一，成立于 2005 年。主要经营财产保险业务的全国性保险公司和人寿保险、健康保险和意外伤害保险等人身险业务的全国性专业寿险公司。此款于 2015 年出品。

53%vol 500ml 贵州茅台酒

（立信会计师事务所九十华诞）

53%vol 500ml 贵州茅台酒

（立信会计师事务所 90 周年）

53%vol 500ml 贵州茅台酒

（立信会计师事务所江苏分所十周年纪念）

立信会计师事务所由中国会计泰斗潘序伦先生于 1927 年在上海创建，2017 年为 90 周年。此款"华诞"为 2017 年出品。

立信会计师事务所由中国会计泰斗潘序伦先生于 1927 年在上海创建，2017 年为 90 周年。此款"周年"为 2018 年出品。

此款于 2018 年出品。

53%vol 500ml 贵州茅台酒

（中国酒业名酒收藏委员会成立大会纪念）

2014 年 4 月 15 日，中国酒业协会名酒收藏委员会在贵阳成立。此款为成立的收藏酒。

53%vol 500ml 贵州茅台酒

（中国第二届酒文化收藏博览会纪念）

2016 年 11 月 19 日，中国第二届酒文化收藏博览会由中国收藏家协会举办，主题为"深度提升酒文化、良性发展藏酒业"。

53%vol 500ml 贵州茅台酒

（中国收藏家协会成立二十周年纪念）

中国收藏家协会是由全国收藏家、收藏组织、收藏爱好者自愿组成的非营利性的全国性社会团体。1996 年 3 月成立，2016 年成立二十周年。

53%vol 500ml 贵州茅台酒

（首届中国国际酒器艺术品交流展纪念）

2016 年 3 月 13 日，中国文物保护基金会酒文物保护基金、中外酒器协会北京联谊会举办了"首届中国国际酒器艺术品展"，共有 200 多个高端艺术酒瓶登场。

53%vol 500ml 贵州茅台酒

（2014 重庆秋季糖酒会纪念）

该酒在包装设计上融入重庆山城特色元素，为纪念第 91 届全国糖酒商品交易会（2014 重庆秋季糖酒会）限量出品。

53%vol 500ml 贵州茅台酒

（2014 成都糖酒会纪念）

2014 年 3 月 28—31 日在成都世纪城新国际会展中心举办了第 90 届全国糖酒会，海内外近 30 个国家的 10 万食品和酒类行业客商共聚蓉城参展参会。

53%vol 500ml 贵州茅台酒

（2017 上海国际酒交会）

2017 年 11 月 19 日，由中国酒业协会主办的"世界名酒·共享荣耀"——2017 上海国际酒交会在上海国家会展中心开幕。

53%vol 333ml 贵州茅台酒

（中国酒业协会 30 周年）

2022 年，值中国酒业协会成立 30 周年之际，茅台、五粮液、汾酒联合出品了三大香型名酒套装礼盒，容量均为 333ml。三大香型联袂打造，属历史首次，寓意三生有幸。其中的茅台为精品酒。此款于 2022 年出品。

53%vol 500ml 贵州茅台酒

（河南省酒业协会成立 35 周年）

河南省酒业协会于 1984 年成立，2019 年为 35 周年。此款于 2018 年出品。

53%vol 500ml 贵州茅台酒

（中华酒器首赴海外办展纪念）

2015 年，中华酒器在新加坡展出，实现了中国酒器藏品走出国门的梦想。此款于 2015 年出品。

53%vol 375ml 贵州茅台酒

（茅台—卡慕合作十周年纪念版）

2015 年茅台与法国卡慕酒业集团举行了合作十周年庆典活动，限量推出"十年庆"纪念版茅台酒。该酒由法国卡慕公司设计，以法国巴卡拉红水晶为瓶身，以法国名锡安如锡为装饰。依照传统，十周年称锡婚，取像锡器一样柔韧不易破碎之意。该纪念版意在诠释中法民族的百年匠心。

53%vol 500ml 贵州茅台酒

（浙江省茅台联谊十周年庆）

浙江省茅台联谊会是浙江茅台酒的非营利性组织，于 2009 年成立。

53%vol 500ml 贵州茅台酒

（保惠集团成立十五周年纪念酒）

此款为保惠集团成立十五周年纪念酒，于
2014 年出品。

53%vol 500ml 贵州茅台酒

（德州市旭日副食品公司成立二十周年）

德州市旭日副食品有限公司成立于 1998 年，
2018 年为成立二十周年。

53%vol 500ml 贵州茅台酒

（上海智赢健康科技公司成立 1 周年）

上海智赢健康科技有限公司是一家智慧医疗
信息化公司，此款于 2018 年出品。

53%vol 500ml 贵州茅台酒

（从江明达水泥 6 周年庆）

贵州从江明达水泥有限公司于 2012 年成立，
2018 年为 6 周年，此款于 2018 年出品。

53%vol 500ml 贵州茅台酒

（国香馆两周年庆典纪念）

此款于 2014 年出品。

53%vol 500ml 贵州茅台酒

（祥源控股 25 周年 ）

祥源控股集团有限责任公司始创于 1992 年，
是一家以文化旅游投资运营为主导的大型企
业集团，2017 年为 25 周年。此款于 2016 年
出品。

53%vol 500ml 贵州茅台酒

（华致酒行连锁管理股份有限公司上市纪念）

2019 年 1 月 29 日，华致酒行连锁管理股份有限公司在深交所敲钟上市，正式登陆创业板，成为中国酒类流通领域的首家上市企业。此款于 2018 年出品。

53%vol 500ml 贵州茅台酒

（骏荣集团十周年纪念）

骏荣集团是一家以奔驰品牌汽车销售为龙头的多元化综合型企业。此款于 2018 年出品。

53%vol 500ml 贵州茅台酒

（普定明成混凝土有限公司 10 周年）

普定明成混凝土有限公司于 2009 年成立。此款于 2018 年出品。

53%vol 500ml 贵州茅台酒

（山东新星集团 30 周年纪念）

山东新星集团有限公司是一家商贸流通企业。此款于 2020 年出品。

53%vol 500ml 贵州茅台酒

（星宇置业 7 周年）

星宇置业是一家以房地产为主营业务的多元化企业。此款于 2018 年出品。

53%vol 500ml 贵州茅台酒（友发钢管集团成立 20 周年）

天津友发钢管集团股份有限公司是集多种钢管产品的生产、销售于一体的大型企业集团，拥有"友发"和"正金元"两个品牌。2000 年 7 月 1 日，友发钢管集团正式成立。此款于 2018 年出品。

53%vol 500ml 贵州茅台酒

（宝驿集团十周年）

宝驿集团是浙江省一家集汽车金融服务和豪华汽车 4S 服务于一体的汽车经销商集团。此款于 2018 年出品。

53%vol 500ml 贵州茅台酒

（云洲资本成立三周年纪念）

云洲资本成立于 2015 年 6 月，是一家投资管理机构，资管规模达到 150 亿人民币，位列全国基金百强。此款于 2018 年出品。

53%vol 500ml 贵州茅台酒

（抚州市登山协会十周年纪念）

抚州市登山协会成立于 2008 年。是经市体育总会批准，市民政局注册，是唯一代表抚州市登山的群众团体。此款于 2018 年出品。

53%vol 500ml 贵州茅台酒

（广东康华医疗＜集团＞股份有限公司尊享 成功上市 10 周年庆）

广东康华医疗（集团）股份有限公司是大型民营三甲医院，于 2016 年上市，适逢公司十周年。此款于 2016 年出品。

53%vol 500ml 贵州茅台酒

（大唐地产 30 周年）

厦门大唐房地产集团有限公司创立于 1985 年。公司 LOGO 选用著名京剧脸谱"蓝脸的窦尔墩"，志在开发"国韵地产"。"岁立三十满堂彩"，2015 年是该集团成立 30 周年。此款于 2016 年出品。

53%vol 500ml 贵州茅台酒

（贵州久泰邦达能源开发有限公司三周年纪念）

贵州久泰邦达能源开发有限公司成立于 2015 年，位于贵州六盘水地区，主营业务为煤炭开采和洗选业。2018 年是该公司成立三周年。此款于 2018 年出品。

53%vol 500ml 贵州茅台酒

（翠微股份 20 周年）

北京翠微大厦股份有限公司成立于 1997 年，是北京著名的商业百货公司，拥有翠微百货、当代商城、甘家口百货三大商业品牌。2017 年为 20 周年。

53%vol 500ml 贵州茅台酒

（中加旅游年尊享纪念酒）

中国和加拿大友谊深厚，2018 年是中加旅游年，为庆祝这特别的一年，定制了中加旅游年纪念酒。此款于 2018 年出品。

53%vol 500ml 贵州茅台酒

（庆祝联想集团成立 35 周年）

联想集团创立于 1984 年，是一家成立于中国、业务遍及 180 个市场的全球化科技公司。2019 年是该集团成立 35 周年。此款于 2020 年出品。

53%vol 500ml 贵州茅台酒

（国新十周年纪念）

国新贸易为海南省的一家商业公司，旗下有多家连锁超市。此款于 2016 年出品。

53%vol 500ml 贵州茅台酒

（枫格语林开盘纪念）

枫格语林系贵州巨业房地产开发有限公司，在毕节市打造的一个房地产项目，于 2018 年开盘。此款为 2018 年出品。

53%vol 500ml 贵州茅台酒（尊冠百年）

"尊冠百年"即茅台金奖百年 100 瓶大全套，包括特调 80 年陈酿一樽（500ml）；100 多种珍藏陈年基酒调制、53%vol 绝版限量的"仅为百年庆典特制"九十九樽（500ml/ 樽），以倾世绝版酱香。

伦敦到米兰共四十二届世博会的主题风貌和时代风格，尽揽中华五十六个民族的艺术图腾、生活图案及民俗风情，另有 1 瓶 1915 年金奖瓶型和 1 瓶经典茅台，42+56+1+1，合计 100 瓶。

包装、工艺、材质精美绝伦，既有刺绣、印染、织布等传统手工艺，又有立体浮雕、镂空等现代复杂瓷艺。配套中国邮政发行的世博邮票以及五十六个民族邮票，极具典藏价值。

自 1862 年首届世博会在英国伦敦举办以来，先后在 42 个城市举办过"世博会"。为纪念 42 个城市举办世博会，生产了 42 款茅台世博纪念酒。该纪念酒主题鲜明、瓶型特别、酒质幽雅，具有很高的收藏价值。

自 1915 年荣膺巴拿马万国博览会金奖一百年来，茅台在诸多重大的历史时刻和重要的外交场合，承载着中华民族的荣耀、国家的精神、人民的情感，成为民族的宝藏和世界知名的"中国之窗"。为了纪念茅台获巴拿马金奖百年，由茅台酿造工艺传承人季克良领衔，采用珍贵的茅台小批量特酿，最深情的设计，最华丽的元素，限量绝版发行"民族情·中国梦——茅台金奖百年 56 个民族纪念版"（500ml×56 樽）。

尊贵酒体全部采用历史上只为盛大国典及外事场合而特制的 53 度茅台小批量特酿。包装、工艺、材质均是精美绝伦。集萃中华民族审美元素之大全。荟萃织布、刺绣、印染等民族传统手工艺，以及立体浮雕、镂空等现代复杂精美的瓷艺，并专门配发由中国邮政发行的五十六个民族大团结纪念邮票，尽揽中华五十六个民族艺术元素与生活风情，完美传承茅台品牌"此物最中国"的文化特征。

"茅台金奖百年 100 瓶大全套"限量绝版，每一套酒均备有收藏证书。

仅为百年金奖特制"80 年"陈酿贵州茅台酒　　　　　　　　仅为百年金奖特制经典飞天茅台

英国伦敦 1851

美国纽约 1853

法国巴黎 1855

英国伦敦 1862

法国巴黎 1867

奥地利维也纳 1873

美国费城 1876

法国巴黎 1878

荷兰阿姆斯特丹 1883

法国巴黎 1889

美国芝加哥 1893

法国巴黎 1900

美国圣路易斯 1904

英国伦敦 1908

美国旧金山 1915

法国巴黎 1925

美国费城 1926

美国芝加哥 1933

比利时布鲁塞尔 1935

法国巴黎 1937

美国纽约 1939　　比利时布鲁塞尔 1958　　美国西雅图 1962　　美国纽约 1964　　加拿大蒙特利尔 1967

日本大阪 1970　　美国斯波坎 1974　　日本冲绳 1975　　美国诺克斯维尔 1982　　美国新奥尔良 1984

日本筑波 1985　　加拿大温哥华 1986　　澳大利亚布里斯班 1988　　西班牙塞维利亚 1992　　意大利热那亚 1992

韩国大田 1993　　葡萄牙里斯本 1998　　德国汉诺威 2000　　日本爱知 2005　　西班牙萨拉戈萨 2008

中国上海 2010　　意大利米兰 2015

阿昌族　　　　　白族　　　　　保安族　　　　　布朗族　　　　　布依族　　　　　朝鲜族

达斡尔族　　　　傣族　　　　　德昂族　　　　　东乡族　　　　　侗族　　　　　独龙族

俄罗斯族　　　　鄂伦春族　　　　鄂温克族　　　　高山族　　　　　仡佬族　　　　哈尼族

哈萨克族　　　　汉族　　　　　赫哲族　　　　　回族　　　　　基诺族　　　　京族

景颇族　　　　　柯尔克孜族　　　拉祜族　　　　　黎族　　　　　傈僳族　　　　珞巴族

满族　　毛南族　　门巴族　　蒙古族　　苗族　　仫佬族

纳西族　　怒族　　普米族　　羌族　　撒拉族　　畲族

水族　　塔吉克族　　塔塔尔族　　土家族　　土族　　佤族

维吾尔族　　乌孜别克族　　锡伯族　　瑶族　　彝族　　裕固族

藏族　　壮族

53%vol 500ml 贵州茅台酒（百年金奖纪念）

此款献给何中波先生的百年金奖纪念酒，2015 年荣誉出品。纪念酒缅怀了百年金奖以来的变革与辉煌历程，抒发了茅台人铭记所有关爱茅台酒人的深情厚谊，表达了酒厂持续创新、追求卓越的坚定信心，以及对茅台融入民族复兴这一宏伟大业的永恒愿望。

53%vol 500ml 贵州茅台酒

（纪念中国人民抗日战争暨世界反法西斯战争胜利 70 周年）

1945 年 9 月 2 日，日本投降仪式在东京湾密苏里号军舰上举行，这是中国近代以来反侵略历史上的第一次全面胜利，为世界反法西斯战争做出了巨大贡献。之后每年 9 月 3 日，被确定为中国人民抗日战争胜利纪念日。2015 年 9 月 3 日为抗战胜利 70 周年。

53%vol 500ml 贵州茅台酒

（巴拿马万国博览会百年纪念）

金奖百年纪念酒正面采用贵州茅台酒经典包装图案，背面撷取黄永玉"金奖百年"亲笔题词，红色钻饰戴西式皇冠，融传统艺术与现代技术于一体，别具特色。此款于 2013 年出品。

53%vol 500ml×4 贵州茅台酒

（纪念巴拿马金奖 100 年珍藏版 5、15、30、50 年）

"纪念巴拿马金奖 100 年珍藏版"贵州茅台酒集萃茅台 5 年酱香、15 年陈香、30 年醇香、50 年天香，缔造全套 4 瓶"金奖百年"珍藏酒。全套酒樽采用中国红、帝王黄、祭蓝及橘红经典四色陶瓷釉烧制，樽身以东方皇家至尊龙纹及手工描 24K 真金装饰。樽盖顶戴欧式水晶皇冠，冠腰镶嵌 38 粒水晶钻饰，颈部金属部分采用 18K 真金镀成，永不褪色。此款于 2013 年出品。

53%vol 500ml 贵州茅台酒
（纪念国酒茅台产量突破万吨）

1958 年毛泽东在成都召开中央会议时指出："茅台酒要搞它一万吨，要保证质量。"此后，在周恩来总理及历届国家领导人的领导下，茅台人经过四十五年的努力，于 2003 年实现了领袖的夙愿。

53%vol 2.5L 贵州茅台酒（茅台日纪念）

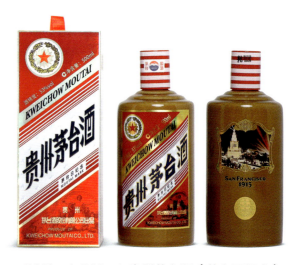

53%vol 500ml 贵州茅台酒（茅台日纪念）

53%vol 700ml 贵州茅台酒（茅台日纪念）

53%vol 375ml 贵州茅台酒
（美国旧金山茅台日纪念 金）

53%vol 2.5L 贵州茅台酒（茅台日纪念）

53%vol 375ml 贵州茅台酒
（美国旧金山茅台日纪念 银）

2015 年 11 月 12 日，茅台金奖百年之时，茅台人追根溯源、载誉归故里，在旧金山举行"国酒茅台金奖百年庆典"。庆典上，旧金山首任华裔市长李孟贤宣布将 11 月 12 日定为旧金山的"贵州茅台日"。"贵州茅台日"，让茅台成为旧金山历史的一部分，这既是旧金山政府给予茅台的特殊礼遇和认可，更是旧金山与茅台百年情缘的历史见证。

53%vol 30L 贵州茅台酒（寻梦飞天故里 致敬丝路文明 为赠敦煌研究院敬制）

2018 年 9 月 26 日，以参加第三届丝绸之路（敦煌）国际文化博览会为契机，茅台集团到访敦煌研究院，共同举行以"梦回敦煌 醉美丝路"为主题的飞天·茅台 60 周年座谈会，期间赠送两坛 60 斤装的飞天茅台酒，纪念双方结缘 60 年。

茅台与敦煌有着特殊而深厚的渊源。1958 年，为适应国际市场需求，经原国家轻工部批准，茅台酒借用在西方有很大影响的敦煌"飞天"形象，作为商标沿用至今，时至 2018 年已满 60 年。"飞天"出自甘肃敦煌，茅台酒产自贵州茅台镇，都源于中华优秀传统文化。两者的完美结合，将不断深化和拓展中华国粹文化的影响力和吸引力。

53%vol 25L 贵州茅台酒

（为百年庆典珍藏　双龙汇）

为庆祝中国酒业协会名酒收藏委员会成立一周年，为纪念茅台酒荣获世博会金奖一百周年，2015 年，中国酒业协会名酒收藏委员会与贵州茅台酒股份有限公司共同倾情推出"茅台酒获巴拿马世博会金奖一百周年庆典珍藏纪念酒"，此款每瓶容量 25L，两瓶 50 升 100 斤，以契合 100 周年的寓意，并融汇茅台"一百年的积蕴，一百年的荣耀，一百年的灵气，一百年的力量，一百年的运势"。彰显华夏文明之典范，引领名酒收藏之发展。此款于 2015 年出品。

卷轴证书

1915 年巴拿马赛会茅台酒酒瓶

53%vol　30L　贵州茅台酒

（为茅台酒荣获巴拿马国际金奖 100 周年纪念）

2015 年值茅台酒荣获巴拿马金奖一百周年，茅台酒溯源世博、返璞归真，以巴拿马夺冠陶坛为原型特推出百年金奖封坛纪念酒 60 斤装。此款以小批量勾兑酒质的纪念酒把茅台起源的汉代文化精华，如皇帝服饰文化、漆器文化、玉文化、瓦当文化等融入其中，并结合现代陶瓷工艺精工烧制。60 斤装外盒采用箱式木质钢琴漆木盒，气质尊贵，极具珍藏价值。此款于 2015 年出品。

2013 年在毛泽东诞辰 120 周年之际，贵州茅台酒股份有限公司特限量推出毛泽东诗词珍藏版贵州茅台酒，此款纪念酒首次将伟人形象、毛泽东诗词、毛泽东印章等众多经典元素融为一体，成为融和了中国红色文化、中国书法、经典诗歌、篆刻艺术、中国汉字文化等中国传统文化物质元素的艺术载体，旨在缅怀伟人风采，展现光辉足迹。同期，推出多款毛泽东诞辰纪念酒。

53%vol 500ml 贵州茅台酒

（伟大领袖毛泽东诞辰 120 周年）

53%vol 500ml 贵州茅台酒

（开国领袖毛泽东诞辰 120 周年）

53%vol 500ml 贵州茅台酒

（人民领袖毛泽东诞辰 120 周年）

53%vol 500ml 贵州茅台酒

（纪念毛泽东诞辰 120 周年）

53%vol 500ml 贵州茅台酒

（纪念毛泽东诞辰 121 周年）

53%vol 500ml 贵州茅台酒

（伟大领袖毛泽东）

53%vol 500ml 贵州茅台酒

（纪念敬爱的爷爷诞辰 120 周年）

53%vol 500ml 贵州茅台酒

（纪念许世友将军诞辰 100 周年）

53%vol 500ml 贵州茅台酒

（纪念一代名将许世友 珍藏）

53%vol 500ml 贵州茅台酒

（敬献一代名将许世友 珍藏）

许世友（1905—1985 年），将军戎马六十载，身经百余战。大智大勇，战功赫赫，大孝大爱，千古高风。一生以枪为伴，武魂远扬。以酒为友，铁骨柔肠，品得万千味，酷爱是茅台。鲸吸百川，深饮不醉，相拥长卧，故乡月明。与茅台深结不解之缘，为人间更添传奇佳话。为纪念这位酒神将军诞辰 100 周年，贵州茅台酒股份公司推出纪念酒，谨此表达茅台人对将军的无限敬仰。此款于 2007 年出品。

53%vol 500ml 贵州茅台酒

（孔子诞辰 2561 年纪念）

53%vol 500ml 贵州茅台酒

（陈毅元帅诞辰 110 周年纪念）

53%vol 500ml 贵州茅台酒

（纪念 LRH 诞辰 100 周年封坛酒）

2010 年 9 月 28 日是孔子诞辰 2561 周年纪念日。孔子是伟大的思想家、教育家、政治家，被全球华人尊为"至圣先师"。此款于 2010 年开始逐年出品。

陈毅（1901—1972 年），四川乐至人。久经考验的无产阶级革命家、政治家、军事家、外交家、诗人；中国人民解放军的创建者和领导者之一、中华人民共和国十大元帅之一。此款于 2011 年出品。

2002 年 11 月 26 日是伟大的无产阶级革命家、军事家、人民解放军的创建人和领导人之一罗荣桓同志诞辰 100 周年。此款罗荣桓诞辰 100 周年封坛酒于 2002 年封坛。

53%vol 500ml 贵州茅台酒

（一代伟人周恩来）

周恩来（1898—1976），伟大的马克思列宁主义者，中国共产党和中华人民共和国的主要领导人，中国人民解放军主要创建人和领导人。2015 年遵义会议胜利召开 80 周年之际，酒厂推出了这款纪念老一辈无产阶级革命家周恩来的纪念酒。

53%vol 500ml 贵州茅台酒

（红色茅台 国酒之父）

此款"红色茅台 国酒之父"的小批量勾兑的纪念品种是历史的见证，是佳酿中的珍品。此款于 2016 年出品。

53%vol 500ml 贵州茅台酒

（第七届全国人大常委会委员长万里九五大寿）

万里（1916 年 12 月—2015 年 7 月 15 日），男，汉族，出生于山东省东平县。国务院原副总理，第七届全国人民代表大会常务委员会委员长。2011 年为其 95 岁寿辰。

53%vol 500ml 贵州茅台酒

（敬贺万里同志华诞一百周年）

2016 年 12 月 5 日，中共中央在北京人民大会堂举行纪念万里同志诞辰 100 周年座谈会，习近平出席座谈会并发表重要讲话。1978 年，时任安徽省革委会主任的万里以非凡的政治胆识，在安徽最穷的凤阳县小岗村正式实施包产到户，在百年大旱之后第二年出现了丰收。小岗村的大包干经验一夜之间在安徽全境推广，有民谣称"要吃米，找万里"。后来，这个小村庄成了中国农业改革开放的一个符号。

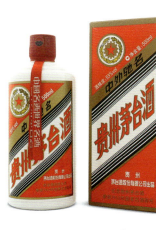

53%vol 500ml 贵州茅台酒

（庆贺中国核潜艇第一任总设计师彭士禄院士
93寿辰）

彭士禄生于 1925 年，为中国共产党英烈彭湃之子，广东省汕尾市海丰人。中国第一任核潜艇总设计师，中国工程院首批及资深院士，被誉为"中国核潜艇之父"。此款于 2018 年出品。

53%vol 500ml 贵州茅台酒

（纪念贵州茅台酒蝉联 1979 年国家名酒称号）

轻工业部于 1979 年 8 月在大连组织召开了第三届全国评酒会。这期间全国优质产品产量增加、质量提高，香型日渐明显，度酒初露端倪，名优酒身价日渐抬升，各地质优夺牌呼声日趋激烈。评酒会确定了白酒香型的风格特点，统一了打分标准，贵州茅台酒再次蝉联国家名酒称号。此款于 2017 年出品。

53%vol 500ml 贵州茅台酒

（纪念贵州茅台酒荣获 1963 年国家名酒称号）

1952 年评选出白酒四大名酒后，在全国引起强大振动，促进了酒类产品市场销售声誉的大步提高，轻工业部 1963 年 10 月在北京召开了第二届全国评酒会，并首次制定了评酒规则。全国 27 个省、市、自治区共推荐了 196 种酒，贵州茅台酒被评为国家名酒。此款于 2017 年出品。

53%vol 500ml 贵州茅台酒

（中国航天六十周年纪念）

1956 年中国第一个导弹研究机构——国防部第五研究院成立，标志着中国航天事业的创建。2016 年中国航天已经走过了 60 年的发展历程。60 年来，从毛主席发出"我们也要搞人造卫星"的号召到"八年四弹"，再到"三抓"任务完成，中央的战略决策和一系列重大科技工程的实施，引领中国航天一次次惊人跨越。60 年来，中国航天从无到有、从小到大，取得了巨大成就。此套纪念酒包括人造卫星、神舟航天飞船、中国火箭军、嫦娥空间探测器、天宫空间实验室、长征运载火箭 6 款，于 2016 年出品。

53%vol 500ml 贵州茅台酒

（著名外科专家秦保明教授 89 岁寿辰纪念）

53%vol 500ml 贵州茅台酒

（秦保明教授 翁世艾教授 钻石婚纪念）

秦保明教授 1928 年 1 月 17 日生于江苏无锡市，从事肝胆胰脾外科专业，曾成功完成我国首例胰腺移植病例。此两款于 2016 年出品。

此款为秦保明教授、翁世艾教授，结婚六十周年的钻石婚纪念，于 2017 年出品。

53%vol 500ml 贵州茅台酒（酒界泰斗秦含章先生 109 岁、110 岁寿辰）

53%vol 500ml 贵州茅台酒

（香港友好协进会 30 周年纪念）

秦含章是我国著名食品工业科学家和工程技术专家，1908 年 2 月出生，江苏无锡人。1950 年，由周恩来总理亲自签发任命书，任命他为中央人民政府食品工业部参事，成为新中国农产工业的拓荒者和科学带头人、中国食品工业的奠基人。几十年来，秦含章撰写的科研报告、论文和著作以及与他人合写的书共计 40 余部，近 6000 万字。因为其在酿酒领域的贡献和成就最大，又被奉为酒界泰斗。2017 年 1 月 9 日，"致敬匠心·传承经典"暨庆祝秦含章先生 109 岁活动在京举行。此两款特为 109 岁、110 岁寿辰定制。

香港友好协进会创于 1989 年，其宗旨是为团结爱护香港之人士，联络感情，推广与中外各地经济文化交流，促进香港繁荣稳定为目的。2019 年为协进会成立 30 周年。

53%vol 500ml 贵州茅台酒（第一届全球茅粉节）

因茅台而相知，因茅台而相遇，因茅台而结缘。2017 年 9 月 30 日，来自世界各地的 300 名"茅粉"和各界嘉宾相聚在赤水河畔，参加由茅台集团主办的 2017 年第一届全球"茅粉节"。这次"茅粉节"，茅台集团精心策划了"让老酒回家茅台老酒品鉴""大师面对面""公益拍卖和茅粉之夜晚会"等丰富多彩的互动交流活动。茅粉金、茅粉红、茅粉"50 年"是此次活动推出的纪念酒，限量发行。

第八章 贵州茅台纪念酒

53%vol 500ml 贵州茅台酒（第二届全球茅粉节）

2018 年 9 月 30 日，第二届全球"茅粉节"在贵州省仁怀市茅台镇启动。让"茅粉"回家相聚，搭建茅台与"茅粉"的互动交流平台，已成为一张独具茅台特色的文化名片，千余名茅台文化爱好者齐聚赤水河畔，交流茅台文化，探索奇妙的茅台镇之旅。茅粉黑、茅粉黑"50 年"是此次活动推出的纪念酒，限量发行。

53%vol 2.25L 贵州茅台酒

（茅五会纪念）

2017 年 3 月 20 日，茅台集团领导班子到达宜宾五粮液集团，这是继 2 月中旬 "五粮液" 受邀参观考察 "茅台" 之后，酱香、浓香两大白酒领袖企业的再度聚首。此番 "茅五会"，双方形成中国白酒发展史上具有里程碑意义的 "宜宾共识"，即五大 "共同"：共同呼吁国家支持白酒产业发展，共同携手走出国门，共同积极推进白酒百年老字号发展，共同打造 "中国白酒金三角"，共同担当起民族品牌的责任。此款纪念酒瓶体采用土豪金款式，容量为 2.25L。此款与五粮液款共为一套两瓶共重 9 斤，寓意共同担当、言重九鼎、共创行业未来。

53%vol 4.5L 贵州茅台酒

（澳门科技大学建校 15 周年纪念）

澳门科技大学建校于 2000 年，发展迅速，已成为澳门规模最大的综合性大学。2015 年为建校十五周年。十五年来，澳科大一直秉持 "意诚格物" 之校训，恪守 "增进文化交流，致力人才培养，促进经济发展，推动社会进步" 的办学宗旨，紧贴澳门和国家发展所需，努力培养高素质人才，同时积极拓展创新性学术研究和多元化社会服务。此款于 2015 年出品。

53%vol 5L 贵州茅台酒

（侯德昌从艺 60 周年纪念）

侯德昌，生于 1934 年，是我国山水画大师。该酒为庆贺侯德昌先生从艺 60 周年以来在中国山水画方面的突出成就和不凡贡献。酒瓶通体以墨绿色为主，给人一种置身山水自然之中的纯净之感。此款于 2018 年出品。

53%vol 500ml 贵州茅台酒

（范曾大师八十寿辰纪念 纪念范曾大师从艺六十年《神翁驯虎图》）

53%vol 500ml 贵州茅台酒

（范曾大师八十寿辰纪念 纪念范曾大师从艺六十年《神翁驯虎图》80）

53%vol 500ml 贵州茅台酒（范曾大师八十寿辰纪念 纪念范曾大师从艺六十年《沧海行·八仙过海图》）

53%vol 40L 贵州茅台酒

（范曾大师八十寿辰纪念 纪念范曾大师从艺六十年《神翁驯虎图》）

2017 年 7 月 5 日是中国当代大儒、国学大师、书画巨匠范曾先生八十寿辰。茅台集团限量定制《沧海行·八仙过海图》茅台酒。范曾先生 60 年笔耕不辍，将大量优秀的中国传统文化优秀作品留给世人。范曾先生表示可以将此作品无偿授权给茅台集团使用，《沧海行·八仙过海图》茅台酒首次采用方形瓶型，八瓶为一组，背面巧妙组成《沧海行·八仙过海图》，不仅是以中国传统文化为题材的茅台纪念酒，更是茅台酒承载中国传统文化走向世界的名片。同时重磅推出八十寿辰定制酒《神翁驯虎图》80 年陈酿 500ml 和 40L（80 斤）帝王黄超大容量坛装纪念酒，以稀世酒质来表达对国学艺术的颂扬之心。

黄永玉，笔名黄杏槟，1924年7月9日出生于湖南省常德县。中国著名画家，曾任中央美术学院教授、中国美术家协会常务理事、副主席、顾问等，擅长版画、彩墨画。2013年8月15日是黄永玉九十大寿。

黄永玉也常常被称为"荷痴"，不是由于他画的荷花多，更在于他画的荷花独树一帜，神韵盎然。《九荷之祝》是2011年黄永玉应中国美协之邀，历时10天创作完成的又一力作。自称是美术工作者的黄永玉，最不喜欢将自己的作品概念化和做具体阐释。他总说，自己的作品并没有什么特别的意义，年龄大了不方便画重大历史题材，就随心画了荷花，表达对党和人民的一片心意。

此定制酒有90斤和500ml两种，均选用黄永玉画作《九荷之祝》为图案。

53%vol 500ml 贵州茅台酒（黄永玉90寿辰定制）

53%vol 90斤 贵州茅台酒（黄永玉90寿辰定制）

53%vol 6斤 贵州茅台酒（成龙甲子寿辰定制）

成龙，1954年4月7日出生于香港中西区，祖籍安徽省芜湖，中国香港男演员、导演、动作指导、制作人、编剧、歌手。1971年以武师身份进入电影圈。2014年4月7日是成龙的六十岁大寿。从当初的一介武师，到如今的国际巨星，成龙早已经成为世界认识中国的一个符号。此款纪念酒以葫芦为基本包装样式，雕刻飞龙于瓶体，寓意"福禄双全，龙腾六十载"。分别有60斤装和6斤装两款。

53%vol 6斤 贵州茅台酒（成龙甲子寿辰定制）

53%vol 60斤 贵州茅台酒（成龙甲子寿辰定制）

贵州茅台酒（1952—1989年五届全国评酒会获奖原酒）

2014年，中国酒业协会在贵阳成立了名酒收藏委员会，旨在弘扬中国酒文化，重视中国名酒收藏，规范酒类收藏体系，建立权威的名酒鉴定机构，扩大收藏市场，提高中国白酒的品牌高度和美誉度。

适逢中国白酒走出国门，在巴拿马万国博览会获得金奖100周年的喜庆之际，2014年12月20日，在四川省泸州市举办了"四大名酒"历届获奖年份原酒拍卖活动。

作为中国白酒的领军代表，贵州茅台此次推出的1952年、1963年、1979年、1984年、1989年国家组织的历次全国评酒会获奖年份陈年老酒，历史悠久、文化底蕴丰厚，且数量有限，绝版发行。每个年份拍卖的陈年茅台酒都附有专门收藏证书和当年产品简介。

53%vol 2.5L 贵州茅台酒（1952年第一届全国评酒会获奖原酒）

53%vol 2.5L 贵州茅台酒（1963 年第二届全国评酒会获奖原酒）

53%vol 2.5L 贵州茅台酒（1979 年第三届全国评酒会获奖原酒）

53%vol 2.5L 贵州茅台酒（1984 年第四届全国评酒会获奖原酒）

53%vol 2.5L 贵州茅台酒（1989 年第五届全国评酒会获奖原酒）

第九章 贵州茅台酒文创及个性化酒

第一节 文创产品

第二节 企事业单位及特殊定制

第三节 私人定制

文怀沙

国学大师
楚辞泰斗

沈 鹏

第五届中国书法家协会名誉主席
第六届中国书法家协会名誉主席

张 海

第五届中国书法家协会主席
第六届中国书法家协会主席

欧阳中石

第三届中国书法家协会顾问

李 铎

第五届中国书法家协会顾问
第六届中国书法家协会顾问

权希军

第二届中国书法家协会副秘书长
第三届中国书法家协会顾问

谢 云

第五届中国书法家协会顾问
第六届中国书法家协会顾问

刘 艺

第五届中国书法家协会顾问
第六届中国书法家协会顾问

段成桂

第五届中国书法家协会副主席
第六届中国书法家协会顾问

佟 韦

第五届中国书法家协会顾问
第六届中国书法家协会顾问

刘 恒

第六届中国书法家协会理事
中国文联书法艺术中心主任

2012 年 3 月，贵州茅台酒股份有限公司与中国书法家协会在北京钓鱼台国宾馆举行发布会，隆重推出融书法文化、龙文化、茅台文化于一体的"陈年茅台酒（九龙墨宝）"，系茅台酒厂践行文化营销战略打造的高端文化收藏品牌，均限量发售，带有编号和收藏证书。整体外观由北京奥运会会徽篆刻人设计。开创多项第一：

第一次灌装 999ml 装陈年茅台酒，开创了陈年茅台酒 999ml 装先河。

第一次将中国书法真迹作品与茅台酒结合，开创了茅台酒与中国书法真迹作品结合的先河。

第一次将书法文化、龙文化融合，开创了茅台酒文化的新领域、新内涵。

横 450 厘米 纵 35.5 厘米

53%vol 999ml 贵州茅台酒（九龙墨宝）"80年"

52%vol 999ml 80年贵州茅台酒，"九龙墨宝真迹"书法长卷（横约410厘米、纵约35.5厘米）

此酒为80年贵州茅台酒（九龙墨宝），系茅台酒厂开发陈年茅台酒以来，第一次灌装容量为999ml的80年贵州茅台酒，亦是目前唯一一款999ml的80年贵州茅台酒。

其书法长卷"九龙墨宝真迹"为中国当代大师级书法家参与创作，因是亲自书写，故每卷上的"龙"字均不一样，各具特色。每卷均独一无二。采用传统手工装裱。包装为咖啡色龙云纹饰传统织锦书画盒。

瓶身采用上釉描金工艺，绘龙云纹饰、金属瓶盖，包装为精雕九龙祥云纹饰的非洲小叶红檀木木盒，形制略有不同。

此酒全球限量发售20瓶。

53%vol 999ml 贵州茅台酒（九龙墨宝）"30 年"

此酒为 30 年贵州茅台酒（九龙墨宝），系茅台酒厂开发陈年茅台酒以来，第一次灌装容量为 999ml 的 30 年贵州茅台酒，亦是目前唯一一款 999ml 的 30 年贵州茅台酒。

其书法长卷"九龙墨宝真迹"为中国书法家协会副主席参与创作，因是亲自书写，故每卷上的"龙"字均不一样，各具特色。每卷均独一无二。采用传统手工装裱。包装为正黄色龙云纹饰传统织锦书画盒。

瓶身采用上釉描金工艺，绘龙云纹饰，金属瓶盖，包装为精雕九龙祥云纹饰的非洲小叶红檀木木盒。

此酒全球限量发售 3010 瓶。

53%vol 999ml 30 年贵州茅台酒，"九龙墨宝真迹"书法长卷（横约 410 厘米，纵约 35.5 厘米）

横 450 厘米 纵 35.5 厘米

30 年茅台九龙墨宝酒——九龙墨宝真迹长卷由中国书法家协会副主席钟明善、中国书法家协会副主席陈永正、中国书法家协会副主席邵秉仁、中国书法家协会副主席聂成文、中国书法家协会顾问、中国书法家协会原党组书记、驻会副主席张飙、中国书法家协会副主席申万胜、中国书法家协会副主席吴善璋、中国书法家协会副主席胡抗美、中国书法家协会副主席吴东民、中国书法家协会副主席张业法等各擅其胜所书的九个"龙"字作品真迹组成，中国书法家协会理事高庆春题卷首，内蒙古自治区书法家协会副主席梁能伟题卷跋。

53%vol 999ml 贵州茅台酒（九龙墨宝）"15年"

此酒为15年贵州茅台酒（九龙墨宝），系茅台酒厂开发陈年茅台酒以来，第一次灌装容量为999ml的15年贵州茅台酒，亦是目前唯一一款999ml的15年贵州茅台酒。

其书法长卷"九龙墨宝真迹"为中国书法家协会副主席、中国书法家协会理事、各省书法家协会主席参与创作，因是亲自书写，故每卷上的"龙"字均不一样，各具特色。每卷均独一无二。采用传统手工装裱。包装为橘黄色龙云纹饰传统织锦书画盒。

瓶身采用上釉描金工艺，绘龙云纹饰，金属瓶盖，包装为精雕九龙祥云纹饰的沙比利红木木盒。

此酒全球限量发售6000瓶。

53%vol 999ml 15年贵州茅台酒，"九龙墨宝真迹"书法长卷（横约410厘米，纵约35.5厘米）

横450厘米 纵35.5厘米

15年茅台九龙墨宝酒——九龙墨宝真迹长卷选自中国书协副主席张改琴、中国文联书法艺术中心主任刘恒、安徽书协主席张良勋、湖南书协主席何满宗、云南书协主席郭伟、新疆维吾尔自治区书协主席于小山、广西壮族自治区书协主席韦克义、中国书协展法培训中心主任刘文华、新疆书协名誉主席赵彦良、贵州书协主席包俊宜、江西书协主席毛国典、青海书协主席王庆元、山西书协主席石跃峰、天津书协主席唐云来等各擅其胜所书的九个"龙"字作品真迹组成。第29届北京奥运会会徽（中国印）镌刻人李建忠题卷首，文津楼书画院院长江岷金题卷跋。

53%vol 500ml 贵州茅台酒（诗文墨宝）单支 双支

诗文墨宝茅台酒是继"九龙墨宝"之后开发的第二款以中国书法为主题的文化收藏品牌，分单支礼盒和双支礼盒，产品依据书法作品内容独立开发设计，每盒均含有一幅书法名家作品原作真迹、飞天茅台和收藏证书，达到书法、诗文与美酒的和谐统一，不落窠臼。

双支礼盒装

53%vol 500ml×2 贵州茅台酒、中国书法真迹作品 1 幅（纵约 136 厘米，横约 34 厘米，四平尺左右，横幅）

单支礼盒装

53%vol 500ml 贵州茅台酒 1 瓶、中国书法真迹作品 1 幅（纵约 136 厘米，横约 34 厘米，四平尺左右，横幅）

53%vol 500ml 贵州茅台酒（中国龙）

茅台，酒中翘楚；龙，国人精神归属。两种极元素的碰撞，产生的不仅仅是极致的视觉与味蕾体验，更是茅台文化的至高礼遇。这套 2012 年出厂的茅台中国龙酒 8 瓶装分为中国龙、九龙国樽、汉龙、唐龙、宋龙、元龙、明龙、清龙，酒盒采用黑檀木制作，承载着中国悠久的历史文化。

中国龙

九龙国樽

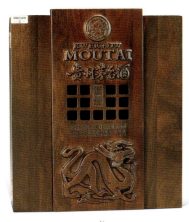

汉龙

唐龙

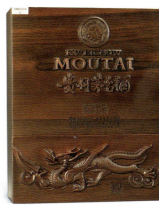

宋龙

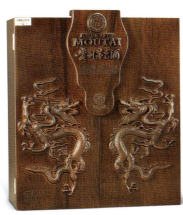

元龙

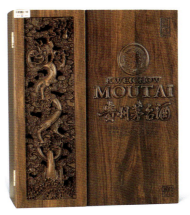

明龙

清龙

53%vol 500ml 贵州茅台酒（中国国画大家）

刘大为　　杨晓阳　　刘文西　　尼玛泽仁　　卢禹舜　　赵卫

蔡超　　张立柱　　陈永锵　　范桦　　裘缉木　　赵振川

乔宜男　　范扬　　于志学　　孔维克　　韩硕　　王孟奇

此款酒为贵州茅台酒股份有限公司为艺术界、收藏界等高端群体精心酿制。每瓶酒包装上印制有画家姓名、肖像、作品、题词，并由画家本人签名。入选画家经贵州茅台从全国知名画家之中遴选。此款一套6箱36瓶，经艺术化设计包装，于2014年投放市场。

黄永厚　　　　邢少臣　　　　郭全忠　　　　王永亮　　　　谢志高　　　　李爱国

赵华胜　　　　陈国勇　　　　陈光健　　　　苗再新　　　　纪连彬　　　　方骏

张江舟　　　　李宝林　　　　梅墨生　　　　李延声　　　　张道兴　　　　苗重安

53%vol 500ml 贵州茅台酒（十大青铜酒器）

2004年4月12日，茅台集团公司在中国国家博物馆举行茅台酒十大青铜酒器典藏仪式。此次作为典藏的十件青铜酒器的原型均是国家级珍品，国博对仿制酒器进行收藏还是第一次。

酒文化和青铜文化是中华文明孕育出的瑰宝，青铜国器是至尊和诚信的象征，在古代只可短时间内盛装美酒，不宜长期存放。经茅台技术攻关，研制出青铜酒器内铸紫砂瓷胆，创造性地将瓷瓶与青铜器造型一次性烧铸合成，使之成为具有品鉴收藏的传世酒品。

妇好鸮（xiāo）尊
商代后期器，原器为一对两只，似一昂首提胸的猫头鹰。通体饰以纹饰，富丽精细。酒尊有铭文「妇好」二字，妇好应是商王武丁之妻，曾多与国家大事，颇具传奇色彩。

戈卣（yǒu）
从商代晚期向西周过渡的经典器物，极为少见，具铜卣的典型特征，研究价值极高。典型的猛禽形象，庄严肃穆、沉稳神奇，造型极尽变化，纹饰繁缛富丽。

鸭形尊
春秋器，以水乡习见的鸭子为造型，长颈昂首，束起展尾，身体各部比例匀称。然利用共颈，背间的自然空间铸出了保证器平衡的三足形，外观优雅，构思巧妙。

勾连雷纹壶
商代晚期器，盖面及颈部饰以兽面纹，肩部为目纹，腹面饰有勾连雷纹，圈足面为规整的云雷纹，全器精美夺目，几乎已将商代代表性的纹饰集于一身。

▌四羊方尊▐

商中晚期器，是
目前发现的较大方尊。
整个器物用块范法浇
铸，一气呵成，鬼斧
神工，彰显了高超的
铸造水平。以四羊、四
龙相对的造型展示了
酒礼的中至尊气象。

▌乌盖变形兽纹壶▐

春秋器，为江南
地区所少见，轻盈欲
飞的姿态吸引观者的
视线，无形中减弱了
器体的沉重感。构思
巧妙，形肖逼真，不
失为一件艺术佳作。

▌虎纹觥（gong）▐

商晚期器中不可
多得的珍品，现藏于
美国哈佛大学艺术博
物馆，此器造型生动，
气宇轩昂，集山中之
虎的强悍和人间之虎
的象征于一身。

▌鹰首提梁壶▐

战国早期器，器
口与盖作鹰首形，双
目圆睁，喙肩闭灵活。
通体饰瓦纹，腹中部
一道凸弦纹。体态生
动，设计合理，是战
国铜器之精品。

▌鸮纹觯▐

商代晚期器。侈
口，束颈，鼓腹，圈
足，有盖。四坡形盖
钮，通体以雷纹为地，
紫盖至足有四条扉棱，
盖面饰龙纹，器壁饰
鸮纹，圈足饰兽面纹，
其内有铭文，但缓漶
无法辨识。

▌铜冰鉴▐

出土于曾侯乙墓，
极具新颖、奇特、精
美的特征，造型和纹
饰在继承商周以来的
中原青铜文化传统基
础上有很大创新，是
失蜡法铸造的典范作
品。

53%vol 500ml 贵州茅台酒（中国酒韵）

中国酒文化城是茅台集团于1993—1997年投资修建的目前世界上规模最大的酒文化博览馆，1999年被上海大世界基尼斯总部认证为大世界基尼斯之最。城内建有中国酒源馆、中国酒技馆、中国酒韵馆、中国酒俗馆、中国酒器馆、茅台馆、名酒世界馆、贵州茅台规划展示馆等。

2015年夏季，中国酒韵馆绘画长卷30幅艺术作品（含跋）全部创作完成，以恢宏磅礴的气势、精美绝伦的风采陈列于中国酒韵馆，向游客和观众展示了一部无与伦比的中国古代酒韵史诗。参与长卷创作的都是我国当代具

有影响力的书画名家，刘文西、杨晓阳、张江舟、蔡超、纪连彬、苗再新、陈联喜、乔玉川、何二民、李宏钧、何军委在内的11位艺术家参与了长卷创作。经参与创作的书画家提议，推出了53度500ml"中国酒韵"贵州茅台酒，此款酒30瓶一套，配有中国酒韵绘画长卷（高仿）一幅和精美酒具一套。包装雍容典雅、时尚大气，每款酒瓶上印制有参与创作画家的简介及对应酒韵长卷作品，设计集书画艺术、历史文化、茅台文化于一身。每瓶酒即是一件艺术品，在品味之余更有观赏和收藏价值。

正面

侧面

刘文西《中国酒韵》

何二民《兴国制酒语》

李宏钧《送酒盗马人》

何二民《箪醪劳师》

李宏钧《刀光剑影》

张江舟《高阳酒徒》

何二民《朝廷隐士》

李宏钧《当垆卖酒》

苗再新《醉书兰亭帖》

何二民《竹林七贤》

何军委《煮酒论英雄》

苗再新《以酒寄迹》

何军委《韩熙载夜宴图》

陈联喜《斗酒学士》

蔡超《朝中善酿》

何军委《颠张狂素》

何二民《饮中八仙》

乔玉川《香山九老》

53%vol 500ml 贵州茅台酒（中国酒韵系列·十大人物）

继艺术长卷之后，为了弘扬酒韵文化，谢志高、杨晓阳、张鸿飞、纪连彬、蔡超、李晓柱、苗再新、陈钰铭、李乃宙、赵华胜十位当代著名画家，进行了古典酒韵人物主题创作，并以此推出了53度500ml"中国酒韵·十大人物"贵州茅台酒，此款酒10瓶一套，包装雍容典雅、时尚大气，每款酒瓶上印制有参与创作画家的简介及对应作品。每瓶酒即是一件艺术品，在品味之余更有观赏和收藏价值。此款于2016年出品。

蔡超《杯酒释兵权》

乔玉川《汉书下酒》

苗再新《东坡酒经》

乔玉川《醉翁居士》

纪连彬《以酒会友》

何二民《婉约佳人》

乔玉川《以酒忘忧》

何军委《吴门四家》

苗再新《药酒配方》

何军委《佩刀质酒》

何二民《诗韵茅台》

杨晓阳《后跋》

谢志高《贵妃醉酒》

杨晓阳《颠张狂素》

张鸿飞《虎溪三笑图》

纪连彬《吴门四家》

蔡超《五君子图》

李晓柱《人生诗酒寄风流》

苗再新《七贤雅集图》

陈钰铭《醉八仙》

李乃宙《香山九老图》

赵华胜《十酒翁饮水图》

53%vol 500ml 贵州茅台酒（中国酒韵系列·十大花鸟）

2016 年开始，"中国酒韵"系列茅台酒按照人物、花鸟、山水的顺序逐年推出一套，参与创作的都是我国当代具有影响力的国画名家。中国酒韵·十大花鸟邀请了裴缉木、陈永锵、高卉民、方楚雄、邢少臣、李晓军、吉瑞森、贾广健、郭子良、乔宜男十位艺术家参与创作。此款酒 10 瓶为一套，配有中国酒韵·十大花鸟长卷（高仿）一幅和精美酒具一套。包装雍容典雅、时尚大气，每款酒瓶上印制有参与创作画家的简介及对应作品，设计集书画艺术、历史文化、美酒文化于一身。此款于 2017 年出品。

十大花鸟箱子（正）

十大花鸟箱子（侧）

裴缉木《富贵图》

陈永锵《云岭双英》

高卉民《秋酣》

方楚雄《大度从容》

邢少臣《锦绣前程》

李晓军《花蔓宜阳春》

吉瑞森《春》

贾广健《秋华图》

郭子良《地涌金莲》

乔宜男《鱼乐图》

53%vol 500ml 贵州茅台酒（中国酒韵系列·十大山水）

"中国酒韵·十大山水"邀请了于志学、苗重安、赵振川、张复兴、黄格胜、范扬、赵卫、林容生、管苠棡、刘建十位艺术家参与创作。
此款酒 10 瓶为一套，配有中国酒韵·十大山水画卷（高仿）一幅和精美酒具一套。包装雍容典雅、时尚大气，每款酒瓶上印制有参与创
作画家的简介及对应作品，设计集书画艺术、历史文化、美酒文化于一身。此款于 2018 年出品。

十大山水箱子（正）　　　　　　十大山水箱子（侧）　　　　　　于志学《塞北回春》　　　　　　苗重安《清风侗寨静水湾》

赵振川《华岳秋岚》　　　　　　张复兴《黔地水云乡》　　　　　　黄格胜《牧歌》　　　　　　范扬《坐对青山》

赵卫《四季山深各有香》　　　　林容生《晴峦叠翠图》　　　　　　管苠棡《峨眉朝晖》　　　　　　刘建《春风又绿江南岸》

53%vol 500ml 贵州茅台酒（中国酒韵系列·十大爱情）

"中国酒韵·十大爱情"邀请了陈政明、李延声、贺成、胡永凯、韩硕、于水、胡宁娜、齐鸣、韩学中、于文江十位艺术家参与创作。此款酒 10 瓶为一套，配有中国酒韵·十大爱情长卷（高仿）一幅和精美酒具一套。包装雍容典雅、时尚大气，每款酒瓶上印制有参与创作画家的简介及对应作品，设计集书画艺术、历史文化、美酒文化于一身。此款于 2020 年出品。

陈政明《贵妃出浴图》　　李延声《牛郎织女图》

贺成《白蛇传》　　胡永凯《红楼梦》　　韩硕《天仙配》　　于水《西厢记》

胡宁娜《孔雀东南飞》　　齐鸣《梁祝化蝶图》　　韩学中《凤求凰》　　于文江《嫦娥奔月》

53%vol 500ml 贵州茅台酒（中国酒韵系列·什锦名花）

"中国酒韵·什锦名花"邀请了书画名家喻继高绘制茶花之富丽，江文湛绘制梅花之坚韧，莫建成绘制兰花之典雅，郭石夫绘制菊花之高洁，龚文桢绘制月季之优美，王天胜绘制牡丹之雍容，苏百钧绘制杜鹃之娇艳，江宏伟绘制荷花之清正，喻慧绘制桂花之吉祥，姚大伍绘制水仙之清秀，并将其烧制于瓶身。瓶盖为画轴样式，搭配黄色流苏，整体造型像画卷，构思巧妙。什锦名花与酒韵其他系列一致，采用五星标，一套10瓶。此款于2022年出品。

喻继高《和平新春》

江文湛《香中别有韵》

莫建成《春兰》

郭石夫《菊墩》

龚文桢《月季鹎哥》

王天胜《国色天香》

苏百钧《锦上添花》

江宏伟《荷塘清趣》

喻慧《金桂飘香》

姚大伍《得水即仙》

53%vol 1.5L 贵州茅台酒（甲午马年）

53%vol 500ml 贵州茅台酒（甲午马年）

甲子轮回，贵州茅台倾情推出限量版精制甲午马年茅台酒。五星茅台，传承经典，酱香醇厚，配以中国国画大师徐悲鸿关门弟子刘勃舒先生亲绘《春风得意马蹄疾》画作，苍劲有力，栩栩如生；大红瓶体，契合奔马五行之火，寓意红红火火！甲午马年茅台酒，集美酒、国画、国粹于一身，馈赠、典藏皆宜，愿与您共品酱香之精华，共抒马腾盛世之浩气。

53%vol 2.5L 贵州茅台酒（甲午马年）

53%vol 1.2L 贵州茅台酒（十二生肖之羊首）

1860年10月英法联军火烧圆明园后，十二生肖至今仍有四件兽首下落不明。成龙先生在影视作品中重塑的"十二生肖铜首"真实地再现了圆明园遗失兽首的历史资料记载，并且在重铸原文物的基础上，完美融合了中西方美学的精髓，使中华民族的生肖文化符号更为全世界人民所接受，成龙先生将电影《十二生肖》中道具"十二兽首"赠予圆明园管理处，并呼吁珍贵的遗失文物应尽早回归祖国，每个人都应当为流失文物的回归贡献力量。

53%vol 375ml 贵州茅台酒（乙未羊年）

53%vol 50ml×2 贵州茅台酒（邮政羊年）

这一款羊年邮票茅台是中国邮政集团公司联合贵州茅台集团共同发行的，酒标上印有羊年邮票，规格为50ml×2瓶。

53%vol 1.5L 贵州茅台酒（乙未羊年）

三阳交泰，日新惟良。贵州茅台倾情推出限量版精制乙未羊年茅台酒。五星茅台，传承经典，酱香醇厚，配以中国美术家协会主席刘大为先生亲绘《三羊开泰》画作，气象盎然，冀蕴深远。金黄瓶体，契合羊年"沙中金"的五行属性。饱含"吉祥朗照、诸事顺遂"的愿景。乙未羊年"生肖"茅台酒，集美酒、国画、国粹于一身，馈赠、典藏皆宜，愿与您共品酱香之精华，共享吉亨通达之福绥。

53%vol 500ml 贵州茅台酒（乙未羊年）

53%vol 2.5L 贵州茅台酒（乙未羊年）

53%vol 375ml 贵州茅台酒（丙申猴年）

53%vol 1.5L 贵州茅台酒（丙申猴年）

猴者，侯也。此生万户侯，不枉光阴流。在中国民俗生肖文化中，猴相意蕴公义、智慧，为最大众化的"万能之神"。可谓逢"猴"见喜，举家有福。

猴年又到，贵州茅台倾情推出精制丙申猴年茅台酒——五星茅台。此酒传承经典，酱香醇厚；配以国画大家李燕《大神州万户猴》，集美酒、国画、国粹之大成；酒中盛乾坤，画里藏道仙；赏名画品美酒，妙趣横生，乃人生至乐。丙申猴年茅台酒，品饮馈赠典藏咸宜。——猴年喝"猴"酒，福禄连年有。

53%vol 50ml×2 贵州茅台酒（邮政猴年）

53%vol 500ml 贵州茅台酒（丙申猴年）

53%vol 2.5L 贵州茅台酒（丙申猴年）

53%vol 15L 贵州茅台酒（猴年献瑞）

15L 猴年献瑞茅台酒在所有生肖酒中容量最大，包装大气，可谓"猴王"。

坛体采用色泽明艳高贵的帝王黄，与天空瑞云、黄土大地浑然一体，形成天人合一境界，符合中华文化的内在精神，是一种更高层次的文化产品。金猴图案细腻生动，寓意富贵吉祥、仕途腾达、人生得意。"瑞"是玉器的一种，《说文》中"瑞，以玉为信也"，即指吉祥。猴年献瑞茅台酒将金猴视为福气的传达者，以至尊的口感、贵族的包装，从里到外彰显帝王风范。此款于 2016 年荣誉出品。

鸡为"五德之禽",《韩诗外传》云:"头戴冠者,文也;足傅距者,武也;敌在前敢斗者,勇也;见食相呼者,仁也;守夜不失时,信也。"在中国民俗生肖文化中,鸡相意蕴守信、准时、辟邪、去灾、神明。

贵州茅台推出丁酉鸡年茅台酒,国画大家陈永锵特为此酒精心绘制《司晨》,公鸡华冠高耸,气宇轩昂,寓意鸿运当头,饱含旭日东升、国运昌盛之美意。集美酒、国画、国粹之大成;酒中盛乾坤,画里藏仪礼,赏名画品美酒,妙趣横生,乃人生至乐。

53%vol 375ml 贵州茅台酒（丁酉鸡年）

53%vol 375ml 贵州茅台酒（丁酉鸡年）

53%vol 500ml 贵州茅台酒（丁酉鸡年）

53%vol 1.5L 贵州茅台酒（丁酉鸡年）

53%vol 2.5L 贵州茅台酒（丁酉鸡年）

戊戌之年，神犬守岁，光景祥瑞，福至乐长。贵州茅台酒股份有限公司隆重推出戊戌狗年
生肖酒，配以画家纪连彬之国画精品，昭示狗之福旺、忠义精神。茅台狗年生肖酒集美酒
国画之大成，画中蕴真意，酒里盛乾坤。美酒佳画，同庆华夏盛世；不忘初心，迈步时代
征程。

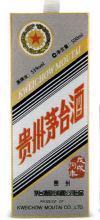

53%vol 375ml 贵州茅台酒（戊戌狗年）　　　53%vol 375ml 贵州茅台酒（戊戌狗年）　　　53%vol 500ml 贵州茅台酒（戊戌狗年）

53%vol 2.5L 贵州茅台酒（戊戌狗年）　　　　　　53%vol 1.5L 贵州茅台酒（戊戌狗年）

岁次己亥，五福齐临，民康物阜，时和年丰。贵州茅台隆重推出己亥猪年生肖酒，史国良先生特为此酒精心绘制《五福拱门》。五福源自《书经·洪范》，乃寿、富、康宁、攸好德、考终命也；《大学》亦云："富润屋，德润身，心广体胖。"寓示亥猪之憨厚老实、质朴厚道，亦是福气的象征。茅台猪年生肖酒集美酒、国画、书法之大成，是茅台酒与传统文化之完美融合。赏佳作游艺于传统，酌玉液畅怀以庆盛世。

53%vol 375ml 贵州茅台酒（己亥猪年）

53%vol 1.5L 贵州茅台酒（己亥猪年）

53%vol 500ml 贵州茅台酒（己亥猪年）

53%vol 2.5L 贵州茅台酒（己亥猪年）

肖首新岁，福至性灵，逢盛世筑梦未来。贵州茅台隆重推出庚子鼠年生肖酒，方楚雄先生特为此酒精心绘制《富贵香色空无味》。鼠为生肖之首，机警神秘、极具灵性与智慧，因其生命力强，亦象征多子多福。鼠年茅台生肖酒，集茅台文化、生肖文化、书画艺术之大成，品鉴、收藏皆宜。佳酿香飘世界，子鼠同庆丰年，放怀寰宇、寄情杯中，浅斟慢酌皆得其真味焉。

53%vol 375ml 贵州茅台酒（庚子鼠年）

53%vol 1.5L 贵州茅台酒（庚子鼠年）

53%vol 500ml 贵州茅台酒（庚子鼠年）

53%vol 2.5L 贵州茅台酒（庚子鼠年）

辛丑福聚，和气致祥。贵州茅台隆重推出辛丑年生肖酒，生肖牛的特征是诚实、勤勉、踏实、不抢风头，在五行中占据了水和土，象征风调雨顺。此款酒采用著名画家尼玛泽仁先生创作的《高原之舟牦牛》牛年生肖国画，还邀请著名书法家创作书法作品《辛丑牛年生肖酒铭》，再次将茅台文化与生肖文化、书画艺术巧妙融合为一体，是中国现代白酒文化和传统文化的完美结合，具有特殊的艺术品位和收藏价值。此款于2021年出品。

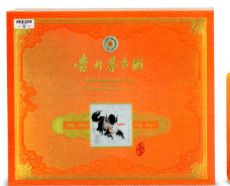

53%vol 375ml 贵州茅台酒（辛丑牛年）

53%vol 1.5L 贵州茅台酒（辛丑牛年）

53%vol 500ml 贵州茅台酒（辛丑牛年）

53%vol 2.5L 贵州茅台酒（辛丑牛年）

仁蕴瑞虎，百祥萃臻。壬寅至，贵州茅台隆重推出壬寅虎年生肖酒，虎者，百兽之长也，乃远古灵兽，自古被视为正义、威严、勇敢、无畏之象征，亦有祈福避邪、冀四方安康之寓意。孟祥顺先生特为此酒精心绘制《王者气》，虎步高岗，义盖四野，振振仁厚，嘉瑞之呈。虎年生肖酒集茅台文化、生肖文化、书画艺术之大成，鉴藏皆宜。此款于 2022 年出品。

53%vol 375ml×2 贵州茅台酒（壬寅虎年）

53%vol 500ml 贵州茅台酒（壬寅虎年）

53%vol 1.5L 贵州茅台酒（壬寅虎年）

53%vol 2.5L 贵州茅台酒（壬寅虎年）

至仁垂化，灵物表祥，河清海晏，时和岁稔。兔者，瑞兽也，《瑞应图》载："王者恩加耆老，则兔见。"兔自古被视为吉祥之物，亦有善、美、祥和之寓意。癸卯至，贵州茅台隆重推出兔年生肖酒，于文江先生特为此酒精心绘制《玉兔呈祥》，温如玉粹，炯若星驰，其容炳真，其性怀仁。兔年生肖酒集茅台文化、生肖文化、书画艺术之大成，鉴藏皆宜。此款于2023年出品。

53%vol　375ml×2　礼盒　贵州茅台酒（癸卯兔年）　　　　　53%vol　500ml　贵州茅台酒（癸卯兔年）

53%vol　500ml×12　贵州茅台酒（十二生肖金版）

贵州茅台十二生肖酒是2010年贵州茅台酒股份有限公司与生肖设计巨擘黄永玉老先生共同打造的一款茅台主品牌酒。产品邀请艺术大师黄永玉在茅台酒瓶上绘制出十二生肖图案，旨在创造茅台、国家级艺术大师与国粹生肖文化的完美结合，是茅台优质白酒基础之上升华成的高尚饮品酒、高端藏品酒和高档礼品酒。该系列有三个版本。

53%vol 500ml×12 贵州茅台酒（十二生肖珍藏版）

53%vol 500ml×12 贵州茅台酒（十二生肖铜版）

国宴是国家元首或中央政府为招待国宾、其他贵宾或在重要节日为招待各界人士而举行的正式宴会。每年国庆时，国务院举行的招待会，都称国宴。国宴博采国内各菜系之众长，外涉世界各国名菜，内及国内八大菜系，广采博取、撷英集精，形成独具特色的系列菜系。

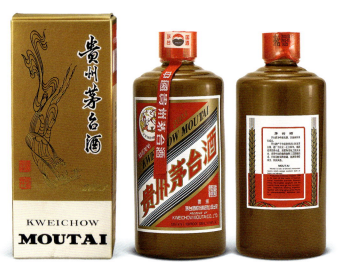

53%vol 500ml 贵州茅台酒
（原国宴专用）2003 年

53%vol 500ml 贵州茅台酒
（原国宴专用）2008 年

53%vol 500ml 贵州茅台酒
（原国宴专用）2013 年

此款是第一代原国宴专用酒，内塞为塑料塞，与瓶盖为一体。

53%vol 500ml 贵州茅台酒
（精品）2013 年

53%vol 500ml 贵州茅台酒（匠心）2017 年

53%vol 500ml 贵州茅台酒
（精品）2018 年

2013 年遵循国家工商总局有关规定，茅台酒商标上不能标注"国宴专用""专供""特供"等字样，"匠心"是国宴专用的后续产品。

此款"精品"是匠心的后续产品。

53%vol 500ml 贵州茅台酒（高尔夫会员酒）2006 年　　　　53%vol 500ml 贵州茅台酒（高尔夫会员酒）2012 年

贵州茅台酒厂推出高尔夫会员酒，以"品茅台酒、打高尔夫、看国粹京剧、走健康路"为主题，旨在宣传和提升"绿色茅台""人文茅台""民族茅台"和"健康茅台"的品牌形象。

53%vol 90ml 贵州茅台酒（高尔夫趣味酒）2005 年

53%vol 500ml 贵州茅台酒

（高尔夫会员酒）

2018 年新款高尔夫酒。

53%vol 500ml+90ml 贵州茅台酒（高尔夫礼品酒）

500ml+90ml 共 2 瓶，设计包装以白色基调为主，突出高尔夫球运动的特点，独具设计匠心。90ml 规格为茅台酒首次包装。此款于 2006 年出品。

53%vol 500ml×8 贵州茅台酒（燕京八景·陈酿）

"燕京八景"茅台酒一套八瓶，每一瓶都印有一幅"燕京八景图"之一。《燕京八景图》山水画出自清代画家张若澄之手，而其画上诗句为乾隆所作。"燕京八景"即老北京最负盛名的八处景点，最早出现在宋、元时期，得名于明代，经过几次变更，终在乾隆十六年得乾隆皇帝正式钦定为：太液秋风、琼岛春阴、金台夕照、蓟门烟树、西山晴雪、玉泉趵突、卢沟晓月、居庸叠翠。景、画、诗、酒融为一体。此款采用陈酿酒质，外观为棕色釉四方八棱瓶，瓶盖上篆刻有"京"字，端庄而典雅，将京味文化完美融入产品。

太液秋风　　　　琼岛春阴　　　　金台夕照　　　　蓟门烟树

西山晴雪　　　　玉泉趵突　　　　卢沟晓月　　　　居庸叠翠

53%vol 7.5L 贵州茅台酒（元青花）

元青花茅台酒是根据元代青花龙纹梅瓶式样构思设计而成的文创产品。元代青花龙纹梅瓶起初是元代皇室御用盛酒礼器，瓶身绘制的龙纹乃皇家御用图案。在古代，龙是天子象征，历朝历代皇帝以龙自喻，凡器物中出现龙纹多为皇家御用。同时也作为宫廷赏瓶和出口西亚诸国的重要贸易商品，见证了元代海上丝绸之路的辉煌。

元代是青花瓷器日臻成熟的年代，同期，烧酒技术也应运而生，据李时珍《本草纲目》二十五卷《谷部》记载："烧酒非古法也，自元时始创。"如今，用仿元青花龙纹梅瓶盛装贵州茅台酒，将名酒、名瓷、名器完美融合在一起，可谓珠联璧合，相得益彰，展示出贵州茅台酒的尊贵大气和丰富内涵，传神地还原了其"清沽美酒"的历史功用，在国学复兴的当下，对传承和发扬中国传统文化有着积极意义，正所谓：壶中乾坤大，一瓶品千秋。此款酒质为特制陈酿。

53%vol 50ml×6 贵州茅台酒（盛世典藏）

"乱世黄金，盛世收藏"。本款生产于 2009 年，涵盖了 15 年、30 年、50 年高端 50ml 品种。

53%vol 500ml 贵州茅台酒

（为奥运会国家游泳中心特制　水立方）

此款根据 2008 年奥运场馆"水立方"的设计元素，为奥运国家游泳中心特制而成，体现了"水在白酒形态上的至高境界"，于 2008 年出品。

53%vol 500ml 贵州茅台酒

（鸟巢特制陈酿）

国家体育场是 2008 年北京奥运会主场馆，俗称"鸟巢"。设有 10 万个座位。此款于 2011 年出品。

53%vol 500ml 贵州茅台酒

（中国体育代表团）

2012 年伦敦奥运会中国体育代表团于当年 7 月 10 日在北京成立，参加在英国伦敦举行的第 30 届夏季奥林匹克运动会，成员共 621 人。

53%vol 500ml 贵州茅台酒（庆功酒）

庆功酒脱胎于奥运赛场，绽放于人生跑道。为了继承和发扬奥运精神，庆功酒单品重装，不再是奥运健儿的专属，转变为所有人精彩时刻的庆功优选。瓶身以中国红勾勒金色云纹，富有喜庆内涵。此款于 2017 年出品。

53%vol 500ml 贵州茅台酒（百年巨匠——齐白石）

齐白石（1864—1957年），原名纯芝，后改名齐璜，字濒生、号白石、白石山翁，湖南湘潭人，20世纪中国画艺术巨匠、书法篆刻大师、世界文化名人。齐白石出身贫寒，早年曾为木匠，从民间画工入手，习古人真迹，学诗文书法、篆刻，游山川名胜，融传统写意与民间绘画技法于一炉，形成了独特的绘画风格。晚年经历十年变法，将传统绘画与时代精神统一得完美无瑕，开创了当代中国画的全新境界，终成诗、书、画、印全人神品的一代大师。贵州茅台酒——百年巨匠，其包装以名贵材质，配有荣宝斋高仿齐白石代表作《蜻蜓荷花图》《硕果累累》长卷，当代著名书法家欧阳中石先生题词"百年巨匠"，以此纪念齐白石。此款于2012年出品。

53%vol 500ml 贵州茅台酒（百年巨匠——黄宾虹）

黄宾虹（1865 —1955 年），原籍安徽省徽州（今黄山市）歙县，生于浙江金华。近现代著名画家、学者。擅画山水，为山水画一代宗师。此款于 2013 年出品。

53%vol 500ml 贵州茅台酒
（百年巨匠——张大千"50 年"）

53%vol 500ml 贵州茅台酒
（百年巨匠——张大千）

53%vol 500ml 贵州茅台酒
（百年巨匠——张大千）

张大千（1899—1983 年），四川内江人，享誉全球的中国泼墨画家、书法家。其创作达 "包众体之长，兼南北二宗之富丽"、集文人画、作家画、宫廷画和民间艺术为一体。于中国画人物、山水、花鸟、鱼虫、走兽无所不能，无一不精。诗文真率豪放、书法劲拔飘逸、外柔内刚、独具风采。此款于 2013 年出品。

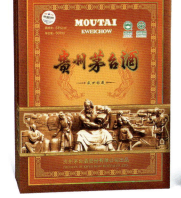

53%vol 500ml 贵州茅台酒（新世纪珍藏品）　　　53%vol 500ml 贵州茅台酒（新世纪）　　　53%vol 500ml 贵州茅台酒

（盛世国藏）

新世纪珍藏酒为庆祝新世纪而生产的一款酒，酒瓶独特精美，酒品幽雅细腻，回味悠长。金色包装盒在造型上与"千年吉祥珍品"茅台相似，酒瓶采用有中国龙浮雕造型的白色瓷瓶，因此也被称为"白龙"茅台酒。"白龙瓶"胎体细腻、洁白悦目，造型明快、惟妙惟肖。此款为 2000 年生产，2007 年出品新世纪蓝瓶。

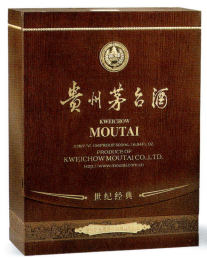

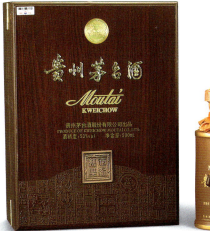

53%vol 500ml 贵州茅台酒（世纪经典）　　　53%vol 500ml 贵州茅台酒　　　53%vol 500ml 贵州茅台酒

（世纪经典）　　　　　　　　　（世纪经典）

贵州茅台酒（世纪经典），醇味较柔和、陈味较重。采用高档包装盒，两条盘龙附着左右，俗称"黑龙"。此款于 2002 年出品，为陈年酒质。

53%vol 500ml 贵州茅台酒（贵宾特制国礼鉴藏）

贵州茅台酒（贵宾特制）采用烤金工艺，伴有金色飞龙。得享赤水河畔天赋灵犀，得三十载岁月历练，是几百年酱香酿造技艺的智慧结晶，是数千年酒文化的传承扩大。自问世以来在国家各类外事活动中被当作国礼赠送给外国元首及贵宾，犹如中国发给世界的一张飘香名片。此款于2008年出品。

53%vol 500ml 贵州茅台酒（贵宾特制）

此款于2001年出品。

53%vol 500ml 贵州茅台酒（贵宾）

此款于2004年出品。

53%vol 500ml 贵州茅台酒（贵宾）

此款于2009年出品。

53%vol 500ml 贵州茅台酒（贵宾）

此款于2013年出品。

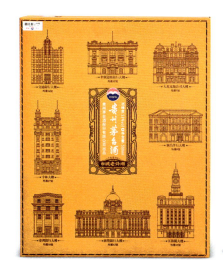

53%vol 500ml 贵州茅台酒（申城老外滩）

上海被称为申城，老外滩是上海城市标志性区域。在黄浦江两岸、外滩建筑风格迥异、造型别致，构成一条轮廓协调、错落有致、宏伟灿烂的建筑景观。此两款于 2015 年出品。

53%vol 999ml×2 贵州茅台酒（圆梦中国）

圆梦中国茅台酒是为实现伟大的"中国梦"而特别出品。此款采用双支礼盒包装，主色调为中国红和宝石蓝。酒盒外观方正，盒体为如意宝箱四方连续中国红、采用钢琴漆面木盒材质。"贵州茅台酒""珍藏版"以及"圆梦中国"字体徽标均采用鎏金金属牌，周边线条以如意卷草纹予以点缀。酒瓶浮雕图案造型高贵，以中华民族大事件精工提炼而成。中国红寓意着改革开放 30 年来的辉煌成绩，从深圳特区、上海世博到北京鸟巢、水立方建设等，一片欣欣向荣、红红火火。宝石蓝寓意着科技的进步和航天工业的迅猛发展，从嫦娥奔月，神六、神七的航天飞船到各类卫星的不断成功发射升空等，无一不彰显出大国风采。此款于 2014 年出品。

53%vol 200ml×3 贵州茅台酒（多彩贵州·111）

多彩贵州·111 茅台酒简称"多彩贵州三个一"，于 2015 年出品。套装内三瓶酒，分别代表一栋楼、一棵树、一瓶酒。一栋楼指遵义会议会址，代表贵州的红色人文历史；一棵树指黄果树大瀑布，代表贵州喀斯特地貌特征；一瓶酒指贵州茅台酒，代表贵州的酿酒文化。三个一的说法生动形象、广为传播，已成为贵州旅游的印记。该品种有三种规格，分别是 125ml、200ml 和 500ml。

53%vol 125ml×3 贵州茅台酒（多彩贵州·111）

53%vol 500ml×3 贵州茅台酒（多彩贵州·111）

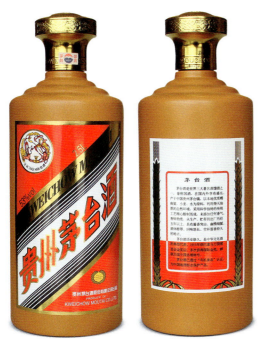

53%vol 2.5L 贵州茅台酒（金桂叶）

此款酒设计采用"金桂叶"的图案标识，传承了茅台的工匠精神，瓶身为黄瓷瓶，体现了传统文化底蕴。于 2016 年出品。

53%vol 500ml 贵州茅台酒（浮雕木漆盒）

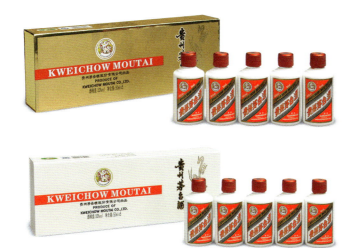

53%vol 50ml×5 贵州茅台酒

（金色 白色）

此款 50ml×5 瓶金色条盒装、白色条盒装小酒版具有一定的纪念与收藏意义。于 2015 年出品。

43%vol 1L 贵州茅台酒（东方神韵）

此款于 2012 年出品。

53%vol 500ml 贵州茅台酒（春夏秋冬）

春天萌生、夏天滋长、秋天收获、冬天储藏，这是事物的发生、发展过程。《史记·太史公自序》："夫春生夏长，秋收冬藏，此天道之大经也。弗顺则无以为天下纲纪。"贵州茅台酒顺应大自然发展规律，以其悠久的酿造传统和文化，酿造出卓尔不凡的世界名酒，具有无可替代的价值。此款于 2015 年出品。

53%vol 500ml 贵州茅台酒（梅兰竹菊）

梅花、兰花、竹、菊花，被人称为"四君子"。品质分别是傲、幽、坚、淡。梅、兰、竹、菊成为中国人感物喻志的象征，也是诗文画中最常见的题材。此款四君子贵州茅台酒，体现了人们对这种审美人格境界的神往。此款于 2016、2017 年出品。

53%vol 1.5L 贵州茅台酒（丝绸之路）

53%vol 5L 贵州茅台酒（丝绸之路）

早在 1704 年前后，茅台地区开始出现以茅台命名的白酒，如"茅台烧春"，这些美酒一面沿着西南丝绸之路的茶马古道由陆上传播，一面经古老的海上丝绸之路向东南亚、南亚延伸，东破万里波涛，西出戈壁沙漠，书写了一段波澜壮阔的历史。茅台酒海外市场已覆盖亚洲、欧洲、美洲、大洋洲和非洲等 60 多个国家和地区，这一独具特色的"中国味道"，蕴藏着古老神秘的中国文化，成为"丝绸之路"国家之间友好往来、互学互鉴的精彩一笔。此款规格有 1.5L、2.5L、5L，于 2015 年出品。

古人云：“泰山吞西华，压南衡，驾中嵩，轶北恒，为五岳之长。”古代传统文化认为，东方为万物交替、初春发生之地，泰山有“五岳之长”“天下第一山”的称誉。自古以来，中国人就崇拜泰山，有“泰山安，四海皆安”的说法。贵州茅台酒·中国名山以简洁大方的弧线勾勒出端庄沉稳之态，以线描的艺术手法描绘巍峨泰山捧日擎天的壮观之景，所谓“稳如泰山”“安若泰山”，此处便是恰到好处。此款集白酒文化与泰山精神于一体，从旖旎、巍峨的洋洋大观升华到和谐、包容、安定的中华精神，深层次诠释了白酒传承与传播的文化高度和价值取向。此款于2018年出品。

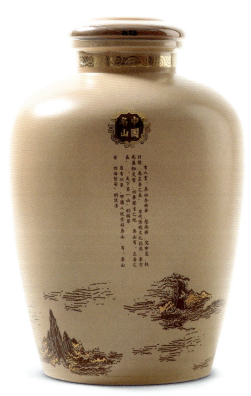

53%vol 15L 贵州茅台酒（中国名山）

53%vol 500ml 贵州茅台酒（一代天骄）

一代天骄其创意来自伟人毛泽东对世界历史风云人物成吉思汗的赞颂与点评，出自《沁园春·雪》中的"一代天骄，成吉思汗，只识弯弓射大雕"。成吉思汗是世界史上杰出的政治家、军事家。此款产品还有白色、蓝色，于2016年出品。

53%vol 375ml 贵州茅台酒"15年"

此酒专供香港市场销售，最早于2005年投放市场。

53%vol 375ml 贵州茅台酒"15年"

此酒专供美国市场销售，于2017年出品。

53%vol 375ml 贵州茅台酒"30年"

此酒专供香港市场销售，最早于2005年投放市场。

53%vol 375ml 贵州茅台酒

（走进非洲）

53%vol 750ml 贵州茅台酒

（走进非洲）

2017 年 11 月 17 日，茅台集团"香遇金色非洲·文化茅台走向一带一路品牌推介活动"在南非开普敦举行。纪念酒瓶身上绘以南非和茅台的图腾形象，寓意着中南建交 20 年的"金色岁月"以及所凝结的深厚情感，象征着中国同非洲所推崇的"自然"与"和平"。此款于 2017 年出品。

53%vol 375ml 贵州茅台酒

（走进澳洲）

53%vol 750ml 贵州茅台酒

（走进澳洲）

2018 年 5 月 29 日，茅台集团"心驰世界·香誉澳洲——2018 文化茅台走进澳洲"系列活动在澳大利亚悉尼举行。纪念酒融入了袋鼠、考拉、鸵鸟、悉尼歌剧院等澳洲独有元素。此款于 2018 年出品。

53%vol 375ml 贵州茅台酒

（走进智利·圣地亚哥）

53%vol 750ml 贵州茅台酒

（走进智利·圣地亚哥）

2019年4月8日，"文化茅台·多彩贵州'一带一路'走进智利"品牌推介活动，在智利首都圣地亚哥举行。瓶身设计融合了智利的国花和国鸟，并将教堂、邮政大楼、智利大学、历史博物馆及现代建筑等特色素材纳入设计，同时把圣母玛利亚、安第斯山脉等印加文化融入其中。上述元素与中国传统祥云巧妙结合，象征着中国与智利友好交往历史久远。此款于2019年出品。

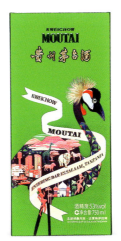

53%vol 375ml 贵州茅台酒

（走进坦桑尼亚·达累斯萨拉姆）

53%vol 750ml 贵州茅台酒

（走进坦桑尼亚·达累斯萨拉姆）

2019年5月9日，"文化茅台·多彩贵州'一带一路'走进坦桑尼亚"大型品牌推介活动在坦桑尼亚前首都达累斯萨拉姆举行。瓶身设计以坦桑尼亚国鸟灰冠鹤为主画面，采用坦桑尼亚国旗和国徽色——冷色调绿色，突显出地域个性与特色。此款于2019年出品。

第九章 贵州茅台酒文创及个性化酒（文创产品）

53%vol 375ml 贵州茅台酒

（走进意大利·米兰）

53%vol 750ml 贵州茅台酒

（走进意大利·米兰）

"走进意大利·米兰"以蓝色为背景，充满了激情与神奇的色彩。米兰是欧洲的大都市，以观光时尚闻名，传统歌剧尤为著名，有着世界时尚之都的美誉。酒瓶以一女子为主导辅以各种时尚的元素，把米兰这座城市的特色表现得一览无余。此款于 2019 年出品。

53%vol 375ml 贵州茅台酒

（走进俄罗斯·莫斯科）

53%vol 750ml 贵州茅台酒

（走进俄罗斯·莫斯科）

"走进俄罗斯·莫斯科"以红色为背景，充满了热情与奔放、吉祥与喜庆的气息。酒瓶以莫斯科市中心红场上瓦西里升天大教堂为主图，该教堂于 1560 年建成，其名字根据当时伊凡大帝信赖的一位修道士瓦西里的名字而取，中央的塔高 65 米，共有九个金色洋葱头状的教堂顶。该教堂是俄罗斯民族摆脱外族统治、完成统一大业，继而逐渐走向强大的里程碑。此款于 2019 年出品。

53%vol 500ml 贵州茅台酒

（茅台商城专享）

2014 年推出的"茅台商城专享"融入互联网元素，是茅台第一款通过电商发售的产品。

53%vol 500ml 贵州茅台酒

（茅台云商尊享）

2015 年，为实施"互联网＋"和"大数据"战略，茅台电商公司打造的集 B2B、B2C、O2O 和 P2P 等营销模式于一体的大数据平台，可用手机线上购酒，简称"茅台云商"。此款于 2016 年出品。

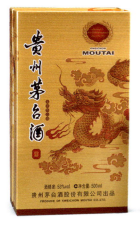

53%vol 500ml 贵州茅台酒

（金龙珍品）

此款具有中华民族传统特色，精致的龙纹及颜色的搭配，富含"福、喜"传统文化特色。此款于 2011 年出品。

53%vol 500ml 贵州茅台酒

（国酒定制 陈酿）

此款于 2015 年出品。

53%vol 500ml 贵州茅台酒

（国酒定制 陈酿 红）

此款于 2015 年出品。

53%vol 500ml 贵州茅台酒

（国酒定制 红）

此款于 2015 年出品。

53%vol 500ml 贵州茅台酒

（国酒定制 个性尊享）

个性化定制营销公司是贵州茅台酒股份有限公司子公司，为消费者提供"量身定制"服务。此款于2014年出品。

53%vol 500ml 贵州茅台酒

（国酒定制 个性尊享 金）

国酒定制个性尊享，金色，于2015年出品。

53%vol 500ml 贵州茅台酒

（国酒定制 蓝）

国酒定制，蓝色，于2016年出品。

53%vol 500ml 贵州茅台酒

（国酒定制 个性尊享 红）

国酒定制个性尊享，红色，于2016年出品。

53%vol 500ml 贵州茅台酒

（国酒定制 个性尊享 酱）

国酒定制个性尊享，"酱"色，于2016年出品。

53%vol 500ml 贵州茅台酒

（国酒定制 个性尊享 黑）

国酒定制个性尊享，黑色，于2016年出品。

53%vol 500ml 贵州茅台酒（绿色尊享）

绿色尊享。"绿色茅台"作为茅台战略发展定位之一。此款于 2016 年出品。

53%vol 500ml 贵州茅台酒（青印）

青，乃东方；印，乃承诺。该款产品把茅台美酒与艺术品收藏完美结合，增添了更多的文化和艺术气息。此款于 2016 年出品。

53%vol 500ml 贵州茅台酒（金）

金茅酒体经特别调制，具有酱香突出、幽雅细腻、酒体醇和、回味悠长、空杯留香持久的风格。此款于 2015 年出品。

53%vol 500ml 贵州茅台酒（咖啡金）

咖啡金茅台酒，于 2018 年出品。

53%vol 500ml 贵州茅台酒（蓝茅）2015 款

2015 年蓝茅上市，瓶体采用"宝石蓝"，曾亮相中欧企业家峰会，为小批量勾兑。

53%vol 500ml 贵州茅台酒（蓝茅）2016 款

2016 年蓝茅瓶体采用深海蓝的主色调，正标印有"金桂叶"标识。

53%vol 500ml 贵州茅台酒（百年金奖传奇）

从 1915 年至今，茅台历经百年沧桑，始终坚守产品质量，并不断创新，从而取得了一个又一个的辉煌。值此百年特推出"百年金奖传奇"。此款于 2014 年出品。

53%vol 500ml 贵州茅台酒（百年金奖辉煌）

此款酒为纪念 1915 年巴拿马万国博览会茅台酒荣获金奖百年隆重推出，辉煌款采用小批量勾兑技术，优选茅台勾兑而成。此款于 2014 年出品。

53%vol 500ml 贵州茅台酒（中国龙）

此款表面采用浮雕制作工艺，中国龙浮雕地图饱满厚实，彰显中华民族伟大复兴。此款于 2016 年出品。

53%vol 500ml 贵州茅台酒（玫瑰金）

玫瑰金茅台以靓丽的玫瑰色为主，色彩顺应时代潮流，充满了梦幻的感觉，具有一定的个性商务和收藏价值。此款于 2016 年出品。

53%vol 500ml 贵州茅台酒（只为卓越不凡的你）

"只为卓越不凡的你"将个性化需求融入产品外观之中，体现了"一对一"的专属服务理念。此款于 2015 年出品。

53%vol 500ml 贵州茅台酒（红星闪烁）

为表达茅台对人民军队的情谊，2015 年推出红星闪烁小批量勾兑茅台酒。

53%vol 500ml 贵州茅台酒（鸽画友谊）

鸽画友谊是"红星闪烁"酒的延续和发展，其背标为一只衔着橄榄枝的和平鸽形象。此款于 2021 年出品。

53%vol 500ml 贵州茅台酒（粤）

"茅台粤"又称"粤五羊"。瓶身有五羊石雕和"粤"字印章。五羊传说是一个关于广州城的来源故事，广州市别名五羊城、羊城。此款于 2018 年出品。

53%vol 500ml 贵州茅台酒（豫）

"茅台豫"又称"豫鼎中原"。瓶身有类似河南出土商周时期的司母戊大方鼎和"豫"字印章。此款于 2018 年出品。

53%vol 500ml 贵州茅台酒（香溢五洲）

香溢五洲酒瓶身右下角印有"香溢五洲"，瓶身颜色为蒂芙尼蓝，彰显优雅与尊贵。此款于 2021 年出品。

二十四节气——立春　　二十四节气——立春 100ml

53%vol 500ml 100ml 贵州茅台酒
（二十四节气之立春）

此款为"二十四节气酒"春系列的第一款"立春"，产品设计富有美学内涵。瓶身与外盒使用莹润绿为主色调，呈现出卯木之属性，两位春神"芒"在立春时节东风解冻、鱼陟负冰的场景中凭风扬裾，展现出盎然的生机。此款有两个容量规格，于 2023 年出品。

二十四节气——雨水　　二十四节气——雨水 100ml

53%vol 500ml 100ml 贵州茅台酒
（二十四节气之雨水）

此款为"二十四节气酒"春系列的第二款"雨水"，产品设计富有美学内涵。瓶身与外盒使用莹润绿为主色调，呈现出卯木之属性，两位春神"芒"在雨水时节草木萌动、鸿雁南归的场景中嫣然对坐，两只可爱的小兔与獭互动，呈现出欣欣向荣的一派春意。此款有两个容量规格，于 2023 年出品。

二十四节气——惊蛰　　二十四节气——惊蛰 100ml

53%vol 500ml 100ml 贵州茅台酒
（二十四节气之惊蛰）

此款为"二十四节气酒"春系列的第三款"惊蛰"，产品设计富有美学内涵。瓶身与外盒使用莹润绿为主色调，呈现出卯木之属性，两位春神"芒"在惊蛰时节春雷始鸣、桃李争芳的场景中呢喃细语，呈现出万物复苏的勃勃生机。此款有两个容量规格，于 2023 年出品。

二十四节气——春分　　二十四节气——春分 100ml

53%vol 500ml 100ml 贵州茅台酒
（二十四节气之春分）

此款为"二十四节气酒"春系列的第四款"春分"，产品设计富有美学内涵。瓶身与外盒使用莹润绿为主色调，呈现出卯木之属性，两位春神"芒"在春分时节惠风和畅、天朗气清的场景中轻舞飞扬，呈现出春光明媚的豁然之意。此款有两个容量规格，于 2023 年出品。

二十四节气——清明　　　　二十四节气——清明 100ml

53%vol 500ml 100ml 贵州茅台酒

（二十四节气之清明）

此款为"二十四节气酒"春系列的第五款"清明"，产品设计富有美学内涵。瓶身与外盒使用莹润绿为主色调，呈现出卯木之属性，两位春神"芒"在清明时节雨后初晴、桐花始华的场景中与虹共舞，呈现出万物洁齐的祥和之境。此款有两个容量规格，于 2023 年出品。

二十四节气——谷雨　　　　二十四节气——谷雨 100ml

53%vol 500ml 100ml 贵州茅台酒

（二十四节气之谷雨）

此款为"二十四节气酒"春系列的第六款"谷雨"，产品设计富有美学内涵。瓶身与外盒使用莹润绿为主色调，呈现出卯木之属性，两位春神"芒"在谷雨时节萍水相逢、浅绛新绿的场景中翩翩起舞，呈现出万物既成的葳蕤生香。此款有两个容量规格，于 2023 年出品。

二十四节气——立夏　　　　二十四节气——立夏 100ml

53%vol 500ml 100ml 贵州茅台酒

（二十四节气之立夏）

此款为"二十四节气酒"夏系列的第一款"立夏"，产品设计富有美学内涵。瓶身与外盒使用莹润绿为主色调，呈现出卯木之属性，两位夏神"融"在立夏时节蝼蝈鸣唱、河水潺潺的原野上捕虫逗趣，呈现出万物并秀的天地清和。此款有两个容量规格，于 2023 年出品。

53%vol 200ml 贵州茅台酒

（癸卯端午）

端午是中国传统节日，蕴含丰富文化内涵。茅台镇端午之际，气温湿热，微生物活跃，制曲自然天成。文化入酒，风雅端阳，于杯盏之间感知习俗与心意。此款于 2023 年出品。

53%vol 500ml 贵州茅台酒（淳鉴）

此款金色瓶盖、外圆内方，并印有茅台海洋标。瓶身烤漆工艺，洁白光洁、质感如玉。展示了天方地圆、金玉良缘的美好祝愿，别称"金镶玉"。正标印有茅台海鸥LOGO 和茅台文化的标志性建筑——"源远流长"浮雕。外箱印有"淳鉴"字样标明身份。此款于2023 年出品。

53%vol 500ml 贵州茅台酒（水碧山青）

水碧山青的瓶身为经典瓶型加铜镀封帽，呈银白瓷感，正标右下角的"水碧山青"为烫金工艺。酒盒和瓶身背标传承国画文化，加入了现代高架铁路元素，取名"水碧山清，寻梦山水间"概括出贵州的自然山水风光。酒盒上的青山绿水采用浮雕工艺，质感舒适。此款于2022 年出品。

53%vol 500ml 贵州茅台酒（厚德致远）

厚德致远酒包装整体采用金棕的色调，瓶身采用独特的竖纹设计，正背标均印有"厚德致远"的红色印章，表明身份。瓶身背面采用北宋画家王希孟的《千里江山图》局部，突出了茅台的气度。此款于2022 年出品。

53%vol 500ml 贵州茅台酒（荷玺）

"荷玺"茅台酒采用乳白色瓶身，设计简约新颖，与中国国家博物馆定制酒相似。正标右下角有"荷玺"方印，酒盒印有彩色飞天，突出这瓶酒的华丽典雅，此款为2022 年出品。

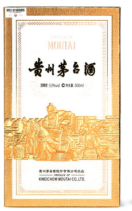

53%vol 500ml 贵州茅台酒（盈典佳酿）

盈典佳酿是以白色为基调的浮雕设计，金白两色，瓶身和礼品包装盒上都有"源远流长"茅台酿造工艺流程的雕塑。包装箱印有"盈典佳酿"，标明身份。此款于2022 年出品。

53%vol 500ml 贵州茅台酒

（匠序）

匠序是"亚欧博览会"酒基础上的改版，通体采用烫金。
包装箱印有"匠序"，标明身份。于 2022 年出品。

53%vol 500ml 贵州茅台酒

（典藏）

包装同"香港回归典藏"贵州茅台酒。此款于 2018 年出品。

53%vol 500ml 贵州茅台酒

（陈年典藏）

包装同"香港回归典藏"贵州茅台酒。此款于 2012 年出品。

53%vol 1L 贵州茅台酒

（典藏）

包装同"香港回归典藏"贵州茅台酒。此款于 2018 年出品。

53%vol 100ml 贵州茅台酒(i 茅台 小可爱）

小可爱的包装盒印有茅台酒瓶形状的小人儿，脸上
两块红晕，身上印着"i 茅台"红色字体，上方的
小丸子头复古又呆萌，这是伴随着 i 茅台系统而诞
生的卡通形象——小茅。小茅是 i 茅台的"形象代
言人"，旨在传播茅台声音、讲述茅台文化。此款
于 2022 年出品。

53%vol 500ml 贵州茅台酒（专卖店）

当年为规范销售渠道，特别包装的专门在茅台专卖
店里销售的贵州茅台酒。于 2003 年投放市场。

**53%vol 750ml 贵州茅台酒
（专卖店）**

此款于 2005 年投放市场。

**53%vol 500ml 贵州茅台酒
（专卖店双支礼盒）**

此款于 2006 年投放市场。

**53%vol 500ml 贵州茅台酒
（千年吉祥珍品）**

此款于 2000 年投放市场。

53%vol 400ml 贵州茅台酒

此款于 2015 年出品。

53%vol 500ml 贵州茅台酒（豪华金色）

此款于 2002 年出品。

53%vol 500ml 贵州茅台酒（豪华酱色）

此款于 2002 年出品。

53%vol 500ml 贵州茅台酒

（贵州特需商品）

此款于 2014 年出品。

53%vol 500ml 贵州茅台酒（礼宾）

此款于 2016 年出品。

53%vol 475ml 贵州茅台酒（珍藏）

此款于 2015 年出品。

53%vol 750ml 贵州茅台酒

此款于 2016 年出品。

53%vol 880ml 贵州茅台酒

此款最早于 2009 年投放市场。

53%vol 900ml 贵州茅台酒

此款最早于 2005 年投放市场。

53%vol 1L 贵州茅台酒（2000 年）

此款最早于 1999 年投放市场。

43%vol 1L 贵州茅台酒

此款于 1997 年出品。

53%vol 1.3L 贵州茅台酒

此款于 2016 年出品。

53%vol 1680ml 贵州茅台酒

2005 年 10 月，世界包装组织在捷克举办的 2005 "世界之星"（Worldstar2005）包装设计大赛中，酒瓶采用珐琅彩工艺的"1680 茅台酒"包装设计作品荣获最高奖——"世界之星"大奖。此款于 2005 年出品。

43%vol 680ml 贵州茅台酒

此款于 2007 年出品。

53%vol 1.5L 贵州茅台酒

53%vol 3L 贵州茅台酒

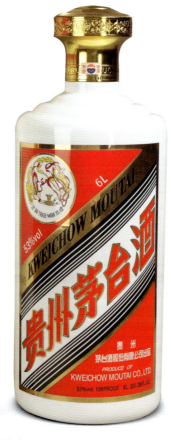

53%vol 6L 贵州茅台酒

53%vol 贵州茅台酒（1.5L 3L 6L）

此三款 1.5L、3L、6L 礼品装经典贵州茅台酒展现了浓郁酱香、豪饮天下的情怀，其瓶口设计圆润有型，细节更贴心，大气稳重、寓意吉祥。神秘独特的自然环境、自然科学的生物工程和高雅的时尚元素蕴含其中，是国人爱戴的民族品牌。三款最早于 2014 年投放市场。

53%vol 1L 贵州茅台酒（巴拿马黑坛）

此款于 2019 年出品。

53%vol 1.5L 贵州茅台酒（巴拿马黑坛）

此款于 2019 年出品。

53%vol 5L 贵州茅台酒（巴拿马黑坛 小批量勾兑）

10 斤装的小批量勾兑黑坛特制酒，外盒采用特制的绢布礼盒。此款于 2015 年出品。

53%vol 贵州茅台酒（国之四礼）

中国乃礼仪之邦，"国之四礼"茅台酒选取爵、鼎、樽、玺四大礼器为四款酒命名。金爵通体金黄色，突显出茅台浓郁的奢华气质；红鼎通体红色，以热烈的色彩传达出喜庆团圆美好寓意；酱樽通体深咖啡色，以复古的情调引发对客藏美酒的遐想；墨玺通体黑色，厚重的风格彰显出茅台的庄重。金红酱墨四种颜色也有单独礼盒包装，此款产品规格还有 1.25L、2.5L、5L 装，于 2016 年出品。

金爵 500ml 红鼎 500ml 酱樽 500ml 墨玺 500ml

金爵 1.25L 红鼎 1.25L 酱樽 1.25L 墨玺 1.25L

金爵 5L

红鼎 5L

酱樽 5L

墨玺 5L

53%vol 2.5L 贵州茅台酒（国酒第一坛）

53%vol 2.5L 贵州茅台酒（国酒第一坛 陈酿）

53%vol 5L 贵州茅台酒（国酒第一坛 陈酿）

国酒第一坛有两种酒质，为普通酒质和陈酿茅台酒质，两款均有 2.5L、5L 两种规格，其中 5L 限量生产 9999 坛。
陈酿酒质更加醇厚香浓，口感绵和柔软，余香满口，久久不散。此三款于 2015 年出品。

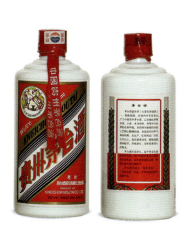

38%vol 500ml 贵州茅台酒

38%vol 500ml 贵州茅台酒

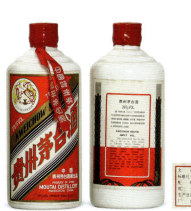

39%vol 500ml 贵州茅台酒

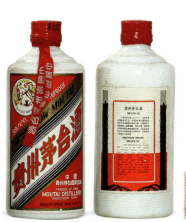

38%vol 500ml 贵州茅台酒

在 20 世纪 50—70 年代，贵州茅台酒的出口对国家的工业化建设具有重要的作用。每出口一吨茅台酒，可以从国外换回好几吨钢材或其他急需的物资。随着全球经济一体化，茅台酒顺应国际市场的需求，扩大市场，酒的度数也与国际流行的标准惯例接轨，以改变酒度单一、品种单一的传统产品结构。中低度茅台酒的开发，正是与国际标准接轨的重要步骤。

1984 年，国家为了扩大茅台酒的出口量，轻工部下达了低度茅台酒的研制项目任务书。由于茅台酒厂具有生产环境、自然资源、酿造工艺、技术力量等方面的雄厚基础，1986 年酒厂成功地试制出 39 度的茅台酒，并通过了贵州省和国家相关部门的鉴定认证。但当时考虑到消费者和市场一直接受高度茅台酒的习惯，39 度茅台酒的投产规模较小。1992 年，38 度贵州茅台酒上市。

43%vol 500ml 贵州茅台酒　　　　43%vol 500ml 贵州茅台酒　　　　43%vol 1000ml 贵州茅台酒

（喜宴·中国红）　　　　　　（喜宴·优雅白）　　　　　　　（龙凤呈祥）

2018 年 9 月 10 日，茅台酒最新产品"喜宴"在贵阳发布。"喜宴"分为中国红与优雅白两种款式，瓶身包含了喜鹊、祥云、梅花、牡丹、凤凰等传统的喜庆元素，传递了百花齐放、百鸟朝凤、喜鹊登梅、连理共生等喜悦之情。

龙凤呈祥是继"喜宴"茅台之后在低度酒领域的又一尝试。酒瓶两侧浮刻龙、凤图腾，取"龙凤呈祥"之意，设计灵感来源于清乾隆时期的珐琅彩龙凤纹双联瓶，外盒呈立式对开结构，传递出喜庆、尊荣与活力。此款于 2021 年出品。

  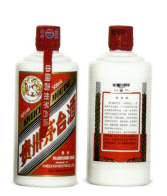

43%vol 500ml 贵州茅台酒　　　43%vol 500ml 贵州茅台酒　　　43%vol 500ml 贵州茅台酒　43%vol 400ml 贵州茅台酒

中国传统名优白酒通常是指高度白酒，一般在 50 度以上。在欧美的很多国家，白酒即意味着是烈性酒。国际上对烈性酒的酒精浓度有一个流行的标准惯例，如白兰地、苏格兰威士忌等烈性酒，其酒精浓度都是在 40 度—43 度左右。20 世纪 90 年代初，酒厂拟研制开发 43 度贵州茅台酒，以投放市场，得到了有关部门的认可与大力支持。此前在研制 39 度方面已经积累了经验，所以研制 43 度酒的工作比较顺利。到 1991 年，43 度贵州茅台酒顺利通过了省级鉴定。

33%vol 500ml 贵州茅台酒（双支礼盒）

33%vol 1L 贵州茅台酒（礼盒）

33%vol 500ml 贵州茅台酒（音乐盒）

33%vol 贵州茅台酒

1997 年，33 度贵州茅台酒在贵阳市通过省级鉴定。33 度与 53 度贵州茅台酒之间，只有酒精浓度标准的区分，而无品质口味风格的根本性差别，品质风格一脉相承，都是中国酱香型高档白酒，是世界上优质的蒸馏酒。它既保持了酱香浓郁、幽雅细腻的独特风格，又具有加水、加冰后不浑浊风格不变的优点，深受各界人士欢迎。于 2003 年出品。

33%vol 500ml 贵州茅台酒（福星、寿星、财星）

福如东海、寿比南山、流水生财。茅台酒与传统道教神仙相结合，三位神仙是民间吉祥如意的象征，福星头戴官帽，手捧小儿，寓意着加官晋爵、有子万事足。寿星手捧寿桃、面露幸福祥和的笑容，象征安康长寿。财星满面春风，慈眉善目，笑容可掬，手捧金元宝和玉如意登门报喜，寓示着给世人送来金银财宝，使家家财富满溢、户户吉祥如意。此款于2003年出品。

33%vol 500ml 福星

33%vol 500ml 寿星

33%vol 500ml 财星

人民大会堂位于天安门广场西侧，建筑面积 17.18 万平方米，于 1959 年 9 月建成，包括中央大厅、万人大礼堂、迎宾厅、宴会厅、国家接待厅、金色大厅及各省大厅。全国人民代表大会、中国人民政治协商会议以及五年一届的中国共产党全国代表大会均在此召开。人民大会堂蕴含着人民当家做主的寓意，在国人心目中占据着重要的位置。

53%vol 500ml 贵州茅台酒

（原人民大会堂特供陈酿）2003 年

大瓶盖，"人民大会堂特供陈酿"为金色字体，此种字体仅出现在 2003 年和 2004 年上半年。现已停产。

53%vol 500ml 贵州茅台酒

（原人民大会堂特供陈酿）2004 年

大瓶盖，瓶体为金色字体。现已停产。

53%vol 500ml 贵州茅台酒

（原人民大会堂特供陈酿）2004 年

大瓶盖，瓶体为红釉瓶。仅出现在 2004 年上半年和 2005 年上半年。现已停产。

53%vol 500ml 贵州茅台酒

（原人民大会堂特供陈酿）2005 年

大瓶盖，瓶体为深色酱釉。现已停产。

53%vol 500ml 贵州茅台酒

（原人民大会堂特供陈酿）2006 年

2006 年上半年人民大会堂特供陈酿同 2003 年瓶盖，2006 年下半年采用防倒灌功能的瓶盖。现已停产。

53%vol 500ml 贵州茅台酒

（原人民大会堂特供陈酿）2007 年

此款产品现已停产。

53%vol 500ml 贵州茅台酒

（原人民大会堂特供陈酿）2009 年

现已停产。

53%vol 500ml 贵州茅台酒

（原人民大会堂陈酿）2014 年

现已停产。

53%vol 2.5L 贵州茅台酒

（原人民大会堂陈酿）2015 年

现已停产。

53%vol 500ml 贵州茅台酒

（陈酿）2017 年

53%vol 500ml 贵州茅台酒（金属盖）2003 年　　　　53%vol 500ml 贵州茅台酒（金属盖）2004 年

现已停产。　　　　　　　　　　　　　　　　　　现已停产。

53%vol 500ml 贵州茅台酒（金属盖）　　53%vol 500ml 贵州茅台酒（金属盖）　　53%vol 500ml 贵州茅台酒（金属盖）

约 2005 年　　　　　　　　　　　约 2007 年　　　　　　　　　　　约 2011 年

此几款金属盖特需酒 2003 年开始生产，2003—2004 年瓶盖背面有生产日期喷码。

2005 年至今，无生产日期喷码。新款金属盖背标带有"＋"字样。

全国人大会议中心，位于北京市西城区西黄城根北街二号，东邻西什库大街，西邻西黄城根北街，南邻北大医院住院部，北邻北京四中，于 1996 年 5 月经中央编制委员会办公室批复成立，是全国人大常委会办公厅直属的正局级事业单位。

53%vol 500ml 贵州茅台酒

（原全国人大会议中心特供陈酿）2007 年

现已停产。

53%vol 500ml 贵州茅台酒

（原全国人大会议中心陈酿）2013 年

现已停产。

53%vol 500ml 贵州茅台酒

（茅台陈酿）2017 年

53%vol 500ml 贵州茅台酒

（茅台陈酿）2020 年

53%vol 500ml 贵州茅台酒（原中共中央党校专用）

中共中央党校创建于 1933 年 3 月 13 日，是轮训和培训中国共产党的高中级领导干部和马克思主义理论干部的最高学府，是中国共产党中央直属的重要部门。此款于 2011 年出品。现已停产。

全国政协由中国共产党、各民主党派、无党派爱国人士、人民团体、各少数民族和各界代表、台湾同胞、港澳同胞和归国侨胞的代表以及特邀人士组成。1949 年 9 月 21 日至 30 日，中国人民政治协商会议第一届全体会议在北平（今之北京）召开。全国政协宴会用酒，乳白玻璃瓶最早于 2006 年出品，酱釉瓷瓶最早于 2008 年出品。

53%vol 500ml 贵州茅台酒

（原全国政协宴会特供）

现已停产。

53%vol 500ml 贵州茅台酒

（原全国政协宴会）

现已停产。

53%vol 500ml 贵州茅台酒

（原全国政协宴会）

现已停产。

53%vol 500ml 贵州茅台酒

（原全国政协宴会）

现已停产。

53%vol 500ml 贵州茅台酒

（QGZXYH）

此款于 2013 年出品。现已停产。

53%vol 500ml 贵州茅台酒

（QGZXYH）

此款于 2013 年出品。现已停产。

第九章 贵州茅台酒文创及个性化酒（企事业单位及特殊定制）

53%vol 500ml 贵州茅台酒

（ZXYJ）

此款于 2014 年出品。现已停产。

53%vol 500ml 贵州茅台酒

（原中国外交部驻外使馆专用）

此款于 2003 年出品。现已停产。

53%vol 500ml 贵州茅台酒

（原中华人民共和国外交部）

外交部是中国的外交机关，是国务院主管外交事务的组成部门，负责处理国家的外交事务。此款于 2009 年出品。现已停产。

53%vol 500ml 贵州茅台酒

（原外交使团特供）

此款于 2007 年出品。现已停产。

53%vol 500ml 贵州茅台酒

（外交使团）

此款于 2016 年出品。现已停产。

53%vol 500ml 贵州茅台酒

（北京外交人员免税商店）

北京外交人员免税商店是一家向驻华外交使团及其外交官提供免税商品的服务机构。此款于 2017 年出品。

53%vol 500ml 贵州茅台酒
（和平鸽）

53%vol 500ml 贵州茅台酒
（和平鸽）

53%vol 500ml 贵州茅台酒
（原外交部驻香港特派员公署专用酒）

白瓶装和平鸽茅台酒是外交礼宾用酒。此
款于 2013 年出品。

红瓶装和平鸽茅台酒是外交礼宾用酒。此
款于 2016 年出品。

此款于 2008 年出品。现已停产。

53%vol 500ml 贵州茅台酒
（原中央人民政府驻澳门特别行政区联络办公室专用）

53%vol 500ml 贵州茅台酒
（原中央政府驻澳门联络办专用）

1999 年 12 月 28 日，新华通讯社澳门分社更名为中央人民政府驻澳门特别行政区联络办公室。任务是
联系外交部、驻澳部队和中资机构，促进澳门与内地的交流与合作。此款于 2009 年出品。现已停产。

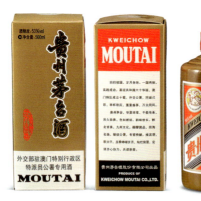  

53%vol 500ml 贵州茅台酒

（原外交部驻澳门特别行政区特派员公署专用酒）

此款于 2009 年出品。现已停产。

53%vol 500ml 贵州茅台酒

（澳门特别行政区区花）

此款于 2012 年出品。现已停产。

53%vol 500ml 贵州茅台酒

（原澳门特别行政区专用酒）

此款于 2011 年出品。现已停产。

53%vol 500ml 贵州茅台酒

（原澳门特别行政区专用酒）

此款于 2011 年出品。现已停产。

53%vol 500ml 贵州茅台酒

（原新华社专用）

新华社的前身是红色中华通讯社，1931 年 11 月 7 日在江西瑞金成立，是中国共产党领导下成立最早的新闻机构。此款于 2007 年出品。现已停产。

53%vol 500ml 贵州茅台酒

（原中国新闻出版）

新闻出版总署前身是 1949 年中宣部出版委员会。2001 年更名为新闻出版总署。2013 年新闻出版总署、广电总局合并为国家新闻出版广电总局。此款于 2009 年出品。现已停产。

53%vol 500ml 贵州茅台酒

（原中华人民共和国商务部专用）

商务部是由国务院主管的商业经济和贸易的组成部门。2003 年，原国家经贸委负责贸易的部门和原对外经贸部合并成"商务部"，统一负责国内外经贸事务。此款于 2007 年出品。现已停产。

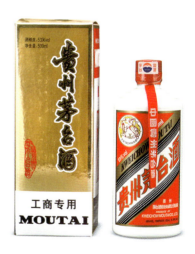

53%vol 500ml 贵州茅台酒

（原工商专用）

此款于 2007 年出品。现已停产。

53%vol 500ml 贵州茅台酒

（原海南省人民政府接待专用）

此款于 2011 年出品。现已停产。

53%vol 500ml 贵州茅台酒

（原浙江省委省政府接待专用）

此款于 2008 年出品。现已停产。

53%vol 500ml 贵州茅台酒

（原浙江省委省政府接待酒）

原浙江省委省政府接待系列，最早见于 2008 年。现已停产。

53%vol 500ml 贵州茅台酒

（原浙江省委省政府接待专享）

现已停产。

53%vol 500ml 贵州茅台酒（京西宾馆）

京西宾馆隶属于中国人民解放军原总参谋部，主要接待国家、军队高级领导，是中央军委、国务院举行大型重要会议的场所。此款最早于 2005 年出品。

53%vol 500ml 贵州茅台酒

（原青岛市政务接待专用酒）

此款于 2008 年出品。现已停产。

53%vol 500ml 贵州茅台酒

（原中央军委办公厅专用）

中央军委办公厅于 1949 年 11 月 11 日成立。
此款于 2009 年出品。现已停产。

53%vol 500ml 贵州茅台酒

（★★★★★）

此款于 2013 年出品。现已停产。

53%vol 500ml 贵州茅台酒

（原八一特供陈酿）

此款于 2006 年出品。现已停产。

53%vol 500ml 贵州茅台酒

（八一陈酿）

此款于 2016 年出品。现已停产。

53%vol 500ml 贵州茅台酒

（FW 陈酿）

此款于 2017 年出品。

53%vol 500ml 贵州茅台酒（VA）

此款于 2013 年出品。现已停产。

53%vol 500ml 贵州茅台酒（CN）

此款于 2013 年出品。现已停产。

53%vol 500ml 贵州茅台酒
（原专供中国人民解放军总医院）

解放军总医院简称 301 医院成立于 1953 年，是全军最大的综合性医院。此款于 2006 年出品。现已停产。

53%vol 500ml 贵州茅台酒
（原专供总装备部）

解放军总装备部成立于 1998 年 4 月 3 日，全面负责全军武器装备的集中统一领导。此款于 2005 年出品。现已停产。

53%vol 500ml 贵州茅台酒
（总装备部远望楼）

远望楼宾馆是总装备部第一招待所，1983 年 6 月建成，2006 年 3 月改扩建，2008 年 5 月重张开业。此款于 2009 年出品。现已停产。

53%vol 500ml 贵州茅台酒
（原专供中国海军）

中国人民解放军海军成立于 1949 年 4 月 23 日。军内为一个独立军种，级别为正大军区级。舰队下辖舰队航空兵、基地、支队、水警区、航空兵师和陆战旅等部队，指挥机构为海军司令部，以及海军政治部、海军后勤部和海军装备部。此款于 2006 年出品。现已停产。

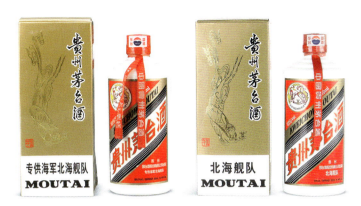

53%vol 500ml 贵州茅台酒

（原专供海军北海舰队）

1959 年根据中苏两国的协定，苏联将旅顺军港交还中国。1960 年在收回的旅顺基地和直属海军的青岛基地的基础上成立了海军北海舰队，是三支舰队（北海舰队、东海舰队、南海舰队）中实力最强、装备最为精良的一支。此款于 2005 年出品。现已停产。

53%vol 500ml 贵州茅台酒

（原中国海军核潜艇部队）

1970 年 12 月，中国第一艘核潜艇下水。2009 年 4 月，基地两艘核潜艇参加中国海军成立 60 周年多国海军活动海上阅兵，是中国海军核潜艇的首次公开亮相。此款于 2007 年出品。现已停产。

53%vol 500ml 贵州茅台酒

（原四三一厂专供）

2006 年初贵州茅台酒厂为四三一厂设计了一款潜艇形状的贵州茅台酒，该酒在中国海军重大庆典活动中作为专用白酒、烘托气氛、增加新鲜话题。畅饮核潜艇里的茅台酒或欣赏核潜艇酒瓶时，都会想起中国核潜艇的发展历程，眼前都会浮现出中国核潜艇的雄姿，为中国核潜艇不断壮大而骄傲。此款于 2006 年出品。现已停产。

53%vol 500ml 贵州茅台酒

（原〇六一基地庆典专用）

中国航天科工集团〇六一基地（贵州航天工业有限责任公司）是 1964 年经中央军委批准建立的航天产品科研生产基地。此款于 2006 年出品。现已停产。

53%vol 500ml 贵州茅台酒

（原专供中国空军）

此款于 2004 年出品。现已停产。

53%vol 500ml 贵州茅台酒

（原中国空军）

此款于 2005 年出品。现已停产。

53%vol 500ml 贵州茅台酒（原专供中国空军）

此款于 2005 年出品。现已停产。

53%vol 500ml 贵州茅台酒（原专供中国空军）

此款于 2005 年出品。现已停产。

中国人民解放军空军于 1949 年 11 月 11 日正式成立，经过半个世纪的建设，人民空军已经发展成为一支多兵种、多机种的现代化的高技术军种。主要任务是担负国土防空，支援陆、海军作战，对敌后方实施空袭，进行空运和航空侦察。

七大军区——中国人民解放军现设有沈阳、北京、济南、南京、广州、成都、兰州七个军区，下辖陆军集团军、兵种部队、后勤保障部队和省军区（卫戍区、警备区）。

53%vol 500ml 贵州茅台酒

（原专供沈阳军区）

此款于 2005 年出品。现已停产。

53%vol 500ml 贵州茅台酒

（原沈阳军区）

此款于 2006 年出品。现已停产。

53%vol 500ml 贵州茅台酒

（原专供北京军区）

此款于 2005 年出品。现已停产。

53%vol 500ml 贵州茅台酒

（原专供济南军区）

此款于 2004 年出品。现已停产。

53%vol 500ml 贵州茅台酒

（原专供南京军区）

此款于 2004 年出品。现已停产。

53%vol 500ml 贵州茅台酒

（原专供广州军区）

此款于 2005 年出品。现已停产。

53%vol 500ml 贵州茅台酒

（原成都军区专供）

此款于 2006 年出品。现已停产。

53%vol 500ml 贵州茅台酒

（原专供西北部队）

此款于 2005 年出品。现已停产。

43%vol 500ml 贵州茅台酒

（原西北部队）

此款于 2010 年出品。现已停产。

43%vol 500ml 贵州茅台酒

（原沈阳军区）

此款于 2010 年出品。现已停产。

53%vol 500ml 贵州茅台酒

（原中国人民解放军驻香港部队专用）

中国人民解放军驻香港部队于 1993 年初开始组建，1996 年 1 月 28 日组建完毕，1997 年 7 月 1 日正式进驻香港执行防务任务。隶属中央军委，由陆、海、空三军组成。此款于 2009 年出品。现已停产。

53%vol 500ml 贵州茅台酒

（原中国人民解放军驻澳门部队专用）

驻澳部队是继香港驻军之后，解放军派驻特别行政区的第二支部队。1999 年 12 月 20 日正式进驻澳门执行防务任务。此款于 2010 年出品。现已停产。

53%vol 500ml 贵州茅台酒

（原国务院管理局北戴河服务局暑期会议特供）

此款于 2005 年出品。现已停产。

53%vol 500ml 贵州茅台酒

（原北戴河服务局暑期会议特供）

此款于 2005 年出品。现已停产。

53%vol 500ml 贵州茅台酒

（原北戴河暑期特供）

此款于 2007 年出品。现已停产。

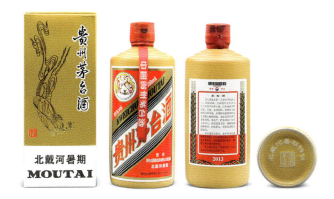

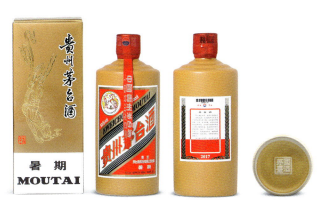

53%vol 500ml 贵州茅台酒

（原北戴河暑期）

此款于 2013 年出品。现已停产。

53%vol 500ml 贵州茅台酒

（暑期）

此款于 2017 年出品。现已停产。

北戴河位于河北省秦皇岛市中心西部，作为避暑疗养胜地，北戴河系列酒首批只在瓶底印"国
务院管理局北戴河服务局暑期会议特供"，商标和普通茅台一样，最早于 2005 年出品。

53%vol 500ml 贵州茅台酒

（原八一慰问军队专用）

此款于 2009 年出品。

53%vol 500ml 贵州茅台酒

（五岳独尊）

此款延续济南军区风格，于 2013 年出品。

53%vol 500ml 贵州茅台酒

（中欧企业家峰会）

2016 年 6 月 13 日，第七届中欧企业家峰会在英国
伦敦举行，SEES 为中欧企业家峰会 Sino-European
Entrepreneurs Summit 的缩写。此款于 2016 年出品。

53%vol 500ml 贵州茅台酒

（中国—亚欧博览会）

此款于 2018 年出品，金色包装寓意东方文明将胜利启程与
欧洲文明交融。正标由字母 a 和 e 组成，分别是亚洲（Asia）
和欧洲（Europe）的首字母，它们交织而成字母 X，是新
疆的开头字母。2011 年以来，历届均在乌鲁木齐举办。

53%vol 500ml 贵州茅台酒（港区省级政协委员联谊会尊享）

53%vol 500ml 贵州茅台酒（港区省级政协委员联谊会尊享）

2006年9月，港区省级政协委员在全国政协、中央统战部和中联办领导协助指导下，成立了"港区省级政协委员联谊会"。该会以"服务国家、服务香港、服务委员"为创会宗旨，下设8个工作委员会，联系和团结港区省级政协委员，开展多种形式的活动。会员中大多是香港各界的代表人士，其中不乏政界精英、商界名流、行业骨干和社团领袖。以上为联谊会定制的生肖纪念酒。

53%vol 250ml 贵州茅台酒（红）

此款于 2018 年出品。

53%vol 500ml 贵州茅台酒
（国酒茅台之友协会［香港］专用）

此款于 2013 年出品。

53%vol 500ml 贵州茅台酒
（国酒茅台之友协会［香港］尊享）

此款于 2017 年出品。

53%vol 500ml 贵州茅台酒（国酒茅台之友协会［香港］专用）

香港国酒茅台之友协会成立于 2001 年，秉承"弘扬茅台、促进文化、帮助贵州、发展经济"的理念，始终坚持"品研茅台、传承文化、弘扬国粹、振兴中华"的宗旨，为茅台在香港高端社会阶层的推广和消费发挥了重要作用。此酒为 2001 年生产，采用 50 年酒质。

53%vol 500ml 贵州茅台酒
（国酒茅台之友协会［香港］专用 ）

此酒为 2005 年生产，采用 50 年酒质。

53%vol 500ml×3 贵州茅台酒（澳门巴黎人）

澳门巴黎人（The Parisian）综合度假村是得到著名"光之城"——巴黎之魅力及奇观启发，其巴黎铁塔是按原建筑物二分之一的比例复制建成。酒店设有套房、免税店、餐厅酒廊、娱乐表演及水上乐园。度假村由拉斯维加斯金沙集团打造，位于澳门路氹金光大道度假区，2016年底隆重开幕。此三款分为普通、15年和30年款，于2016年出品。

53%vol 500ml 贵州茅台酒

（澳门威尼斯人 马）

53%vol 500ml 贵州茅台酒

（澳门威尼斯人 羊）

澳门威尼斯人酒店是由美国拉斯维加斯金沙集团投资的威尼斯人度假村，以意大利威尼斯水乡以及著名雕像为建筑特色，并参考著名的拉斯维加斯威尼斯人度假村酒店作为设计蓝本。此款于2014年出品。

53%vol 500ml 贵州茅台酒（香港义工联盟）

香港义工联盟由热心公益的工商界人士于 2014 年 6 月在
香港发起成立，其宗旨为扶持弱势社群、宣传关爱文化。
此款于 2019 年出品。

53%vol 500ml 贵州茅台酒（澳门茅台文化协会尊享）

此款 2017 年出品的茅台酒，为陈酿酒质。

53%vol 4.5L 贵州茅台酒（澳门城市大学）

澳门城市大学是澳门第一所现代大学，前身为 1981 年成立的东
亚大学，2011 年更名为澳门城市大学。此款于 2015 年出品。

53%vol 4.5L 贵州茅台酒（澳门金龙集团）

金龙集团有限公司于 1991 年在澳门创立，最初经营电器产品
为主，现已成为多元化集团企业。此款于 2015 年出品。

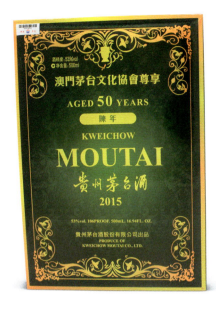

53%vol 500ml 贵州茅台酒（澳门茅台文化协会尊享）

澳门茅台文化协会是 2014 年在澳门特区政府注册登记成立的一个非营利团体。此款酒质为 50 年茅台酒，于 2015 年、2016 年、2017 年出品。

53%vol 500ml 贵州茅台酒（中国国家博物馆）

53%vol 500ml 贵州茅台酒（中国国家博物馆）

中国国家博物馆前身是 1912 年中华民国政府以国子监为馆址的国立历史博物馆，位于北京市中心天安门广场东侧与人民大会堂东西相对称，是历史与艺术并重、集收藏、展览、研究、考古、公共教育、文化交流于一体的综合性博物馆，隶属于中华人民共和国文化部。此款于 2013 年出品。

原北京国酒茅台文化研究会是由贵州茅台酒股份有限公司发起，文化部批准成立的非营利性社团法人机构。该会旨在开展以茅台酒为主题的各种研究和交流活动，包括茅台酒品鉴、投资与收藏、陈年茅台酒拍卖，以及文学、诗词、书法、绘画、交际、民俗等多方面活动，力求为会员们提供一个深入了解茅台酒的机会，让茅台酒更贴近会员们的生活，不断提高会员们对茅台酒的认知和鉴赏能力，通过酒文化的交流进一步丰富会员的文化底蕴。瓶身整体颜色运用中国国色大红色，底部优雅的宫殿剪影，彰显了尊贵与厚重。瓶盖头顶部采用五星标和中英文结合的浮雕图案，侧壁采用双龙浮雕图案。包装上有普通单支装、单支礼盒装和双支礼盒装三种形式。会所专用于 2009 年出品，会员专用于 2010 年出品。九庆是茅台文化研究会陈酿酒的新版，纸箱上标明身份"九庆"。九与"酒""久"皆为同音，"庆"是代表吉祥。"九庆"代表喜庆、古雅、沉稳。全新设计使用了蟠龙纹、金绶带等传统文化元素。"九庆"于 2021 年出品。

53%vol 500ml 贵州茅台酒

（国酒茅台会所专用）

此款于 2009 年出品。

53%vol 500ml 贵州茅台酒

（国酒茅台文化研究会会员专用）

此款于 2010 年出品。

53%vol 500ml 贵州茅台酒

（国酒茅台文化研究会会员）

此款于 2017 年出品。

53%vol 500ml 贵州茅台酒

（国酒茅台文化研究会会员）

此款于 2017 年出品。

53%vol 500ml 贵州茅台酒

（茅台文化研究会会员）

此款于 2019 年出品。

53%vol 500ml 贵州茅台酒

（九庆）

此款于 2021 年出品。

53% 500ml 贵州茅台酒

（广东地区专供酒）

此款于 2004 年出品。现已停产。

38%vol 500ml 贵州茅台酒

（广东地区专供酒）

此款于 2004 年出品。现已停产。

53%vol 500ml 贵州茅台酒

（专供河南省商丘市）

此款于 2006 年出品。现已停产。

53% 38%vol 500ml 贵州茅台酒

（专供大庆）

此款于 2006 年出品。现已停产。

53%vol 500ml 贵州茅台酒

（专销温州）

此款于 2004 年出品。现已停产。

43%vol 500ml 贵州茅台酒

（专销温州）

此款于 2004 年出品。现已停产。

53%vol 500ml 贵州茅台酒

（原中国工商银行股份有限公司专供）

中国工商银行成立于 1984 年，是中国五大银行之首，世界 500 强企业之一，拥有中国最大的客户群，是中国最大的商业银行。此款于 2010 年出品。现已停产。

53%vol 500ml 贵州茅台酒

（原专供中国工商银行股份有限公司北京市分行）

中国工商银行北京市分行成立于 1984 年，资产规模过万亿。此款于 2006 年出品。现已停产。

53%vol 500ml 贵州茅台酒

（原中国农业银行专供）

中国农业银行成立于 1951 年，是中国五大银行之一，新中国成立的第一家国有商业银行。此款于 2011 年出品。现已停产。

53%vol 500ml 贵州茅台酒

（原专供中国银行）

中国银行于 1912 年经孙中山先生批准在上海成立，是中国历史最为悠久的银行之一，是中国国际化和多元化程度最高的银行。此款于 2009 年出品。现已停产。

53%vol 500ml 贵州茅台酒

（原专供招商银行）

招商银行是中国第一家完全由企业法人持股的股份制商业银行，简称招行，成立于1987年4月8日，由香港招商局集团有限公司创办，是中国内地规模第六大的银行。此款于2011年出品。现已停产。

53%vol 500ml 贵州茅台酒

（中国民生银行·投资银行"贵宾特制"）

民生银行早在2006年启动投行业务，2014年成立投资银行部，主要业务为投资管理业务和资本市场业务。此款于2006年出品。现已停产。

53%vol 500ml 贵州茅台酒

（中国移动通信）

中国移动通信集团公司成立于2000年4月20日，是一家基于GSM、TD-SCDMA和TD-LTE制式网络的移动通信运营商。此款于2008年出品。现已停产。

53%vol 500ml 贵州茅台酒

（中国电信）

中国电信集团公司成立于1995年，是我国特大型国有通信企业，连续多年入选世界500强企业。此款于2006年出品。现已停产。

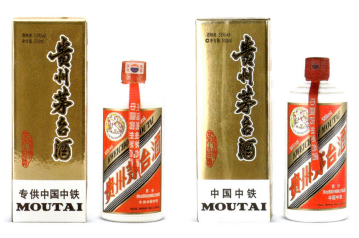

53%vol 500ml 贵州茅台酒

（原专供中国中铁）

中国中铁股份公司成立于2007年9月12日，是由中国铁路工程总公司以整体重组、独家发起的方式设立的股份公司，现为全球知名的建筑工程承包商。此款于2007年出品，还有43%vol装。现已停产。

53%vol 500ml 贵州茅台酒

（原铁路特供）

铁路特供是为铁路系统量身打造的一款行业用酒。此款于2008年出品。现已停产。

53%vol 500ml 贵州茅台酒

（东北亚铁路定制）

53%vol 500ml 贵州茅台酒

（原油田专用）

吉林省东北亚铁路集团股份有限公司成立于1993年，主要承担中国珲春—俄罗斯马哈林诺铁路口岸中方段的建设和运营，是吉林省和沈阳铁路局管内唯一一对俄罗斯的铁路口岸。此款于2015年、2016年出品。现已停产。

此款于2005年出品。现已停产。

53%vol 500ml 贵州茅台酒

（中国南方电网）

53%vol 500ml 贵州茅台酒

（原专供中国石油天然气集团公司）

中国南方电网公司于2002年12月29日正式挂牌成立。公司经营范围为广东、广西、云南、贵州和海南五省（区），负责投资、建设和经营管理南方区域电网，经营相关的输配电业务。此款于2008年出品。现已停产。

中国石油天然气集团公司是于1998年7月在原中国石油天然气总公司的基础上组建的特大型跨地区、跨行业、跨国经营的综合性石油公司。此款于2008年出品。现已停产。

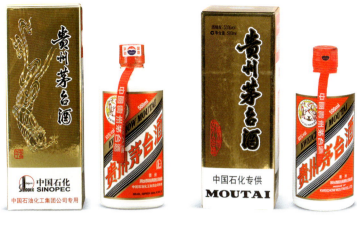 

53%vol 500ml 贵州茅台酒

（原中国石油化工集团公司专用）

53%vol 500ml 贵州茅台酒

（中国石化易捷专售）

中国石油化工集团公司是 1998 年 7 月国家在原中国石油化工总公司基础上重组成立的特大型石油石化企业集团。此款于 2007 年出品。现已停产。

中国石化销售企业自 2008 年起涉足非油品领域，目前已在全国加油站内开设易捷便利店 2.3 万家。此款于 2014 年出品。

53%vol 500ml 贵州茅台酒

（原特供中华全国总工会中国职工之家）

53%vol 500ml 贵州茅台酒

（中国职工之家）

53%vol 500ml 贵州茅台酒

（原专供首都机场专机楼）

北京中国职工之家饭店于 1992 年 6 月开业，隶属于全国总工会，饭店地处繁华的复兴商业区。该饭店是一家四星级涉外饭店，由 A、B、C 三座组成，是中外游客的综合型饭店，也是党代会、全国"两会"驻地、中央国家机关政府会议定点单位。此款于 2007 年出品。现已停产。

首都机场专机楼是接待各国元首和副总理以上的各国领导人的场所。此款于 2003 年出品。现已停产。

53%vol 500ml 贵州茅台酒

（原专供中粮集团）

中粮集团有限公司成立于 1949 年，是中国领先的
农产品、食品领域多元化产品和服务供应商和全产
业链粮油食品企业。此款于 2008 年出品。现已停产。

53%vol 500ml 贵州茅台酒

（原专供银华基金）

银华基金管理有限公司成立于 2001 年 5 月，
是经中国证监会批准成立的基金管理公司。
此款于 2005 年出品。现已停产。

53%vol 500ml 贵州茅台酒

（北京饭店特供）

北京饭店始建于 1900 年，是著名的五星
级老饭店。此款于 2007 年出品。现已停产。

53%vol 500ml 贵州茅台酒

（为金陵饭店特制"15 年"）

金陵饭店 1983 年开业，是曾经的中国第一高
楼，南京的标志性建筑，江苏省首家五星级
酒店。此款于 2004 年出品。现已停产。

53%vol 500ml 贵州茅台酒

（威海白云宾馆）

威海白云宾馆即山东省国税局威海培训中心，1995 年
开业，设有客房 60 间。此款于 2005 年出品。现已停产。

38%vol 500ml 贵州茅台酒

（威海白云宾馆）

此款于 2005 年出品。现已停产。

53%vol 500ml 贵州茅台酒

（专供谷泉会议中心）

北京谷泉会议中心为中信国安集团一级子公司，于 2004 年 5 月 1 日正式成立，是集住宿、餐饮、娱乐和会议于一体的休闲娱乐场所。此款于 2008 年出品。现已停产。

53%vol 500ml 贵州茅台酒

（香格里拉酒店集团专用）

总部设在香港的香格里拉酒店集团是亚洲最大的豪华酒店集团，且被视为世界最佳酒店管理公司之一。香格里拉酒店集团是香格里拉亚洲有限公司的品牌，该公司在香港股票市场上市。此款于 2010 年出品。

53%vol 500ml 贵州茅台酒

（上海秦商大酒店）

此款为于 2015 年出品。

53%vol 500ml 贵州茅台酒

（阳光酒店集团专用）

阳光酒店集团组建于 2007 年 11 月，是中国石油天然气集团公司以酒店旅游为核心业务的专业化公司。目前拥有各类商务、假日酒店、疗养院等 55 家。此款于 2012 年出品。

53%vol 500ml 贵州茅台酒

（食养斋定制）

民以食为天，百姓生活，不可一日不食不饮。食养斋专注以食养生，奉行"不知食宜者，不足以生存"的理念，此款为食养斋定制酒。此款于 2016 年出品。

53%vol 500ml 贵州茅台酒

（侨村 33 号）

此款为侨村 33 号定制，于 2015 年出品。

53%vol 1L 贵州茅台酒

（营口港务集团敬赠）

营口港是全国重要的综合性主枢纽港，是东北地区最近的出海港、东北地区最大的货物运输港。此款于 2006 年出品。现已停产。

43%vol 1000ml 贵州茅台酒

（为 BGP CNPC 特制）

中国石油集团东方地球物理勘探有限责任公司（简称"东方地球物理公司"，BGP）2002 年重组成立，肩负着"找油找气"的神圣使命。此款于 2005 年出品。现已停产。

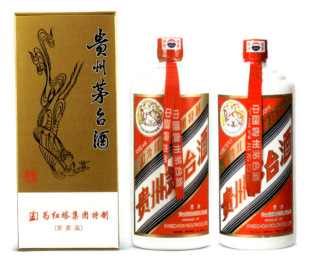

53%vol 43%vol 1L 贵州茅台酒

（为红塔集团特制）

红塔烟草集团公司于 1956 年成立，主要品牌有"红塔山""玉溪""红梅"等。此款于 2005 年出品。现已停产。

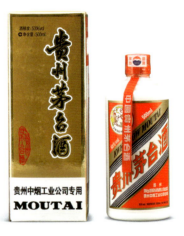

53%vol 500ml 贵州茅台酒

（贵州中烟工业公司专用）

贵州中烟工业公司于 2008 年由贵州中烟工业公司改制而成，是中国烟草总公司的子公司。品牌有"贵烟""黄果树"等。此款于 2008 年出品。现已停产。

53%vol 500ml 贵州茅台酒

（贵阳卷烟厂专用）

贵阳卷烟厂前身一部分是 1940 年的国营贵州烟
草公司，后来演变为贵阳卷烟一厂；另一部分是
私营烟厂，后来演变为贵阳卷烟二厂。1988 年
一厂、二厂合并为贵阳卷烟厂，2006 年并入贵
州中烟工业公司。此款于 2004 年出品。现已停产。

53%vol 500ml 贵州茅台酒

（贵州黄果树烟草集团公司专用）

贵州黄果树烟草集团公司于 2005 年合并重组了贵阳
卷烟厂、遵义卷烟厂、毕节卷烟厂、铜仁卷烟厂和
兴义卷烟厂而成。2006 年，贵州中烟工业公司与贵
州黄果树烟草集团公司合并。此款于 2005 年出品。
现已停产。

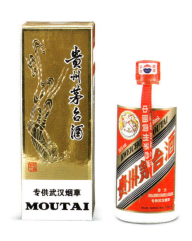

53%vol 500ml 贵州茅台酒

（专供武汉烟草）

武汉烟草集团公司于 1995 年成立，是全国烟草行
业重点企业。主要品牌有"红金龙""黄鹤楼"等。
此款于 2007 年出品。现已停产。

53%vol 500ml 贵州茅台酒

（中烟追溯尊享）

中烟追溯（北京）科技有限公司依托中国产品质量追溯系统网络
平台，实现烟草行业产品溯源防伪。两款于 2017 年、2018 年出品。
现已停产。

53%vol 500ml 贵州茅台酒
（海航集团）

海航集团 2000 年 1 月组建，以航空运输业为主体的航空综合服务运营商。此款最早于 2011 年出品。

53%vol 500ml 贵州茅台酒
（恒大集团专用）

恒大地产集团有限公司，简称恒大集团，是集民生住宅、文化旅游、快消、农业、乳业及体育产业为一体的企业集团。此款于 2013 年出品。

53%vol 500ml 贵州茅台酒
（恒大集团尊享）

此款于 2017 年出品。

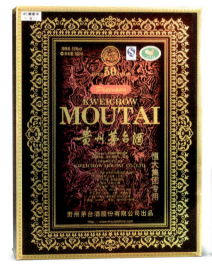

53%vol 500ml 贵州茅台酒
（恒大集团专用"50 年"）

此款于 2014 年出品。

53%vol 500ml 贵州茅台酒
（恒大集团专用"30 年"）

此款于 2014 年出品。

53%vol 500ml 贵州茅台酒
（恒大集团专用"15 年"）

此款于 2014 年出品。

53%vol 500ml 贵州茅台酒（富力地产尊享）

53%vol 500ml 贵州茅台酒

（万达集团尊享）

广州富力地产股份有限公司成立于1994年，总部在广州，是集房地产设计、开发、工程监理等业务为一体、拥有国家建设部颁发的一级开发资质，是中国综合实力最强的房地产企业之一。此两款于2017年出品。

53%vol 500ml 贵州茅台酒

（香港侨福建设集团专用）

53%vol 500ml 贵州茅台酒

（香港侨福建设集团尊享）

53%vol 500ml 贵州茅台酒（万达集团尊享）

侨福集团由黄氏家族创立，总部设于香港。Parkview Green 芳草地（侨福芳草地）位于北京中央商务区，是绿色新思维的象征性建筑。两款于2012年、2015年出品。

万达集团创立于1988年，现为大型企业集团，是领先的不动产企业、影视企业和体育企业，拥有万达广场、万达影城、万达酒店等知名品牌。此两款，一款以中国红基调，酒质为15年陈酿，于2019年出品。另一款酱瓶为陈酿酒质，于2020年出品。

53%vol 500ml 贵州茅台酒

（江阳建设集团有限公司）

江阳建设集团有限公司创建于 1994 年，是泸州市施工特级资质的企业，曾获得全国建筑行业最高殊荣鲁班奖等荣誉称号。此款于 2017 年出品。

53%vol 500ml 贵州茅台酒（达海控股集团更名、

南通四建集团荣获第二十四枚鲁班奖定制）

达海控股集团有限公司业务涉及金融、互联网、制造、建筑、房产、智能科技服务等众多领域。南通四建集团先后荣获 28 项鲁班奖、国家优质工程奖 13 项、詹天佑奖。此款于 2015 年出品。

53%vol 500ml 贵州茅台酒

（德赛集团有限公司尊享）

德赛集团是集研发、生产、销售于一体的现代化大型皮鞋制造企业。此款于 2017 年出品。

53%vol 500ml 贵州茅台酒

（德胜专用）

此款于 2005 年出品。现已停产。

53%vol 500ml 贵州茅台酒

（华盛源实业集团）

河南华盛源实业有限公司是河南省一家综合性企业集团公司。此款于 2017 年出品。

53%vol 500ml 贵州茅台酒

（吉林市谦茗缘商贸有限公司）

吉林市谦茗缘商贸有限公司主要从事食品销售。此款于 2017 年出品。

53%vol 500ml 贵州茅台酒

（国金中心定制）

上海国金中心商场位于上海浦东陆家嘴国际金融区，是大型购物中心。此款于2014年出品。

53%vol 500ml 贵州茅台酒

（城云国际）

城云科技是浙江一家大数据应用与运营服务商，以打造科技赋能的中国新型智慧城市为发展目标，专注于云计算和大数据行业，为城市和企业用户提供大数据云服务。此款于2018年出品。

53%vol 500ml 贵州茅台酒

（碧桂园封坛酒）

碧桂园集团，总部位于广东佛山顺德，是中国最大的新型城镇化住宅开发商之一。此款于2017年出品。

53%vol 500ml 贵州茅台酒

（江苏默元房地产开发有限公司）

江苏默元房地产开发有限公司成立于2016年8月，主要从事养老地产开发等业务。此款于2018年出品。

53%vol 500ml 贵州茅台酒

（吴江青商会）

苏州市吴江区青年商会是一个长期扎根吴江，助推企业发展的公共服务平台，是引导和帮助吴江青年成长创业，促进吴江经济社会全面深化改革的一支具有活力的新生力量。此款于2017年出品。

53%vol 500ml 贵州茅台酒

（贵州新德丰商贸）

贵州新德丰商贸为贵州省贵阳市的一家商贸公司。此款于2017年出品。

53%vol 500ml 贵州茅台酒（中信金陵）　　　　　　53%vol 500ml 贵州茅台酒（炫彩中国）

贵州茅台酒（中信金陵酒），以传统国瓷梅瓶为盛酒器，选取创建于清乾隆六十年（1795 年）九村的国瓷永丰源完全手工制造的"国瓷酒器"，薄如纸、透如镜、声如磬、白如玉，以穿越中国文明之势，塑造只属于世界最好蒸馏酒原产地的稀有藏香。中信金陵款于 2015 年出品。2018 年下半年改名为"炫彩中国"，新版瓶体较之前略小。此款有黄、红、蓝、白四种颜色。

　　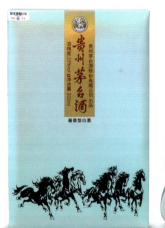

53%vol 500ml 贵州茅台酒　　　　　　　　　53%vol 500ml 贵州茅台酒
（亨通尊享）　　　　　　　　　　　　　　　（亨通尊享）

亨通集团是光纤光网、智能电网、大数据物联网、新能源新材料等领域的国家创新型企业。"上善若水，道法通变"是亨通集团的企业理念，以"创造卓越，崇尚文明"为企业宗旨。其中红色款于 2019 年出品，酱色款于 2018 年出品。

"人生得意须尽欢，莫使金樽空对月"出自唐李白的《将进酒》，表达了人生在世不要使自己的酒杯只对着月亮，要和好友们共同分享，只有在觥筹交错、豪饮高歌之间，才能达到人生的通达。此款于 2015 年出品。

53%vol 500ml 贵州茅台酒（宏光客户尊享）

郑州宏光·协和城邦是在郑州金水区开发的写字楼和商铺，天赐·上湾是在海南澄迈县开发的住宅和别墅项目，宏光合园是在郑州经开区开发的住宅和商铺。以上品种均为宏光客户尊享用酒。其中金色款于2016年出品，蓝色款于2016年出品，黑色款于2017年出品。

53%vol 500ml 贵州茅台酒

（江苏五星建设集团）

江苏五星建设集团有限公司创建于1964年，经过40多年的发展，取得了房屋建筑工程施工总承包一级资质、专业承包以及市政公用施工总承包和房地产开发资质。

53%vol 500ml 贵州茅台酒

（仁建国贸定制）

仁建国际贸易（上海）有限公司主营货物及技术的进出口业务，此款于2017年出品。

53%vol 500ml 贵州茅台酒

（曙光控股集团尊享）

曙光控股集团有限公司是以建筑业为主业的大型综合性民营企业集团，为国家房屋建筑工程施工总承包特级资质企业，以"创民族品牌，铸百年基业"为己任，总部位于浙江省温岭市。此款于2016年出品。

53%vol 500ml 贵州茅台酒

（信阳万家灯火）

河南信阳万家灯火集团公司主营房地产。信阳万家灯火义乌国际购物公园拟打造集旅游、观光、休闲、娱乐、度假、购物为一体的城市综合体。此款于2015年出品。

53%vol 500ml 贵州茅台酒

（哈密惠通）

哈密惠通贸易发展有限公司位于盛产哈密瓜、大枣、棉花、葡萄等的哈密市，公司理念为"惠存百岁、通达四方"。此款于2017年出品。

53%vol 500ml 贵州茅台酒

（深商尊享）

此款于2018年出品。

53%vol 500ml 贵州茅台酒

（俊发集团）

俊发集团是集房地产开发、房建工程等多元板块为一体的全国性综合集团公司，成立于1998年。此款于2017年出品。

53%vol 500ml 贵州茅台酒

（恒逸集团尊享）

恒逸集团为大型纺织原料供应商，被誉为民营化纤领域的"石化巨头"，旗下有上市公司恒逸石化。此款于2017年出品。

53%vol 500ml 贵州茅台酒

（世纪海景集团）

世纪海景集团（深圳）有限公司是一家外企，主营房地产开发、高尔夫球场等。此款于2017年出品。

53%vol 500ml 贵州茅台酒

（仁恒置地尊享）

仁恒置地集团是新加坡交易所主板上市公司、业务遍及中国内地、中国香港和新加坡。此款于 2016 年出品。

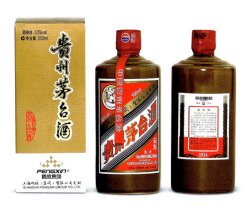

53%vol 500ml 贵州茅台酒

（上海鹏欣［集团］有限公司定制）

上海鹏欣（集团）有限公司创立于 1988 年，是一家集新能源、农业、地产、环保等产业于一体民营企业。此款为陈酿酒质，于 2014 年出品。

53%vol 500ml 贵州茅台酒

（翔鸽尊享）

此款于 2014 年出品。

53%vol 500ml 贵州茅台酒

（和泓地产）

和泓置地集团有限公司是成立于 2001 年的地产开发商，以"理想建筑成就完美人生"为理念。此款于 2018 年出品。

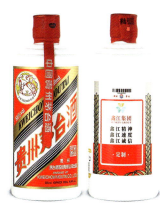

53%vol 500ml 贵州茅台酒

（鑫江集团）

青岛鑫江置业集团有限公司是集地产、商业、物业、珠宝、金融、公共事业 6 大板块于一体的多元化集团公司。此款于 2017 年出品。

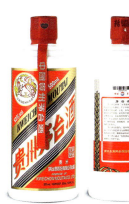

53%vol 500ml 贵州茅台酒

（浙江东南网架）

浙江东南网架股份有限公司成立于 1984 年 1 月，是一家集设计、制作、安装于一体的大型钢结构上市企业。此款于 2018 年出品。

53%vol 500ml 贵州茅台酒

（安顺明达物业）

安顺市明达物业发展有限公司成立于 2013 年，公司注册资本 5000 万，是一家实力雄厚的企业。公司主要从事物业投资及经营管理，土地综合整治，房屋租赁。此款于 2017 年出品。

53%vol 500ml 贵州茅台酒

（深圳琳珠投资）

深圳市琳珠投资控股（集团）有限公司是以城市商业、住宅等房地产开发经营为主体的投资控股集团。此款于 2017 年出品。

53%vol 500ml 贵州茅台酒

（深圳东方港湾投资）

深圳东方港湾投资管理股份有限公司主营业务有投资管理、投资咨询。此款于 2017 年出品。

53%vol 500ml 贵州茅台酒

（大连东方投资）

大连东方投资置业有限公司主营业务为房地产投资开发等。此款于 2019 年出品。

53%vol 500ml 贵州茅台酒

（中国企业家酒）

中国企业家协会 1984 年成立，是规模较大的全国性经济类型的社会团体，拥有会员企业 50 余万家。此款于 2014 年出品。

53%vol 375ml 贵州茅台酒

（青岩古镇尊享）

青岩古镇是贵州四大古镇之一，位于贵阳市南郊，建于明洪武十年（1377 年），原为军事要塞，是第二批中国历史文化名镇。此款为地理定制酒，于 2016 年出品。

53%vol 500ml 贵州茅台酒

（工合）

中国工合国际委员会简称工合国际，是国内现存历史最悠久的全国性社会组织和国际性社团组织，1939 年宋庆龄与国际友人在香港发起成立。此款于 2012 年出品。

53%vol 500ml 贵州茅台酒

（威佳汽车集团尊享）

河南威佳汽车贸易集团有限公司成立于 2000 年 2 月，其业务立足河南市场，专注汽车营销服务行业。此款于 2017 年出品。

53%vol 500ml 贵州茅台酒

（宇通集团）

郑州宇通集团有限公司是以客车为核心业务的大型企业集团。此款于 2018 年出品。

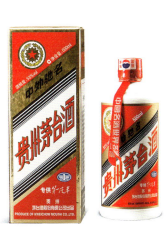

53%vol 500ml 贵州茅台酒　　　　**53%vol 500ml 贵州茅台酒**

（专供第一汽车）　　　　　　　　**（专供第一汽车）**

中国第一汽车集团公司简称"一汽"，是中央直属国有特大型汽车生产企业，总部位于长春市，前身是第一汽车制造厂，毛泽东主席题写厂名。"一汽"两款最早均于 2005 年出品。现已停产。

53%vol 500ml 贵州茅台酒（吉利控股集团）

浙江吉利控股集团有限公司是中国汽车行业十强中唯一一家民营轿车生产经营企业，成立于1986年。三十年来在汽车、摩托车、汽车发动机、变速器、汽车电子电气及汽车零部件方面取得了辉煌业绩。该产品有200ml、500ml、1L三个规格。

53%vol 200ml

贵州茅台酒（吉利控股集团）

此款于2005年出品。

53%vol 500ml 贵州茅台酒

（聚诚集团）

衡水聚诚汽车贸易集团有限公司于2016年正式设立，是一家以汽车贸易及服务为主的综合性集团公司。此款于2016年出品。

53%vol 500ml 贵州茅台酒

（奥瑞金包装股份有限公司）

奥瑞金包装集团是大型专业化金属包装企业，A股第1家金属包装上市公司。此款于2015年出品。

53%vol 500ml 贵州茅台酒

（万德隆商贸）

万德隆商贸有限责任公司是一家商业公司，拥有多家门店。此款于2017年出品。

53%vol 500ml 贵州茅台酒

（爱康集团）

爱康集团成立于 2006 年，总部位于江苏省张家
港市，是中国龙头新能源综合服务型集团之一。
此款于 2019 年出品。

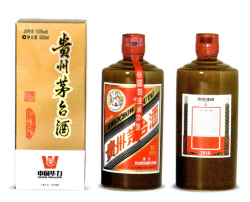

53%vol 500ml 贵州茅台酒

（中国华力）

中国华力控股集团有限公司创始于 2000 年，是综合型投资控股集团，参控股企业 50 多家，业务遍
布全国 20 多个省市和地区。此款于 2018 年出品。

53%vol 500ml 贵州茅台酒

（中国华力）

53%vol 500ml 贵州茅台酒

（特供德力西集团）

此款于 2006 年出品。

53%vol 500ml 贵州茅台酒

（中国德力西）

此款于 2015 年出品。

53%vol 500ml 贵州茅台酒

（中国德力西）

此款于 2017 年出品。

德力西创建于 1984 年，是一家以电器产业为主业，集产业运营、品牌运营、资本运营为一体的大型企业集团，
连续 19 年荣登中国企业 500 强，现有员工 2 万余人。

53%vol 500ml 贵州茅台酒

（专供鲁能集团）

山东鲁能集团成立于 2003 年 1 月，以煤炭、电力和新能源以及房地产为核心业务。此款于 2005 年出品。现已停产。

33%vol 500ml 贵州茅台酒

（专供中国 IGA）

IGA 是国际独立零售商联盟（Independent Grocers Alliance），1926 年在美国成立的、世界上最大最早的一家自愿连锁体系。此款于 2006 年出品。

53%vol 500ml 贵州茅台酒

（扬州虹桥书院）

虹桥书院即扬州虹桥文化艺术交流中心，成立于 2016 年，主要业务涵盖诗歌、书画、艺术等，致力于扬州市艺术交流事业发展。此款于 2017 年出品。

53%vol 500ml 贵州茅台酒

（专供枣庄矿业集团）

山东枣庄矿业集团前身为清光绪五年（1879 年）创办的"官窑"——"中兴煤矿"，1998 年改为山东枣庄矿业集团。此款于 2005 年出品。现已停产。

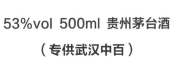

53%vol 500ml 贵州茅台酒

（专供武汉中百）

武汉中百集团是武汉大型商业集团，上市公司，是国家商务部重点培育的全国 20 家商业企业之一。此款于 2004 年出品。现已停产。

53%vol 500ml 贵州茅台酒

（大西南投资集团有限责任公司）

大西南投资集团有限责任公司是贵州一家以煤炭开采与销售、矿山机电设备销售、金融投资、房地产开发、农业化产品研发与生产等产业为一体的多元化集团企业。此款于 2018 年出品。

53%vol 500ml 贵州茅台酒

（浙江五洲新春集团股份有限公司）

浙江五洲新春集团股份有限公司是一家以轴承产业为核心的上市公司。此款于 2016 年出品。

53%vol 500ml 贵州茅台酒

（正顺集团）

正顺集团是深圳一家以股权投资和企业上市咨询业务为主的公司。此款于 2017 年出品。

53%vol 500ml 贵州茅台酒

（广东皇玛控股集团股份有限公司）

广东皇玛控股集团股份有限公司是一家外贸综合型服务企业，总部位于东莞市。此款于 2017 年出品。

53%vol 500ml 贵州茅台酒

（上海宏伊企业集团有限公司尊享）

上海宏伊企业集团有限公司是 2008 年成立的一家实业投资公司，业务涵盖投资管理、投资咨询、资产管理、物业管理等。此两款于 2016 年出品。

53%vol 500ml 贵州茅台酒

（筑城地产）

筑城地产是江西南昌从事房地产开发的专业房地产企业之一。此款于 2018 年出品。

53%vol 500ml 贵州茅台酒（盛世酱香）

盛世酱香（北京）国际贸易有限公司是专注于贵州茅台酒收藏鉴定销售为一体的机构，公司宗旨及理念是做大做好做强茅台酒收藏市场，传播茅台酒的文化，讲好茅台酒的故事。此款于2015年出品。

53%vol 500ml 贵州茅台酒（凤梧酒洲独家定制）

山东凤梧酒洲电子商务有限公司运用"互联网＋"的模式，建设了全新的电子商务经营管理平台，此两款为该公司平台的定制酒。白色款于2014年出品，金色款于2015年出品。

53%vol 500ml 贵州茅台酒（咏悦汇尊享）

咏悦汇，是由永辉超市投资设立，专业从事高端酒类的网上商城。此款于2016年出品。

53%vol 500ml 贵州茅台酒（翠林投资）

此款为深圳市翠林投资有限公司、恒大农牧、深圳市建三家公司联合定制。此款于2017年出品。

53%vol 500ml 贵州茅台酒

（中国酒投网 2014 年珍藏版）

此款于 2014 年出品。

53%vol 500ml 贵州茅台酒

（老酒易购文化投资定制）

此款于 2015 年出品。

53%vol 500ml 贵州茅台酒

（北京晟强贸易有限公司）

此款于 2016 年出品。

53%vol 5L 贵州茅台酒

（杭州天趣会商贸有限公司鉴藏）

此款于 2017 年出品。

53%vol 500ml 贵州茅台酒

（正和岛）

    正和岛是中国商界高端人脉深度社交平台，是企业家人群专属的线上线下相结合的为会员提供缔结信任、个人成长及商业机会的创新型服务平台。此两款于2015年出品。

53%vol 500ml 贵州茅台酒

（海印股份尊享）

    广东海印实业集团有限公司创于1990年，是广东百强民营企业，证券代码为000861。此款于2015年出品。

53%vol 500ml 贵州茅台酒

（复星尊享）

    复星"FOSUN"创建于1992年，主要投资领域有医药、矿业、保险、商业地产等。此款于2014年出品。

53%vol 500ml 贵州茅台酒

（中新南京生态科技岛专用）

    中新南京生态科技岛位于南京市建邺区江心洲。此款于2012年出品。

53%vol 500ml 贵州茅台酒

（天下凤凰）

    天下凤凰集团是按照现代企业制度组建的旅游企业。此款于2014年出品。

53%vol 500ml 贵州茅台酒

（励骏尊贵会）

澳门励骏会集团是一家从事旅游、娱乐、酒店等业务的国际投资集团，是澳门著名地产商。此款于2019年出品。

53%vol 500ml 贵州茅台酒

（中联传动）

北京中联传动影视文化有限公司是集影视剧策划、投资、制作、发行为一体的综合性专业影视公司。此款于2015年出品。

53%vol 500ml 贵州茅台酒

（和美信息）

和美（深圳）信息技术股份有限公司成立于2001年，专注为各行业提供基于人工智能的综合解决方案。此款于2017年出品。

53%vol 500ml 贵州茅台酒（河南电视台武林风栏目尊享）

《武林风》是中国电视界武术搏击类具有国际影响力的顶级栏目，由河南卫视于2004年元月火力推出。此三款于2017年出品。

53%vol 500ml 贵州茅台酒

（国润信科尊享）

青岛国润信息科技有限公司成立于2017年12月19日，主要从事金融业务流程外包、数据处理、网络技术服务。此款于2018年出品。

53%vol 500ml 贵州茅台酒

（黑骑士球员俱乐部）

北京黑骑士球员体育俱乐部有限公司是一家以高尔夫体育活动为主的企业。此款于2018年出品。

53%vol 500ml 贵州茅台酒

（爱慕股份有限公司）

爱慕股份有限公司是知名的品牌企业，专业从事品质贴身服饰及其用品的研发、生产与销售。此款于2018年出品。

53%vol 500ml 贵州茅台酒

（威佳汽车尊享）

河南威佳汽车集团是一家大型汽车销售服务企业，拥有多家汽车4S专营店。此款于2017年出品。

53%vol 500ml 贵州茅台酒

（晶宫集团）

安徽晶宫控股集团有限公司是一家以地产开发、绿建、建安、商管、汽车服务、金融、医养等业务为主的综合性企业。此款于2020年出品。

53%vol 500ml 贵州茅台酒

（宏川智慧）

广东宏川智慧物流股份有限公司，主要为境内外石化产品生产商、贸易商和终端用户提供仓储综合服务及其他相关服务。此款于2018年出品。

53%vol 500ml 贵州茅台酒（胖东来商贸定制）

胖东来商贸集团有限公司是河南省知名的商业零售企业。此三款于 2016 年出品。

53%vol 500ml 贵州茅台酒

（朗姿股份）

朗姿股份有限公司是一家集研发设计、生产、销售、物流于一体的现代化企业。此款于 2018 年出品。

53%vol 500ml 贵州茅台酒

（海纳机构）

海纳机构是中国酒类行业知名的营销咨询公司，在酒类品牌塑造、整合行销传播等方面有着一定的实战水平和能力。此款于 2018 年出品。

53%vol 500ml 贵州茅台酒

（美的尊享）

美的集团(SZ.000333)是一家集消费电器、暖通空调、机器人与自动化系统、智能供应链、芯片产业、电梯产业于一体的科技集团。此款于 2020 年出品。

53%vol 500ml 贵州茅台酒

（信邦制药）

贵州信邦制药股份有限公司于 1995 年成立，是一家集医疗服务、医药流通、制药工业为一体的全产业链企业集团。此款于 2015 年出品。

53%vol 500ml 贵州茅台酒

（益佰制药）

贵州益佰制药股份有限公司是一家集新型药品的研究、开发、生产和销售为一体的高新技术企业。此款于 2015 年出品。

53%vol 500ml 贵州茅台酒

（卫华尊享）

卫华集团创建于 1988 年，是以研制桥、门式起重机械、港口机械、电动葫芦、减速机、散料输送设备、停车设备、特种机器人等产品为主的大型企业集团。此款于 2020 年出品。

53%vol 500ml 贵州茅台酒

（先知教育）

黑龙江先知教育科技有限责任公司是一家以教育信息化产品的研发、销售、服务为主的综合性现代教育公司。此款于 2017 年出品。

53%vol 500ml 贵州茅台酒

（宝利洁尊享）

山东宝利洁实业有限公司是一家以房地产、建筑材料、装饰材料、太阳能设备、新能源开发等业务为主的综合性公司。此款于 2017 年出品。

53%vol 500ml 贵州茅台酒

（保银投资）

上海保银投资管理有限公司于 2014 年 11 月成立，主营业务包括投资管理、投资咨询、企业管理咨询等。此款于 2017 年出品。

53%vol 500ml 贵州茅台酒

（正茂燃气尊享）

正茂燃气集团公司成立于 1993 年，是专业管道天然气及压缩天然气的专业公司。此款于 2016 年出品。

53%vol 500ml 贵州茅台酒

（众信旅游）

众信旅游集团股份有限公司于 2008 年在北京成立，业务主要涵盖国内旅游业务、出境旅游业务等。此款于 2018 年出品。

53%vol 500ml 贵州茅台酒

（晟喜华视）

浙江晟喜华视文化传媒有限公司主要从事影视剧制作。此款于 2017 年出品。

53%vol 500ml 贵州茅台酒

（立信）

立信会计师事务所由中国会计泰斗潘序伦博士于 1927 年在上海创建，是中国最早建立的会计师事务所之一。此款于 2014 年出品。

53%vol 500ml 贵州茅台酒

（天册律师事务所）

天册律师事务所始创于 1986 年，是中国成立最早的合伙制律师事务所之一，总部位于杭州。此款于 2017 年出品。

53%vol 500ml 贵州茅台酒

（正山堂）

福建正山堂茶业有限责任公司研发出高端红茶——金骏眉。公司坐落于福建省武夷山市星村镇国家级重点自然保护区桐木村庙湾，这里是正山小种的发源地。此款于 2018 年出品。

53%vol 500ml 200ml 贵州茅台酒

（最美高速）

贵州最美高速商贸公司致力于构建"多彩贵州·最美高速"名优特产全渠道展销平台。此款于 2015 年出品。

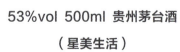

53%vol 500ml 贵州茅台酒

（星美生活）

星美集团是中国电影市场商业模式的创新者和领先的电影娱乐上市集团。此款于 2016 年出品。

53%vol 500ml 贵州茅台酒

（锦庄定制）

此款为锦庄文化传媒有限公司定制。此款
于2015年出品。

53%vol 500ml 贵州茅台酒

（威高）

威高集团有限公司始建于1988年，以一次性医
疗器械和药业为主业。此款于2017年出品。

53%vol 500ml 贵州茅台酒

（贵州元成贸易）

此款于2017年出品。

53%vol 500ml 贵州茅台酒

（贵州足球第一冠）

贵州人和足球俱乐部2012年与贵州茅台酒股份公司
战略合作，成立贵州人和足球俱乐部国酒茅台足球
队。球队曾获得2013年中国足协杯冠军。此款于
2015年出品。

53%vol 500ml 贵州茅台酒

（新华大宗定制）

浙江新华大宗商品交易中心有限公司是一
家贵金属交易平台。此款于2016年出品。

53%vol 50ml 500ml 贵州茅台酒

（博鳌亚洲论坛指定用酒）

博鳌亚洲论坛于2001年2月正式宣告成立，
2002年开始，每年定期在中国海南博鳌召开
年会。此款于2008年出品。

53%vol 500ml 贵州茅台酒

（敬华）

敬华是一家致力于弘扬和传承中国书画艺术的文化企业和机构。此款于 2015 年出品。

53%vol 500ml 贵州茅台酒

（国酒书画院用酒）

国酒书画院是在贵州茅台酒股份有限公司的鼎力支持和指导下，由民企发起成立的一家陕西民办非营利性社会组织。国酒书画院以"传承中华文化，光大民族品牌"为宗旨，通过加强书画界的交流与合作，促进书画艺术和酒文化的繁荣与发展。此款于 2010 年出品。

53%vol 500ml 贵州茅台酒

（中国马业协会）

中国马业协会源起于 1976 年 3 月，2002 年 10 月在"全国马匹育种委员会"和"中国纯血马登记管理协会"的基础上合并成立了"中国马业协会"。此款于 2017 年出品。

53%vol 500ml 贵州茅台酒

（孔子学院 飞天牌 五星牌）

孔子学院是中国在世界各地设立的推广汉语和传播中国文化的机构。此款于 2012 年出品。

53%vol 500ml 贵州茅台酒

（阿尔巴尼亚共和国财政部部长经济顾问办公室尊享）

阿尔巴尼亚共和国是一个位于欧洲东南部、巴尔干半岛西南部的国家。此两款于 2018 年出品。

53%vol 500ml 贵州茅台酒（中外酒器［北京］协会尊享）

中外酒器（北京）协会是从事酒器、酒版的展示展览、交流交换与收藏拍卖的专业机构。协会会员拥有的藏品品种繁多、造型各异、材质多样，对弘扬中外酒器文化具有积极意义。此款于 2016 年、2017 年出品。

53%vol 500ml 贵州茅台酒

（中国收藏家协会体育纪念品收藏委员会）

体育纪念品收藏委员会是中国收藏家协会的专业委员会。此款于 2015 年出品。

53%vol 500ml 贵州茅台酒

（河南省酒业协会收藏鉴定专业委员会尊享）

2017 年 12 月 3 日，河南省酒业协会收藏鉴定专业委员会在郑州成立，是经河南省商务厅批准、河南省民政厅注册登记的社会团体。此款于 2017 年出品。

53%vol 500ml 贵州茅台酒

（揭阳市酒类行业协会、揭阳市酒类收藏协会珍藏）

2015 年 9 月 8 日，揭阳市酒类行业协会、酒类收藏协会第一届第一次会员代表大会在揭阳举行。该协会是由酒类收藏爱好者自愿结成的社会团体。此款于 2015 年出品。

53%vol 500ml 贵州茅台酒

（融信集团）

融信集团于 2003 年成立，总部位于上海，以诚信立世、用品质开疆，聚焦房地产主业。此款于 2014 年出品。

53%vol 500ml 贵州茅台酒

（EMS 中国邮政速递物流）

中国邮政速递物流股份有限公司是经营历史悠久、网络覆盖范围广的快递物流综合服务提供商。此款于 2014 年出品。

53%vol 500ml 贵州茅台酒

（大禹新媒体）

北京大禹新媒体文化传播有限公司成立于 1992 年，是一家开展影视投资管理、电视剧电影制作、组织文化艺术交流活动等业务的公司。此款于 2014 年出品。

53%vol 500ml 贵州茅台酒

（北方商城网）

北方商城电子商务股份有限公司定制，此款于 2015 年出品。

53%vol 500ml 贵州茅台酒

（乐渔品牌尊享）

大连乐渔海洋食品有限公司是隶属大连东霖食品旗下的一家子公司，主营海洋休闲食品。此款于 2015 年出品。

53%vol 500ml 贵州茅台酒

（电视剧《猴票》专属定制）

《猴票》是二十一世纪威克传媒出品，由俞钟执导的都市情感电视剧。该剧围绕一套 1980 年发行的错版生肖邮票"庚申猴"，讲述了电工窦为国和北京大妞儿王美丽的故事，此款为该剧的专属定制产品，于 2017 年出品。

53%vol 500ml 贵州茅台酒

（曲阜仙源旅游开发有限公司尊享）

曲阜仙源旅游开发有限公司是一家旅游项目
开发公司。此款于 2017 年出品。

53%vol 500ml 贵州茅台酒

（泛达牛业尊享）

泛达牛业定制，此款于 2017 年出品。

53%vol 500ml 贵州茅台酒

（上海潘市实业发展有限公司尊享）

上海潘市实业发展有限公司主营业务为石材、
建材等。此款于 2017 年出品。

53%vol 500ml 贵州茅台酒

（盈创［厦门］投资）

盈创(厦门)投资管理有限公司成立于 2017 年，
是一家私募机构。此款于 2017 年出品。

53%vol 500ml 贵州茅台酒

（兆方石油）

深圳市兆方石油化工股份有限公司成立于 2012
年，经营燃料油、润滑油、沥青等，为石油流
通领域提供石油化工产品贸易服务。徐静平为
公司董事长。此款于 2017 年出品。

53%vol 500ml 贵州茅台酒

（中国林润集团定制）

中国林润集团定制酒 15 年，背标及酒盒背面是
一幅齐白石老人的梅花图。此款于 2017 年出品。

53%vol 500ml 贵州茅台酒

（贵州燃气集团股份有限公司）

贵州燃气集团股份有限公司成立于1995年，于2017年上市。此款于2018年出品。

53%vol 500ml 贵州茅台酒

（网新集团尊享）

网新集团公司定制。此款于2018年出品。

53%vol 500ml 贵州茅台酒

（个推）

个推即浙江每日互动网络科技股份有限公司，是专业的数据智能服务商。此款于2018年出品。

53%vol 500ml 贵州茅台酒

（澳洲潮州同乡会尊享）

澳洲潮州同乡会成立于1988年，会员约1000人，是为旅澳潮州人谋求福利的非盈利慈善机构。此款于2018年出品。

53%vol 500ml 贵州茅台酒

（唯品会尊享）

唯品会信息科技有限公司成立于2008年8月，总部位于广州，唯品会为在线销售品牌折扣商品。此款于2020年出品。

53%vol 500ml 贵州茅台酒

（东翰尊享）

东翰公司尊享，此款于2020年出品。

53%vol 500ml 贵州茅台酒（中国社会艺术协会尊享）

中国社会艺术协会，简称中国艺协（CAA），是经国务院批准、民政部登记注册、文化部业务主管的社团组织，是集社会艺术培训、创作、展览、展演、展示、对外交流、大型活动、发展与管理为一体的全国性社会艺术行业管理组织。此两款于 2017 年出品。

53%vol 500ml 贵州茅台酒

（广东省酒类行业协会定制）

广东省酒类行业协会是广东从事酒类的企事业单位及个人组成的非营利性的社会组织，具有社会团体法人资格。此款于 2017 年出品。

53%vol 2.5L 贵州茅台酒

（江苏联盟化学尊享）

江苏联盟化学有限公司坐落于长江三角洲经济圈苏南板块，创建于 1991 年，拥有十多年的 PVC 复合稳定剂开发和生产经验，占地面积 80000 平方米，拥有固定资产 8000 万元。2008 年实现销售收入 2.8 亿元，产品覆盖全国。此款于 2014 年出品。

53%vol 500ml 贵州茅台酒

（中国香港酒类收藏协会）

中国香港酒类收藏协会是酒类收藏的社会
团体。此款于 2017 年出品。

53%vol 500ml 贵州茅台酒

（澳门名酒收藏协会）

澳门名酒收藏协会是澳门地区名酒收藏鉴定与文化交流的社会组织，瓶
身有黑、黄两款，黑色为陈酿酒质。此款于 2018 年出品。

53%vol 500ml　贵州茅台酒

（溧阳市餐饮业商会珍藏）

溧阳市餐饮业商会成立于 2004 年 12 月，为
繁荣江苏地方餐饮行业做出了贡献。此款于
2015 年出品。

53%vol 500ml 贵州茅台酒

（山东省旅游饭店协会鉴藏）

山东省旅游饭店协会成立于 1995 年 12 月，
经山东省民政厅登记注册，具有独立法人
资格，其主管单位为山东省旅游局。此款
于 2017 年出品。

53%vol 500ml 贵州茅台酒

（中保泓安保险代理有限公司）

中保泓安保险代理有限公司是一家代理推销
保险产品的专业化保险代理业务公司。此款
于 2017 年出品。

53%vol 500ml 贵州茅台酒

（中国人民大学商学院 EMBA 校友尊享）

中国人民大学商学院 EMBA 校友尊享酒，平实中透露着文化气韵，质朴中散发着经典醇香。背标记载着人民大学 80 年来辉煌的历史，同时又投射出美好的未来。此款于 2018 年出品。

53%vol 500ml 贵州茅台酒

（缘一南京大学 EMBA）

南京大学高级管理人员工商管理硕士项目简称南京大学 EMBA，2002 年成立，隶属于南京大学商学院。此款于 2015 年出品。

53%vol 500ml 贵州茅台酒

（无锡荣德教育）

无锡市荣德教育培训中心是无锡市的一家文化教育机构。此款于 2017 年出品。

53%vol 500ml 贵州茅台酒

（清华大学五道口金融学院 EMBA）

清华大学五道口金融学院诞生于 2012 年，由中国人民银行与清华大学合作，在人民银行研究生部的基础上建设而成，致力于打造领先的金融高等教育平台和学术、政策研究平台。此款于 2018 年出品。

53%vol 500ml 贵州茅台酒

（北大国发 2016 级 EMBA）

北京大学国家发展研究院简称北大国发院，是北京大学的一个以综合性社科研究为主的科研教学机构。此款为该院 2016 级高层管理人员工商管理硕士（EMBA）班定制。此款于 2017 年出品。

53%vol 500ml 贵州茅台酒

（太安私塾）

梁冬，字太安。

太安私塾全称"太安精英青年私塾"。此款于 2017 年出品。

53%vol 375ml 贵州茅台酒

（美国大文行酒业有限公司经销）

此款于 2012 年出品。

53%vol 375ml 贵州茅台酒

（美国四季酒业公司）

此款于 2015 年出品。

53%vol 375ml 贵州茅台酒

（卡慕）

此款最早于 2005 年出品。

53%vol 375ml 贵州茅台酒

（DFS 独家销售）

DFS 是一个奢侈品旅游零售商，2016 年已在其香港、新加坡机场以及北美机场免税店上架。此款于 2016 年出品。

53%vol 375ml 贵州茅台酒

（卡慕 李白）

53%vol 375ml 贵州茅台酒

（卡慕 杜甫）

2005 年 8 月，法国干邑世家卡慕在全球免税店市场开设中华国酒专区，销售茅台专为海外免税市场特制。

53%vol 500ml 贵州茅台酒

（出口韩国）

此款于 2008 年出品。

53%vol 750ml 贵州茅台酒

（美国南洋贸易股份有限公司经销）

此款于 2014 年出品。

53%vol 1L 贵州茅台酒

（美国大文行酒业有限公司经销）

此款于 2016 年出品。

53%vol 1L 贵州茅台酒

（美国四季酒业公司）

此款于 2016 年出品。

53%vol 500ml 贵州茅台酒

（ZZDZ）

此款于 2015 年出品。

53%vol 500ml 贵州茅台酒

（DHDZ）

此款于 2015 年出品。

53%vol 500ml 贵州茅台酒

（MXDZ）

此款于 2015 年出品。

53%vol 500ml 贵州茅台酒

（HLDZ）

此款于 2015 年出品。

53%vol 500ml 贵州茅台酒

（HLDZ）

此款于 2015 年出品。

53%vol 500ml 贵州茅台酒

（★★★★★封坛）

此款于 2013 年出品。

53%vol 500ml 贵州茅台酒

（特供陈酿 封坛）

此款于 2013 年出品。

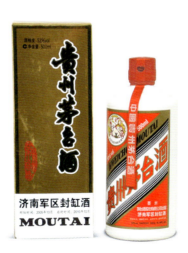

53%vol 500ml 贵州茅台酒

（原武警之坛）

此款封坛酒于 2003 年封坛，2011 年启封。

53%vol 500ml 贵州茅台酒

（原济南军区封缸酒）

此款封缸酒于 2005 年 10 月封坛，
2010 年 10 月启封。

53%vol 500ml 贵州茅台酒

（驻澳门部队封坛酒）

此款于 2009 年出品。

53%vol 500ml 贵州茅台酒

（装备精神）

此款于 2012 年出品。

53%vol 500ml 贵州茅台酒

（凤凰新闻客户端封坛酒）

凤凰新闻客户端是凤凰新媒体打造的移动新闻阅读产品。此款为封坛酒，于 2019 年出品。

53%vol 500ml 贵州茅台酒

（南江集团封坛酒）

上海南江集团有限公司成立于 1993 年，是一家大型的投资控股平台，主营业务是房地产、金融、生物医药等。此款封坛酒于 2019 年出品。

53%vol 500ml 50ml 贵州茅台酒

（阿里巴巴定制封坛酒）

阿里巴巴集团于 1999 年在杭州创立，创始人为马云，全球最大的零售交易平台。此款于 2016 年出品。

53%vol 500ml 贵州茅台酒

（吉利控股集团 封坛）

浙江吉利控股集团有限公司是中国汽车行业十强中唯一一家民营轿车生产经营企业,成立于 1986 年。此款于 2015 年出品。

53%vol 500ml 贵州茅台酒

（瑷融 封坛酒）

此款于 2018 年出品。

53%vol 500ml 贵州茅台酒

（加拿大汉嘉酒业封坛酒）

加拿大汉嘉酒业主营中国名酒，传播中国名酒文化。此款为封坛酒，于2018年出品。

53%vol 500ml 贵州茅台酒

（汇得科技 封坛酒）

上海汇得科技股份有限公司成立于2007年，是一家集设计、研发、生产、销售和服务于一体，专业制造聚氨酯等新材料的上市公司。此款于2018年出品。

53%vol 375ml 贵州茅台酒

（TD 特）

美国特比勒顿投资控股集团（TD）是世界一流的房地产业开发商、运营商及基金管理公司，此款为封坛酒。此款于2017年出品。

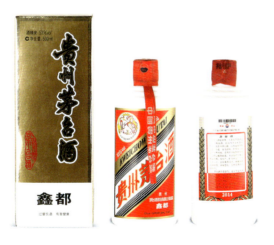

53%vol 500ml 贵州茅台酒

（诚盛投资 封坛）

北京诚盛投资管理有限公司成立于2004年，是一家专业从事国内证券市场投资及咨询服务的投资管理公司。此款于2018年出品。

53%vol 500ml 贵州茅台酒

（鑫都）

鑫都始于1990年，并于2006年组建为鑫都集团，至今已发展成为一家涉足地产、金融、能源、投资等领域的多元化企业集团，业务遍及全中国。此款于2014年出品。

53%vol 500ml 贵州茅台酒

（佳友）

此款于2015年出品。

53%vol 500ml 贵州茅台酒

（季克良先生定制）

53%vol 500ml 贵州茅台酒

（季克良先生寿辰）

53%vol 500ml 贵州茅台酒

（王石尊享）

季克良，1939 年出生于江苏南通。曾任中国贵州茅台酒厂（集团）有限责任公司名誉董事长、技术总顾问、董事，贵州茅台酒股份有限公司董事。连续五届国家级白酒评酒委员、中国酿酒大师、高级工程师、贵州省白酒技术高级顾问、国务院政府特殊津贴专家。此两款，其中精品定制酒于 2018 年出品，八十寿辰酒于 2017 年出品。

2014 年南方周末报社举办"第六届中国梦盛典"，与会嘉宾王石对茅台定制酒产生浓厚兴趣，并定制了专属自己的茅台酒。此款于 2014 年出品。

53%vol 500ml 贵州茅台酒

（张瑞敏尊享）

53%vol 500ml 贵州茅台酒

（钟府宴会专用）

53%vol 500ml 贵州茅台酒

（钟府宴会尊享）

张瑞敏，海尔集团创始人，全球享有盛誉的企业家，现任海尔集团党委书记、董事局主席、首席执行官。中国共产党第十六、十七、十八届中央委员会候补委员。此款于 2014 年出品。

钟府宴会专用酒为钟声坚先生的定制酒。此款于 2006 年出品。

此款于 2016 年出品。

53%vol 500ml 贵州茅台酒

（马万祺）

此款于 2006 年出品。

马万祺，1919—2014 年。杰出的社会活动家，著名爱国人士，澳门工商界知名人士，中国共产党的亲密朋友。

53%vol 500ml 贵州茅台酒

（马万祺）

此款于 2018 年出品。

53%vol 1L 贵州茅台酒

（王西京先生专用酒）

王西京，1946 年生于西安，著名画家、一级美术师。他是中国当代最具代表性的人物画家之一，其艺术探索和艺术造诣在中国人物画的发展史上具有特殊意义。此款于 2007 年出品。

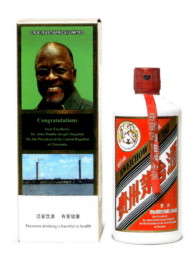

53%vol 500ml 贵州茅台酒

（坦桑尼亚总理）

此款专门为坦桑尼亚第 11 届政府总理卡西姆·马贾利瓦的定制酒。此款于 2016 年出品。

53%vol 500ml 贵州茅台酒

（坦桑尼亚总统）

此款专门为坦桑尼亚第五届总统约翰·马古富力的定制酒。坦桑尼亚是古人类发源地之一，位于非洲东部、赤道以南，是英联邦成员国之一。此款于 2016 出品。

53%vol 500ml 贵州茅台酒

（常雨今女士出国特制）

常雨今个人定制酒为 2004 年生产，是较早的一款个人定制酒。

53%vol 500ml 贵州茅台酒（郑渊洁尊享）

53%vol 500ml 贵州茅台酒

（王立山先生个人收藏）

郑渊洁有童话大王的美誉，他笔下的皮皮鲁、鲁西西、舒克和贝塔影响了中国三代人。一个人写一本月刊30年世界纪录保持者，月刊名为《童话大王》。郑渊洁是孝子，他通过两件事孝敬父亲郑洪升：一是写出好作品，二是向父亲供应茅台酒。郑洪升戏称自己读大王作品，喝大王酒，乐不思蜀。茅台酒，白酒之王。此两款于2014年、2015年出品。

此款于2013年出品。

53%vol 500ml 贵州茅台酒

（韩磊尊享）

"豪情不变，年复一年。"此款为中国著名男歌手韩磊尊享的茅台酒。此款于2016年出品。

53%vol 500ml 贵州茅台酒

（孙楠）

孙楠对茅台酒情有独尊，定制了专属自己的茅台酒。此款于2014年出品。

53%vol 500ml 贵州茅台酒

（王继平尊享）

王继平为中国美术家协会会员、河北省美术家协会副主席、当代著名山水画家。此款于2016年出品。

53%vol 500ml 贵州茅台酒

（马未都先生庋藏）

马未都，收藏大家、观复博物馆创办人。背标竖写"马未都先生 庋藏 二〇一八 年农历戊戌年"。酒盒介绍了其生平简介。此款于 2019 年出品。

53%vol 500ml 贵州茅台酒

（陈伟先生尊享）

陈伟，大陆原创音乐人。此款于 2019 年出品。

53%vol 500ml 贵州茅台酒

（赵雅萱定制）

赵雅萱，内地流行歌手。此款于 2019 年出品。

53%vol 500ml 贵州茅台酒

（刘剑锋　金属盖）

刘剑锋于 2003 年被英国纽卡索大学录取，其父特定制 3000 瓶茅台酒，以激励剑锋继承发扬茅台精神，脚踏实地、奋斗进取。此款金属盖茅台酒设计独特，五星正标和飞天背标于一体，于 2003 年出品。

53%vol 500ml 贵州茅台酒

（刘健）

此款为刘健先生为其酒店通过 ISO9000 管理体系认证而定制，于 2005 年出品。

53%vol 500ml 贵州茅台酒

（彭越收藏纪念）

此款于 2005 年出品。

53%vol 500ml 贵州茅台酒

（陈可辛尊享）

此款于 2015 年出品。

53%vol 500ml 贵州茅台酒

（张艺谋）

此款 2015 年专属定制茅台酒印有张艺谋导演的签名，银色酒瓶以陶瓷制成，以老胶片浮雕的沉稳形象镌刻了茅台与电影艺术的历史丰碑，老胶片与长城的形象辉映叠合。

53%vol 500ml 贵州茅台酒

（成龙珍藏版）

2011 年在茅台国营 60 周年之际，茅台酒股份公司与著名国际巨星成龙达成合作关系，共同开发出一款个性化新产品——"龙·茅台"。此款于 2012 年出品。

53%vol 500ml 贵州茅台酒

（唐勇先生品鉴用酒）

此款于 2014 年出品。

53%vol 500ml 贵州茅台酒

（刘俊锋先生鉴藏）

此款于 2016 年出品。

53%vol 500ml 贵州茅台酒

（李景春定制）

此款于 2017 年出品。

53%vol 500ml 贵州茅台酒

（习乐平尊享）

此款于 2017 年出品。

53%vol 500ml 贵州茅台酒

（刘毓全、牛淑艳夫妇尊享）

此款于 2015 年出品。

53%vol 500ml 贵州茅台酒

（鄢奎平）

此款于 2015 年出品。

53%vol 500ml 贵州茅台酒

（秦良静留藏）

此款于 2016 年出品。

53%vol 500ml 贵州茅台酒

（亚青私藏—冬）

此款于 2016 年出品。

53%vol 500ml 贵州茅台酒

（"诗和远方"茅粉群定制）

"诗和远方"出自高晓松的名句"这个世界不只有眼前的苟且，还有诗与远方"。有幸成茅粉，一生做茅粉，背标所言，意味无穷。此款于 2017 年出品。

53%vol 500ml 贵州茅台酒

（陈子荣尊享）

53%vol 2.5L 贵州茅台酒

（斯舰东尊享）

陈子荣，中国著名油画家，中国当代新古典主义画派代表人物。此款于 2017 年出品。

此款于 2017 年出品。

53%vol 500ml 贵州茅台酒

（大千门人江萍鉴赏）

53%vol 500ml 贵州茅台酒

（张石奇尊享）

53%vol 500ml 贵州茅台酒

（武林风明星冠军王洪祥）

此款于 2017 年出品。

笑傲寰宇，龙腾苍穹。此款于 2017 年出品。

此款于 2018 年出品。

53%vol 2.5L 贵州茅台酒（房晓强、徐琴、房绍博珍藏）

此款于 2015 年出品。

53%vol 520ml 贵州茅台酒
（陈府尊享 陈酿）

此款于 2015 年出品。

53%vol 520ml 贵州茅台酒
（陈府尊享 特制）

此款于 2016 年出品。

53%vol 500ml 贵州茅台酒
（楼府尊享）

此款于 2017 年出品。

53%vol 500ml 贵州茅台酒

（赠宁天恒）

此款于 2010 年出品。

53%vol 500ml 贵州茅台酒

（戴玉强）

此款于 2014 年出品。

53%vol 500ml 贵州茅台酒

（郑锦钟博士珍藏）

郑锦钟博士是香港保良局原主席，"铜紫荆星章""荣誉勋章"获得者，香港太平绅士。此款于 2015 年出品。

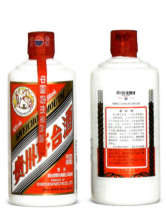

53%vol 500ml 贵州茅台酒

（束昱辉尊享）

此款于 2016 年出品。

53%vol 500ml 贵州茅台酒

（邹铭岩）

此款于 2017 年出品。

53%vol 500ml 贵州茅台酒

（宋方金《清明上河图》定制）

此款于 2016 年出品。

53%vol 500ml 贵州茅台酒

（香港友邦王牌家族王英定制）

此款于 2017 年出品。

53%vol 500ml 贵州茅台酒

（万峰）

此款于 2017 年出品。

53%vol 500ml 贵州茅台酒

（贾瑞祥先生定制）

此款于 2017 年出品。

53%vol 500ml 贵州茅台酒

（李辛・民享［小雅・信南山］）

此款于 2017 年出品。

53%vol 500ml 贵州茅台酒

（祝父母生辰快乐延年益寿——姚花赠）

此款于 2018 年出品。

53%vol 500ml 贵州茅台酒

（福寿康宁——宋东生五十一岁生日纪念）

此款于 2018 年出品。

53%vol 500ml 贵州茅台酒

（深圳市林园投资管理有限责任公司余军定制）

此款于 2017 年出品。

53%vol 500ml 贵州茅台酒

（郑府尊享）

此款于 2015 年出品。

53%vol 500ml 贵州茅台酒

（农历丁酉鸡年鉴藏）

此款于 2018 年出品。

53%vol 500ml 贵州茅台酒（和为贵）

和为贵出自《论语·学而》："礼之用，和为贵。"
指出礼的作用，贵在能够和顺。是儒家倡导的
道德原则。此款于 2017 年出品。

53%vol 1L 贵州茅台酒（会员专享）

此款也有 43%vol 规格。

53%vol 2.5L 5L 贵州茅台酒

（国酒第一坛定制）

贵州茅台酒（国酒第一坛）为个性化定制坛装酒，是茅台酒股份有限公司于2014年为喜爱茅台酒的卓越人士新推出的限量产品，工艺精湛、气质尊贵，实为茅台酒之经典奉献。

53%vol 2.5L 贵州茅台酒（马云尊享）

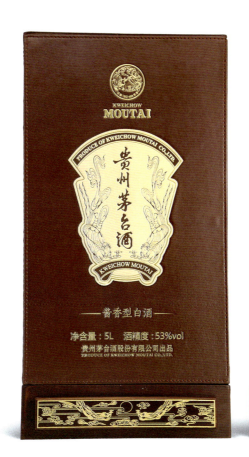

53%vol 5L 贵州茅台酒（何申波先生尊享）

53%vol 500ml 贵州茅台酒

（李尚龙《刺》开机大礼）

《刺》是青年作家李尚龙的长篇小说，后改编为剧本。此款于2018年出品。

53%vol 500ml 贵州茅台酒

（王波先生）

此款于2018年出品。

53%vol 500ml 贵州茅台酒

（刘晓东、王卉霖结婚纪念）

此款于2018年出品。

53%vol 500ml 贵州茅台酒

（俞云清尊享）

此款于2017年出品。

53%vol 500ml 贵州茅台酒

（王府专用封坛酒）

此款于2015年出品。

53%vol 500ml 贵州茅台酒

（王府专用封坛酒）

此款于2015年出品。

53%vol 500ml 贵州茅台酒

（将军封坛酒）

此款封坛酒于 2009 年 11 月 4 日封坛。

53%vol 500ml 贵州茅台酒

（原杨氏·西藏军区）

此款最早于 2015 年出品。

53%vol 500ml 贵州茅台酒

（杨东明将军封坛酒）

此款于 2012 年出品。

53%vol 500ml 贵州茅台酒

（和谐之坛 私人藏酒）

此款于 2013 年出品。

53%vol 500ml 贵州茅台酒

（飞翔之坛 私人藏酒）

此款于 2009 年 8 月封坛。

53%vol 500ml 贵州茅台酒

（磊藏·韩磊封坛酒）

此款于 2019 年出品。

53%vol 500ml 贵州茅台酒

（镤之泉封坛酒）

此款于 2012 年出品。

53%vol 500ml 贵州茅台酒

（2009 年封藏—2019 年启 封坛酒）

此款为 2009 年封藏—2019 年启。

53%vol 500ml 贵州茅台酒

（2012 年封坛—2015 年启封 封坛酒）

此款为 2012 年封坛—2015 年启封。

53%vol 500ml 贵州茅台酒

（2012 年—2015 年 封坛酒）

此款于 2016 年出品。

53%vol 500ml 贵州茅台酒

（贰零壹壹年拾贰月封 贰零壹陆年拾贰月启）

此款为 2011 年封坛—2016 年启封。

53%vol 500ml 贵州茅台酒

（封坛酒）

此款封坛时间为 2011 年 3 月，2016 年出品。

53%vol 500ml 贵州茅台酒

（申氏 封坛酒）

此款于 2015 年出品。

53%vol 500ml 贵州茅台酒

（封缸酒）

此款于 2013 年出品。

53%vol 500ml 贵州茅台酒

（胡洪明封坛酒）

此款于 2016 年出品。

53%vol 500ml 贵州茅台酒

（罗兴红尊享）

此款于 2017 年出品。

53%vol 500ml 贵州茅台酒

（ZL 尊享）

此款于 2015 年出品。

53%vol 500ml 贵州茅台酒

（珍藏封坛酒）

此款启封时间为 2013 年 8 月。

53%vol 500ml 贵州茅台酒

（孙建国封坛）

此款于 2011 年出品。

53%vol 500ml 贵州茅台酒

（封坛时间 2010 年 6 月—2015 年 6 月）

此款于 2015 年出品。

53%vol 500ml 贵州茅台酒

（瑷融封坛酒）

此款于 2018 年出品。

53%vol 500ml 贵州茅台酒

（2018 年 1 月封坛）

此款于 2019 年出品。

53%vol 500ml 贵州茅台酒

（2011 年 5 月 24 日封坛）

此款于 2019 年出品。

53%vol 500ml 贵州茅台酒

（封坛酒［明治］）

此款于 2019 年出品。

53%vol 500ml 贵州茅台酒

（封坛时间：2016 年 12 月 26 日—2019 年 2 月 28 日）

此款于 2019 年出品。

53%vol 500ml 贵州茅台酒

（2014 年 4 月 1 日封坛）

此款于 2019 年出品。

53%vol 500ml 贵州茅台酒

（封坛酒）

此款于 2021 年出品。

茅台酒使用过的土陶、白瓷、乳玻、黄釉、黑釉等瓶体

老茅台酒切忌直接提拿瓶盖,这样很容易把瓶口封膜捏掉,应该一手托住瓶底,一手拿住瓶身。

琼浆玉液　盛世酱香

——贵州茅台酒的收藏、鉴别、品鉴、贮存与价值

何申波

中华民族收藏酒的历史久远,早在汉代,司马迁《史记·大宛列传》中就有记载:"富人藏酒至万余石,久者数十年不败。"其藏酒的规模可见一斑。

贵州茅台酒是中国白酒的典范,先后数十次荣获国际国内金奖、大奖,成为香飘世界的"中国名片"。

贵州茅台酒品质卓越,是绿色食品、有机食品,其酿造技艺是中国非物质文化遗产,除了其商品价值,还有极高的文化价值、品牌价值和收藏价值。茅台酒瓶里,盛装着历史文化、红色文化、质量文化、健康文化、诚信文化、营销文化、创新文化、责任文化、融合文化、生态文化等,是中国文化酒的杰出代表,是名副其实的"液体黄金"。

下面,从茅台酒的收藏、鉴别、品鉴、贮存、价值等方面为您介绍。

一、茅台酒的收藏

迄今为止,茅台酒有一千多个品种,在这海量的品种中,如何选择既适合自己又具升值潜力的品种来收藏呢?应当从以下几个方面入手:

(一)学习掌握有关茅台酒的基础知识,了解茅台酒博大精深的历史和文化,为收藏打好基础。一是了解茅台镇两千多年的酿酒史,特别是国营茅台酒厂成立前"华茅""王茅""赖茅"三家烧坊的历史。二是了解国营茅台酒厂的发展史,即 1951 年"仁怀茅台酒厂"成立至"贵州茅台酒股份有限公司"崛起这一段辉煌的历史。三是了解茅台酒包装和商标演变的历史,这是收藏茅台酒必须学习的基本知识。从瓶体、封口、胶帽、飘带、皮纸、彩盒、商标等等,要熟悉产品演变的每一个方面、每一个历史过程和每一个细节,这是鉴别茅台酒的基本功。四是了解掌握茅台酒的品种、度数、容量、年代特征等一系列与茅台酒有关的知识,对"适合自己"的收藏品种做出选择。只有掌握了一定的基础知识,才能变被动为主动,使茅台酒收藏得心应手。

(二)选择适合自己的品种。相对来讲,请大家关注老而少的稀缺品种。那些被称为"老酒""老茅台"的品种,因生产年代久远或生产时间短暂或当年产量很少,如今存世量稀少,因而有很高的收藏价值和很大的升值空间。如 20 世纪五六十年代的茅台酒,由于当时自然灾害、物资匮乏和供给体制限制,真正完整留存下来又能达到收藏标准的酒很少,市场拍卖价已达上百万。如 1967 至 1982 年期间生产的"三大革命"茅台酒,是茅台酒厂在当时的社会背景下大力践行毛主席倡导的"阶级斗争""生产斗争"和"科学试验"三大革命运动相结合的历史产物,具有明显的时代烙印。再如,20 世纪 80 年代产的"陈年"茅台酒,介于"一七〇四"和"珍品"之间,仅仅生产了几个月时间,存世量很少。

对于入门级的新藏家来说，不妨从新酒入手，多向专家学习，或在专家指导下，再触碰老酒。

（三）注重历史文化内涵，以纪念酒、定制酒等特殊意义的酒为收藏佳品。茅台纪念酒是一部中国重大历史事件的浓缩手册，每当有重大事件发生，就会有一款茅台纪念酒问世。如"香港回归""澳门回归""神舟飞船上天""奥运纪念""加入世贸""世博纪念"等等。这些纪念酒紧跟时代步伐，围绕重大事件主题，是反映我国重大历史事件的窗口。收藏茅台纪念酒，具有重要的历史价值和收藏价值。近年来，茅台酒不断开发新品种，出现了企事业单位及个人定制酒。"旧时王谢堂前燕，飞入寻常百姓家。"茅台定制酒追求"个性化"，亲民为民，使茅台酒成为一款老百姓真正定得上、喝得起的酒。茅台定制酒浓缩了大量单位与个人信息，是商业往来、馈赠亲友的佳品。

（四）注重茅台酒的品相和酒满程度。品相是指外观的完好程度（包括酒瓶、酒标、酒盒以及其他附带的收藏证书和包装箱、手提袋等包装物料），酒满程度是指经过几十年的保存，酒瓶内剩余酒液的多少。以品相好、酒液挥发较少者为收藏上品。大家都知道茅台酒越老越珍贵，但是经过几十年的岁月侵蚀，不同环境下保存的茅台酒会有不同的品相。有的跑酒过多，有的封膜脱裂，有的标贴损毁，影响了收藏价值。一般情况下，20世纪五六十年代的酒连瓶重量应在 800 克以上，七八十年代的酒应在 980 克以上，90 年代的酒应在 950 克左右，才考虑纳入收藏范围。品相差和酒液挥发较多的酒，不建议收藏。

强光手电照射下茅台酒的酒花为一道黑影

倒入酒杯时茅台酒的酒花

现代造假技术打孔

二、茅台酒的鉴别

学习掌握茅台酒鉴别知识，避免收藏假酒，是茅台酒收藏者首要考虑的问题。老茅台酒的鉴别，是一门很专业的学问，初步外观识别可总结为"三看"：

（一）看包装细节：重点在前面内容提到的，要了解茅台酒包装和商标演变的历史，从瓶体、封口、胶帽、飘带、皮纸、彩盒、商标等等，要熟悉到演变的每一个方面、每一个历史过程和每一个细节，这是收藏茅台酒必须学习的基本知识的核心，也是鉴别茅台酒的基本功。

制假者不具备茅台酒发展变化的基本知识，往往是临时模仿制假，仿品中难免出现细节错误。努力学习掌握茅台酒的基本知识，了解细节，必然可以以细节取胜。

（二）看包浆：包浆是以物品为载体的岁月留痕。老酒经过长年累月之后，在表面上形成一层自然的表层皮壳，这种是因为灰尘、汗水、把玩者的手渍或者空气中射线的穿越，层层积淀，逐渐形成的。年代越久的东西，包浆越厚。真品的包浆常常为黄褐色或黑色斑点，形状自然不规则，无明显气味，幽光沉静，无须言语都能显露出一种温存的旧气，用手擦不掉，与刚出炉的新货那种刺目的"贼光"、浮躁的色调、人为的痕迹是截然不同的。

（三）看酒花：酒花即摇晃酒瓶时产生的酒液气泡。由于茅台酒瓶不透明，摇晃酒瓶后要用强光手电照射，酒面有一层阴影，几秒钟后消失。此状为高度酒。有经验者也可摇晃酒瓶后，将瓶体紧贴耳朵，听酒花的爆裂声判断酒质。看酒花的方法适用于判断高低度酒和判断"换标"造假。

以上两图为同一瓶底打孔

以上两图为同一瓶身打孔

20 世纪 80 年代初的一个中国家庭

前排从左到右为 2002 年、1997 年

后排从左到右为 2012 年、2007 年、2017 年

1997—2017 年五组酒体对比

三、老茅台酒的品鉴

老茅台酒已经成为收藏界的新宠，而品鉴老茅台，则成为一种品位。如何品饮茅台酒特别是老茅台酒，还是有些门道和讲究的。

（一）好多人认为茅台酒越老越黄，越老越黏稠，其实并不准确。一瓶普通的茅台酒，出厂的时候酒液的颜色微黄接近无色透明，三五年后渐变成微黄色，十几年后渐变成淡黄色，几十年后渐变成琥珀金色，在琥珀金色中甚至透出轻微的绿的色泽反而没有十几年的黄，由此可见茅台酒并非是单纯的越老越黄。

（二）长期喝茅台的朋友，如果你平时喝的是刚出厂或出厂一两年的新茅台，当你喝到出厂后存放 5 年以上的茅台时，你会感觉颜色比新酒黄，香气与口感比新酒要丰满、厚重、回味更长。但是你别急着喝贮存 10 年、20 年或者 30 年以上的老茅台，要循序渐进，先喝储存 5 年左右的，再喝贮存年限更长的，让你的味蕾慢慢适应，细细感受老茅台的魅力。

（三）品鉴老茅台酒，特别是出厂 10 年以上的茅台酒，除了上面提到的两点，更重要的是"醒酒"。打开一瓶老茅台，先别急着喝，先用嗅觉感受一下老茅台独特的酱香味，然后慢慢地把酒倒入醒酒器中，醒 20—60 多分钟。建议 10 年以上老茅台醒 20 分钟以上、20 年以上老茅台醒 40 分钟以上、30 年以上老茅台醒 60 分钟以上。老茅台的醒酒，与红葡萄酒的醒酒不同。醒红酒是让睡美人从睡梦中"醒"过来，散发出其应有的芳香、娇艳和美色，而老茅台的醒酒就像一个闭关修行的仙人，经岁月历练，启关后傲然焕发出自身特有的风骨灵气。多年的积累使老茅台中的醇和酸长时间作用生成酯类，醇和醛作用生成缩醛类，聚集了饱满的香气，但是同时也伴随一些杂醇杂醛的邪杂味，充分醒酒的过程可以使这些低沸点的杂醇杂醛挥发，使老茅台入口更加绵柔醇厚，充分与空气氧化也可以使老茅台的香气更加纯正幽雅。此时品饮，边欣赏液体黄金的岁月历练的颜色之美，边体味老酒的风骨灵气和绵柔醇厚，整个身体浸润在满屋的老茅台酒的香气中，用心啜饮，醒酒后的老茅台口感比刚打开的时候更上一个档次。

也可以将储存 10 年以上的老茅台酒与新茅台酒按比例勾调在一起，口感绝对超乎你的想象，新老酒的勾调比例可以根据个人口味调节，不同比例，不同口感，其乐无穷。

（四）品饮茅台酒，不管新酒老酒，不能与啤酒、葡萄酒、洋酒或者其他任何品种的酒混合，切忌在服用药物后饮酒。总而言之，我们提倡适量饮酒、文明饮酒、健康饮酒。

四、茅台酒的贮存

茅台酒的保存是一个永恒的话题，正确地贮存，方能保证茅台酒的品质和价值。

（一）避免阳光直射、注意防潮防干。如果长期放在阳光照射的地方，就会破坏酒瓶里面的酒分子，改变化学物质成分，严重影响口感。同时阳光直射下的酒标会变得模糊发白，瓶口封膜也容易氧化变脆，所以要放到阴暗处。有些人习惯将酒放在地下室，殊不知地下室太潮，特别是在南方，长时间存放，商标及封口容易发霉腐烂，严重影响酒的品相。当然，也不能太干燥，特别是在北方，经常开窗通风，很容易造成塑膜短时间内爆裂。建议在储存老茅台的柜子里放置一杯水，增加湿度。陈年老酒应该保存在阴凉、不干燥、少通风的恒温恒湿的环境下。南方特别要注意防霉、防蛀，北方特别要注意防酒标发脆、瓶盖开裂。

（二）避免和刺激性物质放在一起，如樟脑丸、香水、化妆品、油漆等。举个例子，在计划经济的年代，茅台酒并不是有钱就能买到的，人们好不容易得到一瓶茅台酒，如获至宝一样舍不得喝，放在柜子里、床底下等，但这些地方容易生虫子，那时的人们都习惯用樟脑丸防虫，但是樟脑丸味道最容易进入茅台酒瓶内，酒分子和樟脑味接触以后就会受到污染，严重影响口感，如 2015 年 1 月 9 日，由中国酒业协会名酒收藏委员会联合贵州茅台酒厂举行的 20 世纪七八十年代生产的老茅台开瓶鉴定活动中就发现几瓶老茅台酒因存放不当受到樟脑味的污染，瓶中存放的确实是真酒，但异味很重，大大降低了酒的饮用价值。

（三）注意封口，防止头部损坏。很多人在存放期间怕酒液挥发，早期人们习惯用石膏或蜡进行密封，后来习惯用胶带、保鲜膜或生料带等缠在封口上，再用保鲜膜将整瓶酒包裹起来，都是想更好地把酒保护起来，防止挥发。但是，如果有一天你要把这瓶酒拿出来交易时，封在瓶口上的石膏、蜡、胶带、保鲜膜、生料带等就可能成为最大的障碍，因为专业的老酒鉴定专家如要确定这瓶酒是不是真的，第一步先从酒的封头看起，如果把这瓶酒的封膜破坏掉，或者喷码模糊不清，或瓶盖掉漆，这瓶酒的价值将大打折扣，特别是没了封膜的老酒就是一瓶打开了的酒，难以在市场上流通，失去了应有的价值。而被包裹的酒标也可能因空气不流通，发生霉变或破损。总之，如果想把酒保护好，主要做到防光、防潮、防异味即可。

五、茅台酒的价值

（一）饮用价值：这是茅台酒的第一属性。由于其具有酱香突出、幽雅细腻、酒体醇厚、回味悠长、空杯留香持久的特点，历来深受广大人民群众所喜爱，成为名副其实的世界名酒。

（二）医用价值：茅台酒是纯粮酿造的高度白酒，具有舒筋活血、消炎祛病、消除疲劳等功效。红军长征时期，曾经用茅台酒来消炎治病，给战士消除疲劳。用茅台酒泡制药酒，可以治疗风湿、跌打损伤等疾病。

（三）文化价值：茅台酒是可以喝的文化。茅台酒是用原始固态法酿造的纯粮酒，从挑选原料开始，一年一个生产周期，要经历过两次投料，九次蒸煮，八次发酵，七次取酒，六个月存曲，最后经长达五年以上的存放陈化，形成一整套独特的酿酒工艺。围绕这套工艺，又形成了一整套企业管理制度。围绕茅台酒的饮用，又生成一系列的饮酒文化和礼仪文化。

（四）历史价值：每一瓶茅台酒都是一段历史的记录。如"金轮牌""葵花及飞天"老茅台酒，记录了 20 世纪 50 年代国家改造社会结构，实行"公私合营"的一段历史。茅台纪念酒则是直接记录了当前我国一些重大社会事件发生的历史。

（五）收藏价值：盛世促收藏，随着人民群众生活水平的提高，酒类收藏已经成为热门。由于茅台酒具有可以饮用、可以收藏、可以交易，增值保值等特点，逐渐成为收藏上品，具有很高的收藏价值。

（六）投资价值：茅台酒正因为是可以喝的文物、可以藏的食品、可以交流的文化，才具有较高的投资价值。2009 年，北京荣宝拍卖公司率先组织中国名优老酒拍卖。2010 年，

1997 年酒体

2002 年酒体

2007 年酒体

2012 年酒体

2017 年酒体

2011年在北京举办的一场茅台酒专场拍卖会现场

北京歌德拍卖公司第一次举办了中国陈年名酒专场拍卖会，一瓶20世纪50年代出产的贵州茅台酒以103万成交。随后，北京保利、中国嘉德、北京长风、杭州西泠印社、上海朵云轩等全国几十家拍卖公司举办了几百场陈年名酒拍卖会，老茅台的拍卖成交价格也步步高升，迭创新高。2011年4月一瓶1992年产的"汉帝茅台酒"在贵州省拍卖公司举办的拍卖会上，以890万元的价格成交，创下了茅台酒单瓶拍卖的最高价格。2014年12月20日，在北京歌德盈香秋季拍卖会上，一瓶20世纪50年代出产的贵州茅台酒成交价为310.5万，创下了单瓶老茅台价格的历史新高。

"香飘世界百年，相伴民族复兴。"一百多年前，茅台酒带着中华民族的嘱托远涉重洋，凭借卓越的芳香征服了世界；今天，茅台酒以不可复制的匠心品质和独特文化内涵屹立于世界名酒之林。贵州茅台的收藏与品鉴是高层次的文化传承，是茅台文化建设的重要组成部分。历史需要沉淀，文化需要收藏，精神需要传承。我们坚信，伴随着中华民族的伟大复兴征程，贵州茅台酒必将散发出更加耀眼的光芒！

当年国宴上的"葵花牌"贵州茅台酒

"凤凰展翅"配贵州茅台酒

"红烧熊掌"配贵州茅台酒

"酱爆鸭片"配贵州茅台酒

附：诗咏茅台

咏茅台酒
清·陈熙晋

一

茅台村酒合江柑，小阁疏帘兴易酣。
独有葫芦溪上笋，一冬风味舌头甘。

二

尤物移人付酒杯，荔枝滩上瘴烟开。
汉家枸酱知何物，赚得唐蒙习部来。

茅台村
清·张国华

一

一座茅台旧有村，糟邱无数结为邻。
使君休怨曲生醉，利锁名缰更醉人。

二

于今酒好在茅台，滇黔川湘客到来。
贩去千里市上卖，谁不称奇亦罕哉！

茅台竹枝词
清·卢郁芷

茅台香酿酽如油，三五呼朋买小舟。
醉倒绿波人不觉，老渔唤醒月斜钩。

茅台村
清·陈熙晋

村店人声沸，茅台一宿过。
家唯储酒卖，船只载盐多。
蠢蠢青杠树，潺潺赤水河。
明朝具舟楫，孤梦已烟波。

茅台村
清·郑珍

远游临郡裔，古聚缀坡陀。
酒冠黔人国，盐登赤虺河。
迎秋巴雨暗，对岸蜀山多。
上水无舟到，羁愁两日过。

梦韶饷茅苔酒
清·吴振棫

君才如于公，治狱醉益明。
我视何水曹，劣能识杯铛。
黔人嗜酒味多浊，更有竿儿陋苗俗。
那似江南玉色醪，曲香泉冽乘春熟。
颇闻酿法出茅台，千山万岭焉得来。
鸣鞭走送独不惜，遂使病叟颜为开。
出不慕钟鼎，归不慕园廛。
有酒直须酌，一酹辄陶然。
柳花乱舞来劝客，今日正放春风颠。
君不见春风去来成百年，白日又落西山前。

无题
清·刘璜

飘零辽左无家客，地老天荒剩劫灰。
几度药言非玉屑，十千茅酒负金罍。
唯闻息壤莱芜遍，尚有阳和黍谷回。
难得相逢又相别，五云深处且衔杯。

茅台晚兴
清·侯树涛

满路烟花三月天，长堤曲曲柳丝牵。
远山点缀云中树，野渡飘横水上船。
犹恋香多迷梦蝶，忽惊春晚恨啼鹃。
茅台村里谁家好，夕照江楼酒旆悬。

赠友人

刘海粟

漫言朋友已无多,乡里犹存旧日歌。

茅台芳醇擎在手,先人遗冢待归舸。

茅台诗

黄炎培

相传有客过茅台,酿酒池中洗脚来。

是真是假吾不管,天寒且饮两三杯。

无题

秦含章

中华酒事素兴盛,贵州茅台享大名。

降度声中进步快,品评会上醉京城。

无题

胡绳

赤水河中碧水流,行军南北用奇谋。

多缘战士忘生死,赢得酒香溢五洲。

参观茅台酒厂

韩念龙

茅台清酌冠吾华,长征而后名益奢。

揄扬最是周总理,驰誉环球耀邦家。

无题

周恒刚

久别茅台倍感新,驰名国酒更逢春。

寄语南飞双燕子,归来珍重莫迷津。

茅台书怀

周林

盐运码头今安在,昔日烧房何处寻。

朱砂堡顶凌云志,赤水河滨茅酒城。

此地红军曾四渡,川黔重镇一桥横。

西苑把酒论文化,最佳诗篇数郑珍。

无题

姚雪垠

莫道扶桑隔海远,碧海如带绾芳邻。

缅怀深叹同文古,来往频增友谊新。

四座春风如意好,一堂喜气见情真。

何时乘兴君西去,自有茅台供洗尘。

贺茅台诗会

贺敬之 柯岩

香漫九州溢四海,依然好酒数茅台。

新篇诗雄真国酒,酒魂诗魂两无猜。

无题

周光春

自古茅台酒，五洲载誉归。

昔年存佳酿，近岁制新醅。

风动飘香醇，客来试玉杯。

劝君莫过量，醉里梦忘归。

茅台咏

王绶青

地液天津心灵酿，丝竹声声伴客尝；

举杯邀月月也醉，清辉万里洒洒香。

茅台天下酒

浪波

茅台天下酒，韵味共天长。

沉醉飘然去，梦里十年香。

咏茅台酒

刘章

茅台赤水酿，国酒五洲名。

甘润西欧雨，香添北美风。

应沉云里雁，可引海中龙。

天下无征战，传杯祝岁丰！

无题

陈靖

重征再返仁怀县，感慨万端忆当年。

乌江流急狂奔腾，娄山路曲自蜿蜒。

冬雪为友排险阻，春风作伴破难关。

茅台一杯酱香酒，登上长城还觉鲜。

和黄炎培先生《茅台诗》

陈毅

一

金陵重逢饮茅台，万里长征洗脚来。

深谢诗章传韵事，雪压江南饮一杯。

二

金陵重逢饮茅台，为有嘉宾冒雪来。

服务人民数十载，共祝胜利干一杯。

茅台酒歌

梁上泉

赤水绕茅台，醇香逐浪来。

酿诗如酿酒，诗酒壮情怀。

茅台

贾若瑜

玉液嘉珍夺金牌，飘香万国招远来。

时人不酌丹桂酒，太白遗风在茅台。

无题

张爱萍

当年渡赤水，人民热血沸。

醇酒劳红军，鱼水情意贵。

赞茅台酒

流沙河

还我青春一夕，赠我黑甜一梦。

醒来日上三竿，方知茅台味重。

转和陈毅同志诗

黄炎培

万人血泪雨花台，沧海桑田客去来。

消灭江山龙虎气，为人服务共一杯。

走近经典

蒋子龙

毋庸讳言，这是一个过剩的、速成也速朽的时代。一切都显得过于短促、多变和难以把握。因此，人们就格外渴望长久、渴望经典。于是争相恢复老字号，挂出老招牌，挖掘老古董，或者既然短命就干脆短个轰轰烈烈，急剧膨胀，贪大求全，称王称霸……

然而离经典却越来越远，经典也越来越少。

就在人们经历了几番沉浮，看惯了旗帜变幻，都以为自己已经处变不惊了，却还是惊奇地发现，经典就在身边：茅台——酒中的经典。

经典的茅台！

我为自己的这个认识兴奋而感动，回味在我心目中一直沉稳厚重的茅台酒，是怎样气定神闲又无可争议地成了经典……既有意义，又有兴味。

这其实是一个非常自然的过程。经典不是刻意追求的结果，历史或曰命运，作用于天地人，自然而然，顺理成章。世界上恐怕少有一生从未喝过酒的人，我远不是酒仙、酒鬼一类的人物，却也记不得自己这大半生究竟喝过多少种酒，第一次喝某一种酒是在什么时候，有着什么样的感觉等等。奇怪的是能清清楚楚记得第一次喝茅台的情形。

那不是个特别有意义的日子，也没有发生什么了不得的大事件，1965年初夏一个极其普通的傍晚，我下班后到食堂买饭，看到小黑板上写着"茅台——四角（或两个保健菜条）一两"。我犹豫了，开始在食堂门口转圈儿，实际是在心里寻找喝茅台的理由……

在这之前我已经喝过无数次的白酒，大灌、小喝、猛饮、细酌的感觉也都体验过，但都不是茅台。那个时候我脑子里未必有什么关于名酒的概念，不知为什么就觉得喝茅台似乎是一件比较隆重的事——这或许就是茅台的神秘所在，你对它几乎还一无所知，却觉得它不同一般。

但凡能成为经典的东西，有些因素是骨子里就有的，是先天带来的一种优势和魅力。

我思想斗争的结果是决定花这四角钱。有了决定再找理由也很现成，从部队回到工厂已经安定下来，生活上了轨道，特别是和地方上的文学刊物与报纸的编辑部都联系上了，前天在日报上发表了复员后的第一篇散文，值得给自己庆贺一下。但，一两茅台放在饭盒里太少了，接到手里倒有一股香气扑鼻，情不自禁先啜了一小口。嘿，一通到底，上下全顺。赶紧端着它回宿舍，一路上酒香诱人，又自觉不见外地抿上一小口，等回到自己的房间，饭盒里已经没有酒了。但茅台的香味还在，就着它我吃了一顿香喷喷的晚饭。

真正有机会大喝特喝茅台，是过了很长时间之后。1982年的秋天赴美参加第一次中美作家会议，每餐必有茅台，甚至在会议中间休息时，有饮料、有洋酒，也有茅台，可随意喝。一开始我以为这是特为中国作家准备的，美国新闻署筹办这次会议的人，可能把我们都当成是"斗酒诗百篇"的人物了。很快我就发现，一些美国作家甚至比我们更喜欢茅台，每饭必要茅台，几杯茅台下肚，就变得轻松活跃起来，又唱又跳。比如被誉为美国"颓废派领袖"的艾伦·金斯伯格，到哪里都带着他的风琴，当茅台喝到一定的火候，就开始自拉自唱，红光满面，抖擞着大胡子，表情生动，异常可爱。

有一次他用手指敲着茅台酒的瓶子考我："蒋先生我给你出个谜语，这个谜语三十年来没有人能猜得破。"我一看他又喝出境界来了，其实我喝得也不少，就仗着酒劲跟他对着吹："我从两岁就开始跟老人学猜谜语，还很少有猜不中的，你出题吧。"他说："我把一只五斤重的鸡装进了这个只能盛一斤酒的茅台瓶子，你猜是用什么工具装进去的？你又怎样把它取出来？"我一听这就是酒话，答道："你是借着茅台酒的酒劲，茅台酒让你无所不能了，再利用语言这个工具，上下嘴唇一碰，用一句话就把鸡装了进去。我现在也是飘飘欲仙，同样也借用语言这个工具，你可看好了，我说一个'出'字，你那只五斤重的鸡就从瓶子里被我取出来了……"

这不过是小孩子斗嘴的把戏，却哄得大家哈哈大笑，其实全是茅台酒的作用，它融合了气氛，软化了神经，人们变得亲近、自然、随和、很容易被逗笑，或者无缘无故地傻笑。我至今也没有打问过，美国筹办那次会议为什么要买那么多茅台酒，是不是在他们眼里茅台代表中国？通过那次的经历，让我对茅台不能不高看一眼，七天的会议，然后是一个多月的旅行，就这么顿顿茅台，竟没有一个人喝得失态过。这就是说茅台确有"国酒"的品质，不辱使命，不负众望，对得起自己的国家。

喝酒的人家里一般都会存几瓶酒，我的酒柜里始终放着一瓶茅台，当作"镇柜之宝"。这几十年里，我亲眼见证了酿酒界的春秋战国，忽而"孔府宴酒销量第一"，忽而"酒鬼酒售价最高"，忽而"秦池酒夺得标王"……但茅台酒一直占据着我的酒柜的中心位置。

我真正全面地认识和理解茅台，是在2005年10月。重阳节前后正是茅台酒一年一度下料的日子，我随同几位作家走进茅台镇。终于明白，为什么茅台酒会成为经典，或许还是唯一的经典。

我们都知道，一部经典著作，必须具备一些能够使其成为经典的因素，比如思想、故事、人物、细节、叙述方式等等。茅台又何尝不是如此。

先说"茅台的思想"——在我读过的关于酒的文字中，茅台酒的酿造者们对酒的阐释最为精到和别致。

他们首先给自己的酒定义为"流淌着思想的液体"。

酒是一种伟大的发明，它不是一般的商品，而是情感的消费品，丰富并融合人的情感，作用于人的精神，激发人的想象与思维能力，增进人和人的交流。酒公平地给予每个人快乐，酒和所有人的生活都或多或少地发生联系。

同时，酒的发展历程又总是与人文历史错综复杂地纠缠在一起，在那些历史或人生的重大时刻，无论是个体的喜怒哀乐，还是国家的政治、军事、外交，酒都是悲欢离合的现场见证，为人类的文明史平添了许多戏剧性因素。诸如"煮酒论英雄""杯酒释兵权""周总理与茅台酒"……

因此，酒厂如何改变市场，酒就将如何改变人们的生活。一家有理想有责任的制酒企业，必须同时也是有眼光的文化创造者和推动者，以个人的生活品质和国家文化精神的重塑为己任，精心维护好自己的品牌，这是给人带来欢乐和有意义的事情。

时至今日，酒确实已经成为一种文化象征。茅台酒得益于茅台人这般清醒而深刻的认识，也正是茅台酒里所蕴涵的深厚强韧的文化因素，成全了这个经典的品牌。

说到"茅台酒的故事"，可以说有一个经典的开篇，气势不凡，堪称"凤头"：1915 年 2 月，在美国旧金山举办"庆祝巴拿马运河通航太平洋万国博览会"。当时中国正内忧外患，虽有产品参展却不被重视，不能获得平等竞争的权利。到博览会接近尾声的时候，中国参展团的一名成员，愤怒而又智慧地将一瓶茅台酒掉在地上摔碎，霎时，酒香满堂，引得人们啧啧称奇，原来世间还有这么好的酒。博览会的酒评委们这才对茅台进行反复的品尝、鉴定和比较，最后一致评定它为世界白酒中的顶级好酒，发给"万国博览会金奖"。

1935 年 3 月 16 日，红军攻占贵州仁怀县的茅台镇，在这里要进行改变了中国现代史的"四渡赤水"中的第三渡。茅台镇上酒香扑鼻，熏人欲醉，军委副主席周恩来立即给部队下达指示，要保护茅台酒厂不得受到损失，责令政治部分别在茅台镇三家酿造量最大的成义、荣和、恒兴酒厂门口张贴告示，明令保护。自"遵义会议"后，近两个月来红军将士马不停蹄，脚不停步，两渡赤水，连续作战，极度疲惫，先用茅台酒洗伤消炎，搓脸揉脚，竟有奇效，疲劳顿消，又能消毒镇痛、舒筋活血。喝上几口还能治疗腹泻，全身轻松。红军工兵连连长王耀南，则用竹筒装酒，和毛主席、周副主席、朱老总一同畅饮……

有此一笔，茅台酒的分量有多重已无需多说，他与革命的机缘、与共和国以及共和国的缔造者们的特殊感情，更是不言自明，为以后被尊为"国酒"埋下伏笔。

果然，到 1949 年秋，新中国成立在即，已经被选为政务院总理的周恩来，亲自指定茅台为开国大典的"庆典酒"。并明确茅台酒今后要作为"国宴用酒""国礼用酒"。

至此，茅台的"国酒"地位确立下来，以后就看茅台怎么演绎"酒"和"国"这篇大文章了。"国酒"必然关乎着国运，应该能够滋润国情、激壮国魂；当然，国家的命运也必然会影响到茅台酒的兴衰荣辱。

于是，茅台的故事便进入了高潮，堪称"猪肚"……

1950 年 6 月，爆发朝鲜战争，中朝两国军队与以美国为首的联合国十六国军队，整整打了三年多，最终迫使对方在停战协议上签字。1954 年 4 月，为解决停战后的朝鲜统一及印度支那的问题，政务院总理兼外交部长周恩来率中国代表团赴瑞士参加日内瓦会议。这是新中国第一次以五大国之一的地位参加国际会议，使一直不肯承认新中国的西方国家，在事实上不得不认可中国的国际地位。

周恩来表现出惊人的智慧和政治才能，以积极灵活的外交风度和魅力，引起世界瞩目，影响巨大。在中国代表团举行的招待会上，以茅台酒招待各国代表、新闻记者和国际友人，其优秀的品质一下子成了宴会上的话题。回国后，周恩来总理向党中央汇报时说："在日内瓦会议上帮助我们成功的有'两台'，一是茅台，二是戏剧片《梁山伯与祝英台》。"

1972 年中国和美国打破坚冰，从此改变了世界格局，是当代世界史上非常重要的一笔。尼克松在他的《领导者》一书中，描述了两国领导人签署《中美联合公报》后喝茅台的情景："我们绕着宴会厅与五十多位高级官员碰杯，我注意到周恩来向每个客人祝酒时，只用嘴唇轻轻碰碰杯沿。当我和他回到自己的座位时，都拿着原来的那杯酒。坐下休息时谈到酒量，周恩来对我说，在长征途中，他曾一天喝过二十五杯茅台……流露出对往昔的眷恋，并以烈性酒推销员的眼神和口吻对我说，'长征中，茅台酒被看作是包治百病的万能良药'。"

尼克松描述的是当年 2 月 21 日发生的事情。在前一天，周恩来先以储存三十年的茅台酒招待尼克松和基辛格。席间尼克松请教周总理，听说白酒喝多了吸烟能点着火，可是真的？周总理开怀大笑，当场划着火柴点燃了自己杯中的茅台，冒出一缕细细的蓝色火苗。不想尼克松回国后，向他的妻子女儿显摆，一边大讲在中国经历的趣事，一边将一瓶茅台酒倒进碗里，向家人进行点酒表演。但他忘记了周总理点燃的只是一杯，他点燃的是一大碗，蓝色的火苗越烧越旺，很快将碗烧破，冒着火焰的茅台酒流满了桌面，燃起大火。

美国"第一家庭"大为惊骇，手忙脚乱地奋力扑救，幸好烧着的只是一张桌子，经过一番忙活控制住了局面。事后，前美国国务卿基辛格调侃说："扑灭这场火是防止了一场国家的悲剧，否则的话，尼克松政府会提前收场。"

1974年，基辛格与邓小平会谈时重提这件事："你知道吗……你们差点烧了白宫。"凡发生重大事件，在重要的历史时刻，都有茅台助兴。近半个多世纪来，世界政坛上许多活跃人物，都成了"茅台故事"里的人物。有了这样一群人物，茅台又怎么可能不成为经典？

1945年10月10日"双十协定"签字后，毛泽东和蒋介石举杯共饮茅台。

1949年2月16日，毛泽东带着茅台等贺礼，亲赴莫斯科为斯大林祝寿。

1957年，毛泽东、刘少奇等国家领导人，在人民大会堂以茅台宴请苏联最高苏维埃主席团主席伏罗希洛夫。

1973年3月，毛泽东让人打电话到茅台酒厂，送三箱1952年的茅台进京，一箱送金日成，两箱留中央（1952年的茅台第一次被评为"四大名酒"之冠）。

王震评价许世友用了四个"特殊"："是一位具有特殊性格、特殊经历、特殊贡献的特殊人物。"他去世后用茅台陪葬——这瓶陪葬的茅台酒，又留下一个长久的悬念，过数百年或数千年，如果有一种机缘许司令的棺椁被发掘，那时的人们会怎样研究和评价这瓶茅台呢？

茅台的故事精彩，故事的人物精彩，许多细节也精彩这才构成了经典的茅台。

"茅台人物"名单上的外国人还有：日本前首相田中角荣、日本上任天皇裕仁、德国前总理科尔、英国前首相撒切尔夫人、俄罗斯前总统叶利钦、美国前总统里根和克林顿、越南前国家主席胡志明等。在这些巨头们作一相对面坐时，气氛还有些拘谨，关系尚未流畅的时刻，茅台酒往往就起到了"话引子"的作用。

比如1992年12月16日，叶利钦访华，在欢迎宴会上，江泽民以试探的口吻说："想不想品尝一下茅台？"全世界都知道，叶利钦一向喜欢喝烈性酒。他愉快地回答："当然可以呀！"

2005年4月29日下午的"胡连会"，意犹未尽。晚上胡锦涛在中南海瀛台宴请连战，拿出茅台酒待客。胡锦涛以贵州茅台的故事开场，从茅台产地的独特环境，到酿酒过程的精挑细选，向宾客娓娓道来：这种茅台酒非常特别，只能在贵州仁怀市茅台镇才能酿出来，有人曾以同样的酒精，拿到其他地方用同样的技术、工艺、水质制造，无论如何都无法造出与茅台相同的优异品质。因此茅台的产量非常有限，也格外珍贵……

——这就是茅台酒的文化。

它的历史、它的故事生动有趣，有太多可以说的。当人们还不能立即进入正题、一时找不到得体而有趣的话好说的时候，就可以先说茅台，头杯见了底，话似长流水。当人们感情投合、气氛融洽的时候，为了表示亲切也可以大讲茅台……文化不是一句空话，不是你看到文化吃香，打出文化牌就有了文化，文化是长期的积淀，常常要靠历史际遇的凝塑。

所以，当前些年文化像垃圾一样遍地都是，人们张口就是文化，似乎没有一样产品不是文化的时候，中国的"酒天下"也被文化搞乱了。但是茅台厂的阵脚，却一直没乱，始终坚持着"一方水土养一方酒"的信念，清者自清。

因此，茅台"总是被模仿，从未被超越"。这就是茅台之所以能够成为经典的重要原因。即使在"大跃进"时期，全国各行各业都在发疯似地"放卫星"，茅台酒竟然没有跟风，仍旧实事求是地照样生产原品质的茅台。此后经过了三十多年漫长的努力和改善条件，才达到了万吨产量。

成为经典并不是一件容易的事情，文化本来也不是以多取胜。

——而这正是茅台的文化品格。它的文化含量达到了这个境界，有资格、有自信坚持自己的品格。

酒厂我看过不少，没想到茅台一行，变成了取经之旅。"取经"这个词已经许多年不用了，现在该恢复它的本义了。我真切地感受到了经典的魅力，为酒庆幸。

长征话茅台

李安葆

自古以来，诗与酒结下了不解之缘，陶渊明、李白等伟大诗人的饮酒诗篇早已传诵千古。然而谁能想到，红军在长征途中与著名的茅台酒竟也演绎出许多扣人心弦的故事，留下了动人的诗篇。

茅台酒的产地茅台镇，位于距贵州仁怀县城约 10 公里的赤水河边。赤水河水质甘美洌爽，加上该镇地处海拔 40 米的低洼河谷地带，冬暖夏热的气候条件，为茅台酒创造了独特的酿酒条件。早在公元前 135 年，当地土著先民即已酿出令汉武帝赞赏的"甘美之酒"，享有"酒冠黔人国"的美誉。该酒晶莹透明，奇香清远，诗称"开瓶奇香满屋喷""空杯尚留满室香"。1915 年在美国旧金山举行的巴拿马万国博览会上荣获金奖，从此蜚声全球，成为世界三大蒸馏名酒之一。

1935 年 3 月 15 日，中央红军长征自鲁班场向仁怀县茅台镇进发，准备渡赤水河进入川南机动作战。当晚，红一军团先遣队教导营顾不得天黑有雨，山路泞滑，于拂晓前赶到了茅台镇，迅速歼灭了镇上守敌，并缴获敌人数十支枪及数十瓶茅台酒。红军指战员兴高采烈，举杯痛饮茅台，庆祝胜利。次日，红一军团干部童小鹏在长征日记中写道："此地系著名茅台酒之产地，见一被没收之酒厂，门面颇大。"这被没收的酒厂，便是"成义老烧房"。酒厂主人已经逃逸，先头部队住进了这酒厂。

再说红三军团同日晚从鲁班场出发，经过"千仞壁立，下临深渊"的盐津河峡谷，到达仁怀县城，受到了当地群众的热烈欢迎。据《红星》报报道："我红军进到仁怀县城时，仁怀的劳苦群众派了代表 50 余人，其中一半是工人，抬了肥猪 3 只，茅台酒 1 大坛，送到总政治部慰劳红军。""人民欢声雷动，盛极一时。"

红军各部先后抵达茅台镇一带，许多红军指战员都慕茅台美酒之名，颇欲一尝为快。但红军总政治部贴出布告：禁止红军进入酒厂店铺擅取茅台酒。所以，红军干部李志民曾写《茅台酒》一诗道："没有月亮没有星，踏过沙河爬过山岭，公鸡啼叫天发亮，红军走过茅台镇。眼发花来头发晕，人在梦里夜行军，想喝一口茅台酒，解解疲劳爽爽心。茅台酒呀喷喷香，一瓶一瓶摆在窗台上，看着酒瓶心里痒，不敢走近窗台旁。情愿喝喝凉水清清口，不要为了喝酒失人心，人心有钱也难买，人民的利益记在心。"是的，香喷喷的茅台酒是诱人的，但红军有严明的纪律，不许随意索取店铺里的东西。不过，红军《三大纪律八项注意》中也有明确规定"买卖价钱要公平"，红军用钱沽酒是允许的。不少红军指战员从店铺作坊购得一瓶瓶茅台酒，爱不释手装入行囊。红一师参谋长耿飚回忆说："尽管戎马倥偬，指战员们还是向老乡买来茅台酒，会喝酒的细细品尝，不会喝的便装在水壶里，行军中用来擦腿搓脚，舒筋活血。"红军领导人毛泽东、周恩来等

久闻茅台盛名，随兴也浅酌了警卫员购来的茅台，品尝一下这山中美酒。唯军事顾问李德贪杯，竟到酒坊内痛饮，喝得酩酊大醉，行军时被人扶上马背，还醉态蒙眬，东倒西歪，闹了笑话。

然而，国民党统治区的舆论媒体如《申报》《逸经》等却大兴诬蔑之词，说什么李德跳进茅台酒池洗澡；幽谷在《逸经》第 3 期发表文章谓红军在茅台酒池、酒缸里洗脏脚，"酒池生浪，异香四溢。可惜数缸美酒，已成脚汤"。其实，红军用茅台酒擦脚解乏是有的，并没有在茅台酒池、酒缸内洗澡、洗脚之事。因为酿酒的酒池、酒缸内并不存入酒，酒是存放在酒坛、酒罐、酒瓶之内，这些容器口颈小，脚是放不进去的。但流言惑众，使许多不知情者轻信。2001 年 1 月，中国社科院喻权域教授曾致信张爱萍问及此事，张爱萍回信说："当我红军部队经过茅台镇时，每个连队的炊事班，都用伙食挑子担上茅台酒，以备晚上宿营时供战士搓脚用。"至于"红军战士在茅台酒池洗脚"，"李德跳进茅台酒池洗澡的奇闻，当时这类造谣污蔑令人可气又可笑"。(见 2002 年《党的文献》第 1 期)

可见当时这类谣言在国民党统治区谬传甚广，闹得沸沸扬扬。抗战时期，著名民主人士黄炎培在重庆参观沈钧儒之子沈叔羊的画展。其中有幅画面上写着"茅台"二字的酒壶和几个酒杯，沈钧儒请黄炎培题词。黄炎培想到几年前盛传红军在茅台酒池洗脚一事，便趣题一首七绝讽喻道："喧传有客过茅台，酿酒池中洗脚来。是真是假我不管，天寒且饮两三杯。"孰料这幅画后来竟流传到了延安，挂到了杨家岭中共中央的会客室里。1945 年 7 月，毛泽东、周恩来电邀国民参政会参政员黄炎培、褚辅成、章伯钧、傅斯年、左舜生等去延安参观访问，商谈国是，黄炎培没料到在延安会客室里，竟看到了这幅有他题诗的"茅台诗画"，备感兴奋和亲切。后来，毛泽东设宴请黄炎培喝茅台酒，周恩来、陈毅作陪，席间，宾主酒兴甚浓。陈毅提议饮酒联句，大家赞同。毛泽东首先出句"赤水河畔清泉水"，周恩来续句道"琼浆玉液酒之最"。黄炎培接句道"天涯此时共举杯"，陈毅举杯一饮而尽，收句道"唯有茅台喜相随"。吟罢，大家相视抚掌大笑。1952 年冬天，黄炎培到南方视察，途经南京，陈毅特设茅台酒宴欢迎他。席间，陈毅还提起那首画上的《茅台》诗，动情地说："当年在延安，读任之 (黄炎培) 先生《茅台》诗时，十分感动。在那个艰难的年代，能为共产党说话的空谷足音，能有几人！"陈毅随即作诗答谢："金陵重逢饮茅台，万里长征'洗脚'来。深谢诗意传韵事，雪压江南饮一杯。"这诗正是卡了黄炎培题画诗的韵脚，黄炎培听后甚为感动，端起茅台酒杯，又用前韵和了一首："万人血泪用花台，沧海桑田客去来；消灭江山龙虎气，为民服务共一杯！"两位诗友通过缅怀红军长征过茅台的轶事，咏叙了中国发生"天翻地覆慨而慷"的巨大变化，表达了继承先烈遗志，为人民服务的共同心愿。从此，红军长征与茅台酒诗话蕴藏了更深的内涵，并广传大江南北。

文化茅台　香溢京华

——2019年庆祝新中国成立70周年暨北京首届国际茅粉节

在中华人民共和国成立70周年之际，全国人民、全球华人还沉浸在国庆节的喜悦当中。聚焦新中国70华诞，10月18日，国际茅粉迎来了自己的盛大节日："文化茅台、香溢京华—庆祝新中国成立70周年暨北京首届国际茅粉节"在中华全国总工会国际交流中心隆重举行。

此次活动目的在于为广大茅台爱好者搭建一个沟通交流、增进友谊的平台，是茅台集团尊重茅粉，感恩茅粉的重要举措，也是"文化茅台"的重要组成部分。茅台集团一直致力于讲好茅台故事，传播好茅台文化，而这一重要战略部署离不开广大茅粉的支持与帮助，希望广大茅粉朋友能与茅台集团一起，继续讲好茅台故事，传播好茅台声音，让世界更加爱上茅台，让茅台更加香飘世界。

（主题展示）

（贵州茅台酒厂＜集团＞有限责任公司党委委员、
纪委书记卓玛才让　致词）

（活动现场）

（贵州茅台酒销售有限公司党委书记、董事长王晓维　致词）

（茅粉，你好）

（贵州茅台北京经销商联谊会会长李迪平　致词）

本次活动特别安排了"茅台飘香70年"发展历程展览、高尔夫国际邀请赛、"画说茅台"展览、茅台老酒展览、VR科技文化茅台体验、体感投影拍照互动体验等精彩纷呈的活动。

来自全国各地、世界各地的茅粉共千余人倾情参加了丰富多彩的北京茅粉节文化公益活动，共同为共和国祝寿，为中国梦干杯，为人类命运共同体祝福！

（文化活动，丰富多彩）

（祝祖国生日快乐）

（与共和国同行——历代茅台老酒展）

（50年代茅台老酒）

（茅台纪念酒）

（国际友人参观茅台老酒展）

70 年披荆斩棘，70 年风雨兼程。从贵州偏远山区的一家小作坊到飘香世界的中国名片，茅台亲历了新中国几乎所有重大历史事件，见证了中国在世界舞台上的崛起和腾飞。

与共和国同行——历代茅台老酒展由盛世酱香（北京）国际贸易有限公司、歌德盈香股份有限公司倾情奉献展出。

历年产品陈列，是对茅台文化与历史发展的最好说明。建厂近 70 年，茅台酒品种众多，除了陈列的常规品种以外，还陈列了大量的老茅台和纪念酒、文化酒，这样年代构造完整、品种丰富齐全，才能体现出茅台酒历史演变的整体文化风貌。

陈列老茅台的重要性。一瓶老酒，往往能代表一段历史、一个老故事。当消费者看到 50 年代茅台酒的时候，我们就能讲述 1954 年，周总理在日内瓦会议上宴请宾客时，自豪的说，我们中国有两台，一台是茅台酒，一台是电影《梁山伯与祝英台》，又一次成功得把茅台酒推向了国际舞台。当看到 50 年代白瓷瓶红飘带茅台，我们会讲起红飘带是中国古代酒旗的化身，如唐代大诗人杜牧诗："水村山郭 / 酒旗风"说的就是这种酒文化现象。

当看到 60 年代茅台酒背标印有"三大革命"字样时，我们会给他说，这是毛主席当时提出的"阶级斗争"、"生产斗争"和"科学试验"三大革命思想遗留下的产物。

当看到 70 年茅台酒的时候，我们就会讲起 72 年周总理与美国总统尼克松，跨太平洋的握手，共同举起茅台酒杯的场景，可谓古有"杯酒释兵权"的典故，今有"茅台融坚冰"的传奇，该佳话载入了中美外交文化史册。

当看到 80 年代茅台，我们就会讲起 1988 年，茅台酒带着全体职工的深情，到前线慰问战士，留下"品茅台、壮国威、千里南疆老山行"的佳话。

陈列历年老酒是企业最好的文化宣传，更是一种人生的情怀：消费者看到某个年代酒时，会勾起历历在目的往事，可以说，酒中自有人生百味，酒中自有流金岁月。

酒是中国几千年文化中不可缺失的产物。一个企业从"烧房"发展到辉煌，以老酒实物形式展示它的文化，能给消费者带来震撼的体验。我们要让产品融入历史，直到让产品创造历史，让茅台酒成为飘香世界的新名片！

茅台酒自古以来，就与国之大典、家之大事紧密相连。当消费者看到 97 年香港回归、99 年澳门回归纪念酒的时候，就会想起，经过百年风雨沧桑和屈辱，港澳终于回归的伟大时刻，让我们铭记历史，感受到祖国的强大；当看到2001年申奥成功、足球出线、加入世贸纪念酒时，感受到祖国融入世界发展大潮流的豪迈。

通过各类展品，展示了中西文化、书画艺术、企业文化、个人定制等多种文化形态，让茅台酒真正走近各个层次的消费者，呈现出多元的文化内涵。

上百种纪念酒、文化酒的展示，体现了茅台酒从小到大，从大到强的发展奇迹，每一位茅台人都深知：国运兴则茅台兴，贵州茅台酒始终与共和国同奋进，共发展！

一些茅粉在这里的风景线上舍不得离开，通过近70年来的逐年茅台老酒展示，他们机会难得地看到了茅台与时俱进的酒包装文化。茅粉通过茅台老酒展，可看到茅台近70年的发展历程，也可以感受到中华民族"站起来——富起来——强起来"三大历史性飞跃的另一个精彩缩影。

（何申波先生为主持人朱军先生介绍木箱老茅台）

（何申波先生为嘉宾介绍茅台老酒）

（茅台老酒与音乐美学相结合）

（观复博物馆馆长、茅台研究院特聘专家马未都先生　致词）

在中央电视台节目主持人朱军、北京电视台节目主持人李杨薇主持的"庆祝新中国成立70周年北京首届茅粉节晚会"上，一些文化名人、书画家、奥运冠军、国际茅粉等同广大茅粉一起欣赏了晚会。

作为一个传统的优秀民族品牌，贵州茅台从贵州偏远山区的一家小作坊到飘香世界的中国名片，见证了中国在世界舞台上的崛起和腾飞。近来年，茅台正在进行"文化茅台"建设，旨在弘扬中华文化，并深度对接"一带一路"建设和人类命运共同体构建。"让世界更加爱上茅台、让茅台更加飘香世界"是对"文化茅台"建设的有益尝试，更是对中华文化精神的弘扬。本届活动的宗旨就是文化服务，通过茅粉节，弘扬中华文化、普及茅台文化、学习世界上为我所用的先进文化，传播正能量，传播"大品牌大担当"的社会责任，感恩老茅粉、欢迎新茅粉，让大家增加了解、增进友谊、增强互信，为所有茅粉朋友带来实实在在的高品位干货。

（忆往昔，不忘初心七十载；同奋进，牢记使命中国梦）

文化茅台　香溢京华

——2021 北京第二届国际茅粉节

　　十月风光好，香艳满京华。2021 年 10 月 23 日，为了深度践行茅台集团"质量为魂"理念，"文化茅台，香溢京华——北京第二届国际茅粉节"在中华全国总工会国际交流中心隆重举行，引起茅粉广泛赞誉。丁雄军董事长发表视频致辞，祝本次"茅粉节"圆满成功。

504

（活动主题）

（茅台集团党委书记、董事长丁雄军　致辞）

（活动现场）

丁雄军视频致辞：祝"茅粉节"圆满成功

　　"北京联谊会李迪平会长在活动前多次邀请我，因为疫情的原因不能到现场，只能以视频的方式跟大家见面。"丁雄军在视频致辞中说，"但我相信，我们以酒为媒、以酒会友，一定会见酒如面、一见如故。在这里，我谨代表茅台集团，向各位粉丝朋友表示热烈的欢迎，向你们长期以来给予茅台的关心和支持表示衷心的感谢！"并祝本次"茅粉节"圆满成功，恭祝各位"茅粉"心想事成。

季老感谢茅台北京联谊会的邀请，与茅粉朋友一起参观、体验、互动、合影。说，"感谢茅粉关心茅台爱护茅台，有幸听到了来自茅粉的心里话。"

茅粉：参与感强 收获满满

"你们的关心和支持，是我们举办好茅粉节的动力，是你们给了我们力量。"贵州茅台酒销售公司北京省区经理吴新建说，"感谢各级领导对我们工作的支持，感谢广大茅粉的厚爱，感谢为本次活动付出了巨大努力的会员单位和合作单位。"

几百人的茅粉倾情参加了本届茅粉节，称这是近两年来的第一场茅粉节，场面大气，内容暖心，既有国际感、科技感、时尚感，又有国潮范儿、茅台范儿、北京味儿，热烈、喜庆、开心，希望这样的茅粉节越办越好。

展品：茅台家族受追捧 黔货进京受青睐

一方水土养一方人，多彩的贵州，纯真的情，质朴的物产，浓烈的酒。茅台酒是民族精品，更是贵州当地民族风情文化及特产的集大成者。

本届茅粉节除了主打产品"贵州茅台酒"外，还设立了专门酒类品评、真伪鉴定区域。其酱香系列酒如茅台王子酒、迎宾酒、赖茅、汉酱、仁酒、贵州大曲也极受追捧。

活动还得到了茅台集团各子公司积极布展，如习酒、悠蜜、茅台不老酒、茅台红酒、茅台醇等，为茅粉节增添了茅台大家族的魅力，茅粉排长队体验，赢得不少礼品。

同时，赋能黔货出山、黔货进京，将贵茶、贵烟等贵州特色农产品，以及蜡染、纺织、刺绣、剪纸、少数民族服饰等非遗产业带到茅粉节，多了一扇茅粉更加了解贵州、融入贵州的窗口，无不成为茅粉青睐的对象。

（茅台集团原董事长季克良 致词）

（贵州茅台酒销售公司北京省区经理吴新建 致词）

（茅台集团驻北京办事处主任黄旭 致词）

（贵州茅台北京经销商联谊会会长李迪平 致词）

（开幕式）

晚会：一台活色生香的茅台文化盛宴

"是茅粉的到来，让整个茅粉节熠熠生辉、实至名归。"北京联谊会会长李迪平致晚会欢迎辞说，通过茅粉节平台，将茅台"视质量为生命"、"以消费者为中心"的文化和服务进一步落地，为所有茅粉朋友带来源自茅台的高品位。因此，茅台真正为了茅粉，茅粉真正爱上茅台，茅粉节服务于茅粉，茅台茅粉是一家人，为了茅粉再接再厉，希望茅台茅粉继续共同讲好"茅台故事"，传递茅台声音，普及茅台文化。

茅台集团驻北京办事处主任黄旭致热情洋溢的祝酒辞："通过北京第二届国际茅粉节，通过舌尖上的茅台，让我们友谊长存、历久弥香。"

晚会上，《百家讲坛》主讲人、著名历史文化学者、茅粉纪连海开讲了"中国酒文化和北京民俗"的讲座。

以酒会友，酒中有歌，歌中有酒。在歌曲《咏梅》、《月亮代表我的心》和魔术《时代回响》中，四轮幸运大抽奖使茅粉朋友们惊喜不断，可谓满载而归。

晚会的应景歌曲，当数云飞的一曲《我要带瓶好酒回家》，为时代干杯，为祖国祝福。而晚会压轴歌曲，当数男高音歌唱家李双江带来的著名歌曲《草原之夜》和《北京颂歌》，令无数茅粉倍感亲切，围住舞台拍下无数珍贵视频。

（茅粉节现场）

（现场领奖的幸运茅粉）

（酒类展示）

（晚宴的主持人郎永淳、李杨薇）

（《百家讲坛》主讲人、著名历史文化学者纪连海　讲座）

现场，还举行了贵州苗族蜡染技艺传承人青林海的巨幅《飞天》蜡染作品赠送仪式。

本届茅粉节节前，向广大茅粉征稿。许多茅粉积极应征，书法、绘画、诗词、歌曲、散文等作品，质量上乘，亮展茅粉节，并在晚会上集体赠送给茅粉节主办方。

（茅粉节投稿作品赠送仪式）

（贵州苗族蜡染技艺传承人青林海的巨幅《飞天》蜡染作品赠送仪式）

（茅粉节现场）

（大合影）

（大合影）

倾情帮扶 心系道真

——茅台北京经销商联谊会赴道真慈善行

2019年3月29日，和风煦日，春意暖暖。茅台北京经销商联谊会部份成员在茅台制酒九车间党支部副书记、副主任王崇玉、茅台北京省区经理刘勇的带领下共赴道真县竹林塘村开展扶贫捐赠活动。茅台集团驻道真帮扶工作队临时党支部书记（队长）谭定鸿、道真县人民政府副县长、茅台集团驻道真帮扶工作队副队长吴华、道真县河口镇党委书记雷小权、竹林塘村党总支书记刘永及相关人员参加活动。

此次捐赠是用肖家湾村民组通组路的修缮，此条道路长1000米，宽3.5米，常年失修，坑坑洼洼，极大阻碍了农民出行，影响了村里的经济发展。

北京经销商联谊会李迪平会长代表北京茅台经销商向村民问好，并说到："扶贫一定要扶到点子，扶上还要再送一程。"他特别向河口镇党委书记雷小权提出扶贫项目一定要有造血功能，并对调研的花椒种植基地提出了以后如何销售、市场价格如何等问题，小权书记一一做了解答。

雷小权及竹林塘村村支两委纷纷表达了对茅台北京党支部、北京联谊会、制酒九车间的感谢，并承诺将用心用力做好事办实事，帮助竹林塘村百姓过上富裕的生活。

此次的捐赠款项三十万四千元整，用于道路硬化建设。此举将极大帮助竹林塘村5个村民组、50多户、700余名村民出行难的状况，方便村民生产生活，为竹林塘致富创造条件。

多年来，茅台集团一直以来秉承"大品牌有大担当，大企业承担大责任"的社会理念，此次三十万四千元捐赠，来自茅台北京全体经销商。

（扶贫会议现场）

（项目捐赠仪式）

特别的爱 给特别的你

——茅台北京经销商爱心团队走进昌平特殊儿童教育学校

人间最美四月天,2019年4月25日,茅台北京经销商"爱心公益团队"再出发,以"守护天使,放飞希望"为活动宗旨,将一份份沉甸甸的爱心礼物送到了昌平特殊儿童教育学校,在这充满希望和光明的日子里,为特殊儿童带来了温暖的关怀。

北京昌平区特殊儿童教育学校孕育在昌平区流村镇的群山怀抱中,这是一所全日制以寄宿为主的残障类儿童教育学校,重点对发育迟缓、脑瘫、自闭症等少年儿童开展义务教育、生活化主题教学及多样的课间活动。与普通中小学不同,这座校园内既听不到操场的喧闹声,也听不到朗朗的读书声,布满校园的是青翠的树木与温暖的阳光。这一所鲜为人知的特教学校,其实是一处"化障碍为神奇"的殿堂,它包容、吸纳了这样的一个特别的群体,即在肢体、智商、情绪、行为等方面与一般儿童有显著差异的特殊儿童。该校建筑面积8020平米,在籍学生106名,教职工39名,开展生活语文、生活数学、生活适应、劳动技术、运动保健、绘画手工、唱游律动、康复训练、信息技术等9门课程。

茅台爱心公益团队到达学校后,孩子们早在多功能演播厅整齐地坐好,看到我们进场,表示了最热烈的欢迎,他们鼓掌、欢呼,用各种手势来表达快乐的心情。看着孩子们灿烂的笑容,志愿者们被这份纯真所感染。孩子们为大家表演了精心排练的舞蹈,欢快的乐曲表达了他们内心美丽的语言,在音乐的节拍下,跟着老师伸展跳舞,一个个都非常努力地使自己的动作更加协调。在这里,大部分孩子无法像正常孩子一样表达自己,无法像正常孩子一样行走自如,无法像正常孩子一样学习生活。尽管他们身体有着不一

(描绘五彩斑斓的春天)

("我射门啦")

(昌平区特殊儿童教育学校大门)

(昌平区特殊儿童教育学校操场)

(茅台经销商的部分爱心物资)

（志愿者观看儿童魔术表演）

（志愿者和儿童一起做游戏）

样的障碍，但孩子们的内心却有着同一股儿劲，那就是勇于实践、大胆尝试，以坚韧不拔的毅力，折射出"自尊、自助、自信、自强"的学校精神，进而以"乐学"的姿态，去追逐青少年美丽的梦想。

一张张美丽的笑脸，一双双水汪汪的眼睛，散发出期待、渴望与热情，茅台爱心团队成员与孩子们一起开展分组竞赛游戏、魔术游戏、水彩画、做手工、表演厨艺，很快大家便融为一体。户外，孩子们和志愿者一起开展投篮游戏、射门游戏。精彩的表演，也赢得了现场爱心志愿者们的阵阵掌声。

学校领导、老师对再次到来表示衷心的感谢！茅台爱心团队负责人表示，"我们又一次来到这里关爱孩子，备受触动，每个孩子都是被上帝咬过一口的苹果，没有绝对完美的存在。有的孩子看起来缺陷明显，也许是因为上帝特别喜爱他的芬芳。融入到这些快乐的孩子中，我们感受到的是心疼，特别想关爱，特别想照顾。他们和一般孩子一样，是祖国的花朵，是祖国的未来。通过孩子们的表演和互动，我们感受到孩子们虽然有一些特殊，但他们在国家社会及爱心人士的关爱下，其内心世界里到处都充满着爱的温暖，洋溢着幸福的笑容，我们就放心了，也坚信他们会像正常孩子们一样健康茁壮成长，终有一天成为对社会有用的人才！作为一名茅台人，我们公益团队愿以更多的关怀活动来回报社会、付出爱心，把茅台酒长期倡导的'仁者爱人、推己及人'的中华传统美德，传播到更多特殊孩子的心灵！"

（志愿者与学校工作人员亲切交流）

（志愿者与儿童击掌互动）

（"守护天使，放飞希望"合影留念）

中国茅台·国之栋梁

——希望工程圆梦行动 2019 脱贫攻坚公益计划 北京地区发放仪式

为响应党和国家号召，积极开展精准扶贫、发展教育扶贫，2019 年 9 月 7 日，由北京青少年发展基金会、中国贵州茅台酒厂（集团）有限责任公司共同举办的"中国茅台·国之栋梁"希望工程圆梦行动 2019 脱贫攻坚公益计划北京地区公益助学金发放仪式在北京工业大学举行。

贵州茅台酒销售有限公司北京省区经理刘勇先生、北京青少年发展基金会秘书长钱蓉晖女士、北京市昌平、房山、密云、怀柔、延庆 5 个区希望工程工作站负责人、受助学生代表、贵州茅台北京省区工作人员、贵州茅台北京联谊会代表，以及相关新闻媒体出席了本次活动。

仪式现场茅台集团向北京市青少年发展基金会现场捐赠 50 万元助学款，用于资助北京市 100 名品学兼优的大一贫困新生。来自房山的受助学生代表在发言中表示，一定要刻苦学习，在校期间积极参加各类志愿服务工作，用实际行动来回报企业的爱心捐助，要向茅台企业学习，树立远大的理想，早日成为国家的栋梁，决不辜负社会的殷切期望。北京青少年发展基金会秘书长钱蓉晖鼓励学生，希望受资助广大学子应牢记党的恩情和社会各界的关爱，以优异的学习和刻苦的努力回报祖国和社会，以更好的成绩和更强的拼搏精神迎接祖国更辉煌的未来，各区共青团组织要从高度负责的角度继续开展好实施好希望工程公益事业。钱蓉晖女士向中国贵州茅台酒厂（集团）有限责任公司颁发荣誉证书。受助学生代表向中国贵州茅台酒厂（集团）有限责任公司赠送书法作品"善行天下"表达了感激之情。

据了解，截至 2019 年，茅台集团已累计向中国青少年发展基金会捐赠 8 亿元，受助地区覆盖全国 31 个省（区、市）、新疆生产建设兵团及全国铁道系统的 33 个地区，16 万名贫困学生得以走进梦寐以求的大学殿堂。八年间，北京地区共计落实项目捐款 600 万元，资助学生 1200 人。今年，北京地区再次落实项目捐款 50 万元，资助学生 100 名。

（"希望工程圆梦行动 2019 脱贫攻坚公益计划"北京地区发放仪式现场）

（北京青少年发展基金会秘书长钱蓉晖女士向茅台集团颁发荣誉证书）

中国茅台·国之栋梁

——2020希望工程圆梦行动公益助学活动北京地区发放仪式启动

2020年10月16日下午，"中国茅台·国之栋梁"2020希望工程圆梦行动公益助学活动北京地区发放仪式在北京城市学院召开。贵州茅台酒销售有限公司北京省区副经理吴凌云，希望工程北京捐助中心主任、北京青少年发展基金会秘书长钱蓉晖，北京城市学院副校长练玉春，北京城市学院党委委员、学工委书记杨培玉，来自北京城市学院的11名受助学生代表，茅台北京省区员工代表和经销商代表，校团委负责人以及各大新闻媒体的记者参加了发放仪式。

仪式上，同学们一起观看了"中国茅台·国之栋梁"希望工程圆梦行动主题宣传片，分享了企业成长历程。贵州茅台酒销售有限公司北京省区副经理吴凌云、北京城市学院副校长练玉春、北京青少年发展基金会秘书长钱蓉晖先后发言，11名考入北京城市学院的受助学生代表领取了5000元助学金。北京青基会向爱心企业颁发了荣誉证书。在活动的最后，受助学生代表集体朗诵了《栋梁赋》诗歌。

（颁发荣誉证书）

（合影留念）

（北京地区发放仪式现场）

（受助学生代表领取助学金）

关爱特殊儿童，茅台助力快乐成长

——捐赠天云听力言语康复中心公益活动

"关爱特殊儿童，茅台助力快乐成长"，2021年5月22日上午，北京茅台经销商公益团队来到了北京天云听力言语康复中心，该中心是一家致力于特殊需要儿童康复事业，指导和协调特殊需要儿童家庭及青少年后续教育的综合性康复机构。公益团队为康复中心的孩子们捐赠了生活用品，献上了作为茅台人应尽的社会责任和爱心。

此次活动体现了茅台经销商发挥公益力量，将涓涓细流汇成大海，怀感恩之心、行感恩之举，让茅台的公益之美，焕发出新的光芒。

（捐赠仪式现场）

（全院长为茅台志愿者颁发锦旗）

推动乡村振兴 共建美好生活

——贵州茅台 3·12 房山区史家营元阳水村合作共建

为了落实党的十九大提出的乡村振兴战略，顺应亿万农民对美好生活的向往，茅台酒北京经销商联谊会、茅台北京省区深入践行茅台集团"五线发展"、"五合营销"理念，在提供高品质产品的同时，努力贯彻"开启茅台美的时代"。2022 年 3 月 12 日，贵州茅台销售公司北京省区、贵州茅台北京经销商联谊会 20 余家单位共计 30 余人，在房山区史家营乡元阳水村开展了"推动乡村振兴·共建美好生活"合作共建活动。

房山区史家营乡元阳水村，村域地理位置处于京郊西南、房山区西北、百花山山南、大石河北之源头（大堰台沟）的深山区，属北京地区经济发展薄弱村，村民整体收入还处在较低水平。通过和贵州茅台北京省区及北京经销商联谊会的接洽，利用元阳村闲置耕地共同开发建设 30 亩樱桃园工程项目。

此次植树活动共种下樱桃树 600 棵，圆满完成了植树任务。植树活动是爱的传递，也是茅台文化的传递。这让我们看到了茅台绿色文化的传承，茅台责任与担当的传承。栽下希望之树、推动乡村振兴，共建美好生活，我们一直在行动！

（共建活动主题）

（活动掠影）

关爱孤寡老人 温暖与爱同行

——茅台经销商开展爱心公益活动

"不仅给俺送水果鸡蛋、牛奶蛋糕好吃的，还有那么多生活用品，还陪俺聊天，问寒问暖，太感谢茅台了！"近90岁的老奶奶激动地对大家说。9月22日，茅台酒经销商爱心团队走进北京松堂关怀医院，对老人们进行慰问，并向他们送去节日的问候和最诚挚的祝福。

此次活动慰问的是中国老龄事业发展基金会北京松堂关怀医院，该医院创立于1987年，是国内第一家临终关怀医院，医院集医院、福利院、敬老院职能于一体，以"帮天下儿女尽孝，给世上老人解难，为党和政府分忧，展中华大爱情怀"为宗旨，已为18000多位老人带去了诚挚的关怀。

活动现场，爱心企业的代表们与院方进行了爱心物资交接仪式，并将带来的水果、牛奶、蛋糕、面粉和生活日用等慰问品一一送到老人的手中。收到慰问品，老人们一个个高兴地像孩子一样，洋溢着幸福的微笑。

此次爱心活动负责人王影女士表示："尊老爱幼是中华民族传统美德，希望这种精神作为文化融入到每个茅台人心中，未来我们还将致力于公益事业，用一片真诚与奉献，为更多的老人、儿童带去爱心。"

（慰问物资，爱心满满）

（志愿者搬运物资）

（活动组织者王影女士握着孤寡老人的手，给一个微笑，传递一种关爱）

（志愿者分发物资）

（志愿者认真摆放每一件即将交给老人的爱心物资）

（期间，志愿者还慰问了院内的智障儿童，与孩子们进行了亲切的互动）

善行茅台 浓情端午

——贵州茅台北京省区经销商公益敬老活动

为深入践行"五合"营销法，传播茅台文化，走好"紫线"发展道路，传承中华尊老敬贤道德之美，2023年6月21日下午，贵州茅台北京省区20余家经销商前往北京市朝阳区康梦圆国际老年公寓开展了主题为"善行茅台 浓情端午"的公益敬老活动。

今年是茅台人第五年陪这里的老人们一起过端午节了。本次活动我们捐赠了自动麻将机、笔墨纸砚、手工彩绘扇面等物资。通过包粽子、表演节目、聊家常等活动给老人带来欢乐与温暖，让老人体会到老有所养、老有所依、老有所乐的幸福感，感受茅台"善美"文化的力量。

为表示对贵州茅台北京省区经销商的感谢，以及我们多年在公益路上的坚持，康梦圆国际老年公寓为贵州茅台销售公司北京省区制作了锦旗，并为经销商制作了荣誉证书，由庄院长颁发。

（活动主题）

（"善行茅台 浓情端午"活动现场）

涓涓细流可以汇成海，滴滴爱心可以成事业，通过公益敬老活动不仅让老人们感受到被尊敬和关爱，而且也让大家感受到公益的力量和作用。贵州茅台北京省区经销商将一如既往地传承并弘扬敬老爱老的传统美德，坚持履行"大品牌大担当"的社会责任，以公益矩阵赋能美时代，努力追求和创造"美生活"，锚定美时代目标，坚持走好"五线"高质量发展道路，将美进行到底！

（丰富多彩的活动）

（颁发锦旗，感谢北京省区）

（合影留念）

共建生态文明·共享绿色未来

——茅台北京经销商开展"地球日"活动

世界地球日，即每年的 4 月 22 日，是一个专为世界环境保护而设立的节日，旨在提高民众对于现有环境问题的意识，并动员民众参与到环保运动中，通过绿色低碳生活，改善地球的整体环境。

为践行"绿水青山就是金山银山"的环保理念，坚定不移地走生态化、绿色化发展道路，2022 年 4 月 22 日，第 53 个世界地球日到来之日，茅台北京经销商发起了主题为"共建生态文明·共享绿色未来"的环保公益活动，从身边的小事着手，与"碳中和"来一场近距离的接触。

此次活动实践，体现了茅台人对"绿色茅台"的追求。在茅台人看来，绿色不仅是品牌之美的底色，更是其可持续发展的底色。

（活动掠影）

【注：近年来，贵州茅台北京经销商联谊会发力公益事业，怀感恩之心、集众商之善、行大爱之举，将涓涓细流汇成造福一方的不息涌泉，体现了在茅台"美时代"的动人底色。因附录篇幅所限，无法逐一列举，敬请见谅。】

后记

我热衷中国陈年白酒近 20 年了，这其中最钟爱的就是贵州茅台酒，而且时间越久，爱得越深，藏品自然也就越来越丰富，这种收藏的愉悦使我内心产生了满满的幸福感。

2014 年春天，一日，圈内的几位茅台爱好者到我店里参观交流，看到收藏陈列的从 20 世纪 50 年代以来包装各异、琳琅满目的茅台酒时，都不禁感叹茅台文化的源远流长与博大精深。同时，也许是鼓励我对茅台"情怀似酒浓"的那份执着，建议我编一本图文并茂的茅台酒书籍，与酒友分享。

我虽与茅台酒长期亲密接触，但毕竟个人能力有限，想要出版具备史料属性的相关书籍，难免陌生，任务很重。好在有爱在心，有茅台酒结缘，有同道同好的朋友们在，编书的底气还是有的。我当时就想，编书要有达到专业水准的人才，要有一个熟悉茅台酒，又有一定文化功底的编辑团队；另一个就是要搜集整理大量的文字、图片素材。首先我邀约圈中好友余洪山与刘钢先生进行了深入的探讨，得到了他们的大力支持。此后又有幸邀请到了圈内文化人士孟宏峰与陈杰先生参与其中。就这样，一支专业干练的"编辑团队"诞生了。

与编辑团队的不断交流中，我的初衷得到了大家的理解，并很快达成共识。茅台酒的品类众多，每一瓶老茅台，都能从某个特殊的角度印证一段自身以及那个时代历史演变前行的进程；每一瓶特定意义的纪念酒都与国之关切、家之关注密切关联；每一瓶风格迥异的定制酒、文化酒都能反映出多元文化的内涵——梳理、诠释、编撰、行文，都应该以社会的人文大背景作为呈现的"底色"。此后第二年，也就是 2015 年，正好是茅台酒荣获巴拿马万国博览会金奖 100 周年，这本书就是要通过展示贵州茅台酒的厚重历史，把历代茅台酒、纪念酒、企事业单位及个人定制酒、文化创意酒，分门别类按照文化传承和发展的逻辑编集到一起，突出具体翔实的图片，配以言简意赅、表达精准的文字点评，展示茅台酒的历史演变及文化风貌，为茅台酒的收藏爱好者们提供一本既有专业水平，又通俗易懂的茅台酒收藏文献，让更多的人了解茅台历史，传播及传承茅台文化。

接下来，收集素材的工作也繁复艰巨。我本人藏有相当数量的茅台老酒，可供图片，但还是不够全面。于是，我们在藏酒业内开始广泛搜集老茅台的照片，这一举动很快得到了大家的支持，上千张茅台的照片从全国各地汇集而来。另外，在触及茅台纪念酒个性化的众多品种时，我想起了一位好友——北京"上海老饭店"的董事长张锦宗先生，他是这个品类的大藏家，随即联系、立刻得到了他的鼎力相应。

在此，我对所有无私提供茅台酒图片的各界友人表示深深的谢意！

为了让图片达到专业出版的质量水准，根据不断获取的茅台酒收藏的信息资源，我们继续用了数月的时间，请来专业摄影师，在全国各地拍摄了数千张照片，基本完成了图片的征集拍摄工作。

接下来是资料的收集。巧妇难为无米之炊，茅台酒老资料非常有限，部分品种的文字记载严重缺失，这是个回避不了的大难题。正当我们一筹莫展的时候，茅台酒厂得知我们正在编辑此书，便邀请我们去厂里查阅相关文献，这对本书能以"如实地展现和评价茅台酒的历史"的面目问世，起到了至关重要的作用。同时，也让我们深切感受到酒厂对图书出版的重视和寄予的厚望，激发了我们的责任心和荣誉感。

回京后，经过认真的学习、思考和总结，编辑部一致认为应将图书分为九章，寓意着九九归一。为了确保图书的编校、印刷质量和发行时间，经过反复考察，最终选择了有深厚文化底蕴的文物出版社和知名印刷企业雅昌艺术印刷有限公司。

2014 年 9 月，我们辛苦了八个多月的样书终于出来了。但我心里非常忐忑，不知道能不能得到行业的认可。但丑媳妇总得见公婆，我们将样书送给酒厂及业内有关专家审阅。他们经过认真反复的审读后，综合提出了几点完善建议。

于是，我和编辑团队认真地对比了产品明细，增补了短缺的品种。同时，我们更大范围地再次征集品种图片。在征集的过程中，惊喜也时有出现。比如在征集的过程中，我们获知澳大利亚一位老华侨手中有一瓶 20 世纪 50 年代的老茅台酒欲出售，立刻找熟人与老华侨联系。通过传回的照片，我们发现那正是一瓶 1957 年产的稀缺出口品种，不惜高价购回。这瓶酒俗称"绿美人"，背标以绿色为基调，印有飞天仙女献酒的彩色图案，当时在国内藏酒界该酒属稀缺品种，对于研究早期茅台的飞天商标和飞天的形象寓意，有极高的参考价值。在不断扩大征集的过程中，我通过不惜代价收购珍贵藏品，不仅丰富了个人收藏规模，更重要的是为本书增加了第一手的有价值的历史图文实体。2015 年 11 月，《茅台酒收藏大典》第一版面世了，也得到了茅台酒收藏界的普遍认可，这是献礼"茅台获巴拿马万国博览会金奖百年"的文化工程，也是茅台酒收藏研究领域的一个里程碑。之后，在行业专家、圈内友人的建议下，我们又邀请了圈内好友朱利伟、苗少明、斯舰东共同修订，也感谢张继斌先生的悉心指导。经过努力，2021 版再版问世，并奉献给了广大读者。

当前，茅台文化向"茅台美学"战略升级，富有美学内涵的茅台酒新品种不断涌现。感谢茅台北京省区、茅台北京经销商联谊会的支持与厚爱，他们希望在 2023 年北京第三届茅粉节到来之际，再次出版，让广大"茅粉"通过书中一张张茅台酒图片、一段段文字点评，深切感受茅台 70 多年的发展历程，瞩目中华民族"站起来——富起来——强起来"三大历史性飞跃的另一个精彩缩影。借此机会，愿《大典》能成为献礼"中国茅台 香飘世界——2023 北京国际茅粉嘉年华"贵宾尊享的谦恭之作。

在编辑的过程中，本书虽多次修改，但难免有疏漏欠妥之处，恭请嘉宾与广大"茅粉"见谅，并予以指正！

何申波

2023 年 7 月 19 日

【鸣　谢】

【单　位】

贵州茅台北京经销商联谊会

盛世酱香（北京）国际贸易有限公司

香溢沈洲（北京）贸易有限公司

北京歌德盈香股份有限公司

中铭酒业有限公司

阜阳市酒业协会

深圳市老酒易购文化投资有限公司

西安恒丰酒文化有限公司

北京上海老饭店

北京国酒茅台文化研究会

北京国将风范贸易发展有限公司

北京九龙墨宝商贸有限公司

中安国信（北京）贸易有限公司

北京锦绣康宝商贸有限公司

北京国博华夏文化投资有限公司

杭州天趣会商贸有限公司

中玖盛世（北京）文化发展有限公司

北京玖品酱香文化发展有限公司

北京鸿盛德信贸易有限公司

北京国香馆酒业有限公司

【个　人】

房小强	张　强	严　朋	张跃飞	郑清飞	田　涛
唐　勇	栗学清	陈兴亮	迟志亮	肖　强	蔡守国
胡玉涛	侯纯凯	郭超仁	陈连茂	曾　宇	鄢奎平
刘春光	程　波	陈光辉	焦　振	胡福生	朱利龙
辛玉涛	华峰亚	孙建春	孙江南	孙　亚	丁武亮
李云佑	姜学明	张　锋	刘　涛	王　志	易　玮
王　蕊					